プリント形式のリアル過去問で本番の臨場感！

東京都
都立

大泉高等学校附属中学校

2025年春 受験用

解答集

本書は，実物をなるべくそのままに，プリント形式で年度ごとに収録しています。
問題用紙を教科別に分けて使うことができるので，本番さながらの演習ができます。

■ 収録内容

・解答集（この冊子です）

書籍ＩＤ番号，この問題集の使い方，最新年度実物データ，リアル過去問の活用，
解答例と解説，ご使用にあたってのお願い・ご注意，お問い合わせ

・2024（令和６）年度 ～ 2019（平成31）年度　学力検査問題

JN132170

○は収録あり	年度	'24	'23	'22	'21	'20	'19
■ 問題(適性検査Ⅰ～Ⅲ)		○	○	○	○	○	○
■ 解答用紙		○	○	○	○	○	○
■ 配点		○	○	○	○	○	○

全分野に解説があります

注)問題文等非掲載:2023年度適性検査Ⅰの1,2022年度適性検査Ⅱの2,2019年度適性検査Ⅰの1

問題文などの非掲載につきまして

著作権上の都合により，本書に収録している過去入試問題の本文や図表の一部を掲載しておりません。ご不便をおかけし，誠に申し訳ございません。

教英出版

■ 書籍ＩＤ番号

入試に役立つダウンロード付録や学校情報などを随時更新して掲載しています。
教英出版ウェブサイトの「ご購入者様のページ」画面で，書籍ＩＤ番号を入力してご利用ください。

書籍ＩＤ番号 108213

（有効期限：2025年9月30日まで）

【入試に役立つダウンロード付録】
「要点のまとめ（国語／算数）」
「課題作文演習」ほか

■ この問題集の使い方

年度ごとにプリント形式で収録しています。針を外して教科ごとに分けて使用します。①片側，②中央のどちらかでとじてありますので，下図を参考に，問題用紙と解答用紙に分けて準備をしましょう（解答用紙がない場合もあります）。

針を外すときは，けがをしないように十分注意してください。また，針を外すと紛失しやすくなりますので気をつけましょう。

① 片側でとじてあるもの

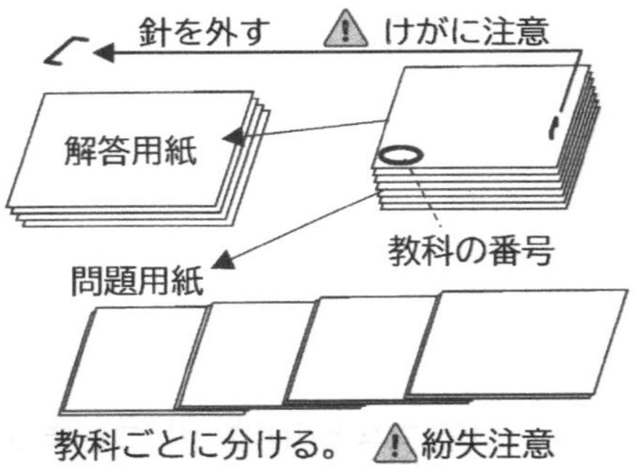

② 中央でとじてあるもの

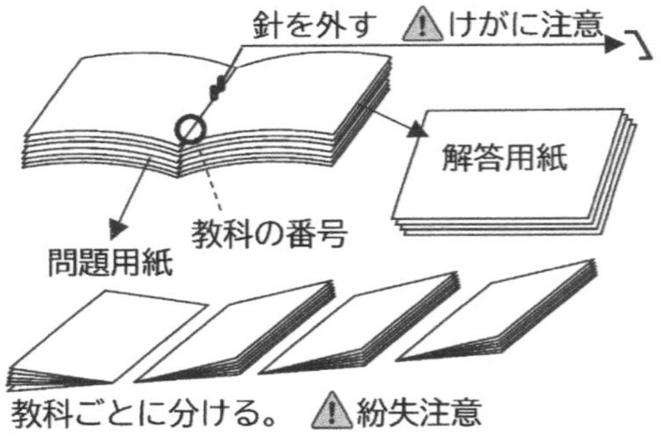

※教科数が上図と異なる場合があります。
解答用紙がない場合や，問題と一体になっている場合があります。
教科の番号は，教科ごとに分けるときの参考にしてください。

■ 最新年度 実物データ

実物をなるべくそのままに編集していますが，収録の都合上，実際の試験問題とは異なる場合があります。実物のサイズ，様式は右表で確認してください。

問題用紙	Ａ４冊子（二つ折り）
解答用紙	Ａ３プリント

リアル過去問の活用

～リアル過去問なら入試本番で力を発揮することができる～

本番を体験しよう！

問題用紙の形式（縦向き／横向き），問題の配置や余白など，実物に近い紙面構成なので本番の臨場感が味わえます。まずはパラパラとめくって眺めてみてください。「これが志望校の入試問題なんだ！」と思えば入試に向けて気持ちが高まることでしょう。

入試を知ろう！

同じ教科の過去数年分の問題紙面を並べて，見比べてみましょう。

① 問題の量

毎年同じ大問数か，年によって違うのか，また全体の問題量はどのくらいか知っておきましょう。どのくらいのスピードで解けば時間内に終わるのか，大問ひとつにかけられる時間を計算してみましょう。

② 出題分野

よく出題されている分野とそうでない分野を見つけましょう。同じような問題が過去にも出題されていることに気がつくはずです。

③ 出題順序

得意な分野が毎年同じ大問番号で出題されていると分かれば，本番で取りこぼさないように先回りして解答することができるでしょう。

④ 解答方法

記述式か選択式か（マークシートか），見ておきましょう。記述式なら，単位まで書く必要があるかどうか，文字数はどのくらいかなど，細かいところまでチェックしておきましょう。計算過程を書く必要があるかどうかも重要です。

⑤ 問題の難易度

必ず正解したい基本問題，条件や指示の読み間違いといったケアレスミスに気をつけたい問題，後回しにしたほうがいい問題などをチェックしておきましょう。

問題を解こう！

志望校の入試傾向をつかんだら，問題を何度も解いていきましょう。ほかにも問題文の独特な言いまわしや，その学校独自の答え方を発見できることもあるでしょう。オリンピックや環境問題など，話題になった出来事を毎年出題する学校だと分かれば，日頃のニュースの見かたも変わってきます。

こうして志望校の入試傾向を知り対策を立てることこそが，過去問を解く最大の理由なのです。

実力を知ろう！

過去問を解くにあたって，得点はそれほど重要ではありません。大切なのは，志望校の過去問演習を通して，苦手な教科，苦手な分野を知ることです。苦手な教科，分野が分かったら，教科書や参考書に戻って重点的に学習する時間をつくりましょう。今の自分の実力を知れば，入試本番までの勉強の道すじが見えてきます。

試験に慣れよう！

入試では時間配分も重要です。本番で時間が足りなくなってあわてないように，リアル過去問で実戦演習をして，時間配分や出題パターンに慣れておきましょう。教科ごとに気持ちを切り替える練習もしておきましょう。

心を整えよう！

入試は誰でも緊張するものです。入試前日になったら，演習をやり尽くしたリアル過去問の表紙を眺めてみましょう。問題の内容を見る必要はもうありません。どんな形式だったかな？受験番号や氏名はどこに書くのかな？…ほんの少し見ておくだけでも，志望校の入試に向けて心の準備が整うことでしょう。

そして入試本番では，見慣れた問題紙面が緊張した心を落ち着かせてくれるはずです。

※まれに入試形式を変更する学校もありますが，条件はほかの受験生も同じです。心を整えてあせらずに問題に取りかかりましょう。

《解答例》

1 〔問題1〕 文章1 自分の気持ちを保つ　文章2 わずかなくふうでうまくいくことに気づく

〔問題2〕 あのきれ～ように。

〔問題3〕（1字あける）私は、小学校の時、友達とけんかをしてしまうことが何度かあった。友達が言ったことを深く考えずにすぐに否定したり、自分の思ったことをそのまま口にしたりして、友達をおこらせてしまうことがあったのだ。（改行）芭蕉の「謂応せて何か有」について、筆者は、ことばの裏側に余韻や想像力といった考えを置いてはどうか、詩という文芸は、表面的な理解だけでわかった気になってはつまらないと述べている。また、「舌頭に千転せよ」については、わずかな工夫でうまくいく、そこに気づくまで「千転せよ」というわけですと説明している。こうしたことは、俳句だけではなく、言葉を使う全ての場面で言えることだと思う。相手の言葉を表面的に理解してわかったつもりになったり、思ったことをそのまま言葉にしたりするのはよくない。言葉を受け取る人がどう思うか想像力を働かせ、言い方を工夫するように心がけたい。特に、ＳＮＳなどで、文字で言葉を伝える場合には、声や表情で感情を伝えられないので、より一層ていねいに言葉を使っていきたい。

《解　説》

1 **〔問題1〕** 文章1 で，筆者が「くり返し唱えたり，思いうかべたりする」歌が，「こよひ逢《あ》ふ人みなうつくしき」で，この言葉を唱えることで，筆者は「前向きになり，好意的に人と会える気持ちになれて勇気がわく」のである。そして，短歌を思いうかべることで，このような効果があることを一般化《いっぱんか》して，「短歌を知る，覚えていくということは，自分の気持ちを保つための言葉を確保していくことでもあるのだと思う」とまとめている。文章2 では，芭蕉《ばしょう》の「舌頭《ぜっとう》に千転《せんてん》せよ」という言葉をあげ，言葉を千回もくり返し唱えることで，「ほんのわずかの工夫《くふう》でうまくいく」ことに気づくことができると述べている。

〔問題2〕 筆者は「てのひらをくぼめて待てば青空の見えぬ傷《きず》より花こぼれ来る」という短歌から，「あのきれいな青い空にも傷がある。自分の中の見えない場所にあるもののように」という情景を想像している。倒置を用いた連続する二文になっている。「清水《きよみず》へ～こよひ逢ふひとみなうつくしき」の歌から想像した「桜の咲くころの祇園《ぎおん》を訪《たず》ねたことはないのだが，脳内《のうない》には花灯《はなあか》りの下を，浮《う》かれたような～人々《ひとびと》の，うつくしい顔がくっきりと浮かぶ」も短歌から想像した情景だが，「連続する二文」になっていないので，誤り。この直後の「夜桜見物を一度だけしたことがあるが～ロマンチックではない」は，筆者の実体験を述べたもの。

大泉高等学校附属中学校　2024 令和6 年度　適性検査Ⅱ

《解答例》

1 〔問題1〕太郎さんの作業…かく→切る→切る→切る→切る→切る→切る

花子さんの作業…かく→かく→かく→かく→かく

6枚のマグネットシートを切り終えるのにかかる時間…40

〔問題2〕右表

(得点板の数字を456から987にするのにかかる最短の時間)(16)秒	
(4)→(6)	一の位と百の位のボードを入れかえる。
(6)→(9)	6のボードを180度回す。
(5)→(8)	5にマグネットを2個つける。
(4)→(7)	4にマグネットを1個つけて2個取る。
( )→( )	

2 〔問題1〕AからC／航空機と鉄道の利用わり合は，AからBはほぼ同じであるのに対して，AからCは航空機の方が高い。その理由としては，AからCの航空機と鉄道の料金は，ほぼ変わらないが，航空機の所要時間が約半分だからと考えられる。　〔問題2〕「ふれあいタクシー」の取り組みが必要になった理由…人口が減少し，路線バスの本数が減少したE町が，移動することにこまっている人を対象とした交通手だんを用意するため。

「ふれあいタクシー」導入の効果…75 さい以上の人の多くが，利用者証を得て，「ふれあいタクシー」を利用して買い物や病院へ行くことができるようになった。

3 〔問題1〕750gの金属をのせて調べたときも 1000gの金属をのせて調べたときも，おもりの数は手順6の板のときが最大であった。そして，手順6の板のみぞの方向に対して糸の引く方向はすい直であり，キャップのみぞの方向に対して手で回す方向もすい直であるから。　〔問題2〕組み合わせ…2号と5号　理由…実験2では同じでなかった条件のうち実験3では同じにした条件は，重さである。1号と3号のすべり下りる時間が同じなのに，1号と6号のすべり下りる時間は同じではなかった。だから，すべり下りる時間が同じになるのは，一番下の板の素材が同じ場合だと考えられるから。

《解　説》

1 **〔問題1〕**　太郎さんは「かく」作業に10分，「切る」作業に5分かかり，花子さんは「かく」「切る」作業のどちらも7分かかる。よって，「かく」作業は花子さん，「切る」作業は太郎さんができる限りするように考える。

最初の作業はどちらも「かく」作業になり，かいた枚数よりも切った枚数の方が多くならないように，2人の作業をまとめると，右図のようになる。このとき，太郎さんの作業時間は $10+5\times6=40$(分間)，花子さんの作業時間は $7\times5=35$(分間)だから，45分未満で終わらせることができる。解答例以外にも，条件に合えば他の手順，時間となってもよい。

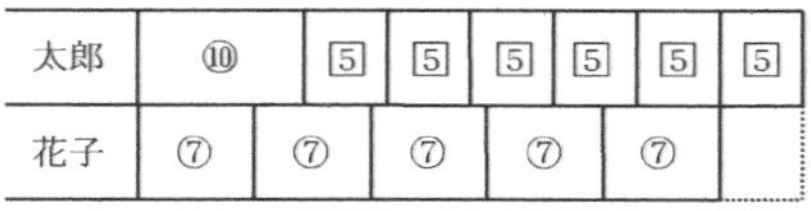

※単位は「分」であり，「かく」作業は○印，「切る」作業は□印で表す。

〔問題2〕　2枚のボードを入れかえること(操作4)を行うかどうかで，場合を分けて考える。

操作4を行わない場合，〔4〕→〔9〕はマグネットを2個つける，〔5〕→〔8〕はマグネットを2個つける，〔6〕→〔7〕は180°回してマグネットを3個とるのが最短の方法で，$2\times2+2\times2+(3+2\times3)=17$(秒)

かかる。

操作４を行う場合，〔６〕→〔７〕に時間がかかることを考えると，６を他の数字と入れかえたい。〔６〕→〔９〕は 180° 回転させるだけでよいので，最初に４と６を入れかえる。〔６〕→〔９〕は 180° 回す，〔５〕→〔８〕はマグネットを２個つける，〔４〕→〔７〕はマグネットを１個つけて２個とるのが最短の方法で，

３＋３＋２×２＋２×３＝16(秒)かかり，こちらの方法が最短となる。

2 〔問題１〕　ＡからＤを選んだ場合の解答は，「航空機と鉄道の利用わり合は，ＡからＢはほぼ同じであるのに対して，ＡからＤは鉄道の方が高い。その理由としては，ＡからＤの航空機と鉄道の所要時間は，ほぼ変わらないが，鉄道の料金が航空機の料金の約３分の２だからと考えられる。」となる。移動手段を考える場合，所要時間と料金のどちらを重視するかで選択が変わってくる。所要時間が同じなら料金の安い方，料金が同じなら所要時間の短い方を選択するのが，一般的な消費者の行動と言える。数値が比較しにくいときは，(料金)÷(所要時間)から，単位時間あたりの料金を求めるか，(所要時間)÷(料金)から，単位料金あたりの所要時間を求めるかして比べてみればよい。

〔問題２〕　表２からＥ町における路線バスの平日一日あたりの運行本数が減っていることを読み取り，図２からＥ町の人口が減っていることを読み取る。次に，路線バスの運行本数が減って困る人がどのような人かを，図３から読み取る。そうすれば「ふれあいタクシー」の取り組みが必要になった理由を考えることができる。また，表３から，利用者証新規交付数が減少するなか，利用者証累計交付数が，Ｅ町の 75 歳以上の人口の数値に近づいていて，75 歳以上の人の多くが利用者証の交付を受けていることを読み取る。

3 〔問題１〕　手でつかむ力が大きいときを1000ｇの金属をのせたとき，手でつかむ力が小さいときを750ｇの金属をのせたときとして考える。また，結果では，プラスチックの板が動いたときのおもりの数が多いほど，すべりにくいと考えればよい。なお，実験でプラスチックの板が動くときが，キャップが開くときではない。

〔問題２〕　組み合わせについては，解答例の他に「４号と６号」でもよい。このときの理由は，「２号と５号」のときと同じで，実験３では重さを同じにしたこと，一番下の板の素材が同じであればすべり下りる時間が同じになると考えられることについてまとめてあればよい。

《解答例》

1　〔問題1〕自分で決めた時間…1分間　答え…1280 回転

〔問題2〕回転…する　理由…実験2より，発電する板の全体に紙が置かれて，太陽光が当たらない発電する板が1まいでもあるとプロペラは回転しない。実験2実験3より接続点から接続点までの全ての発電する板のそれぞれ半分に太陽光が当たればプロペラは回転する。よって①④⑤に紙が置かれているとき，全ての発電する板において，半分以上に太陽光が当たっているので回転すると考えられる。

〔問題3〕電流の大きさ…36　考え方…2まい目から3まい目に紙の重さを重くしたときに必要な電流の大きさが8mA 増えていた。よって，0.34ｇの分だけ重さが増えたときに必要な電流がどれくらい増えるのか比の考えを使って考える。　$0.54 : 8 = 0.34 : \square$　　$\square = \frac{8 \times 0.34}{0.54}$　　$\square = 5.03$mA　小数第一位を四しゃ五入して5mA となる。したがって，31mA＋5mA より 36mA となる。

2　〔問題1〕ア．(25－20)÷0.1　残りの巻き数…50

〔問題2〕イ．25×25×3.14－20×20×3.14〔別解〕上から見た面積　残りの長さ…7065

〔問題3〕縦…36　横…36　高さ…44

《解　説》

1　**〔問題1〕**　表1より，1コマでの回転角度が8度だから，1秒間(960コマ)での回転角度は8×960＝7680(度)であり，7680÷360＝21.3…→21回転している。同様に考えると，1分間(60秒間)では$\frac{8 \times 960 \times 60}{360}$＝1280(回転)，1時間(3600秒)では$\frac{8 \times 960 \times 3600}{360}$＝76800(回転)と求められる。

〔問題2〕　実験2では，条件Bのときには3枚の板すべてに光が全く当たらず，条件Cのときには発電する板Ⓘとⓤに光が全く当たらず，条件Eのときには発電する板ⓤに光が全く当たらない。つまり，プロペラが回転しなかったのは，接続点の間にある3枚の板のうち1枚でも光が全く当たらない板があったからだと考えられる。はなさんは，条件Cのときに一番上の板の右半分にだけ光が当たっていることに着目し，一方の接続点をBから図6の☆のところにかえることで，接続点の間に光が全く当たらない板がなくなれば，プロペラが回転するはずだと考えた。

〔問題3〕　0.34ｇの紙が0.54ｇの紙の0.34÷0.54＝0.62…→0.6枚分の重さに相当することに着目すると，図8で，紙の枚数が2＋0.6＝2.6(枚)のときの電流の大きさが36mAになることを確かめることができる。

2　**〔問題1〕**　トイレットペーパーを，大きな円柱から小さな円柱をくり抜いた図形として考える。大きな円柱の半径は50÷2＝25(㎜)，小さな円柱の半径は40÷2＝20(㎜)だから，トイレットペーパーの残りの巻き数は(25－20)÷0.1＝50である。

〔問題2〕　残りを全て出したトイレットペーパーを，縦の長さが0.1㎜，高さが110㎜の直方体として考える。「残りの長さ×0.1」で表されるのは，トイレットペーパーの「縦の長さ×横の長さ」，つまり，立体を上から見た面積である。したがって，求める計算式は25×25×3.14－20×20×3.14となり，これを計算すると，立体を上から見た面積は706.5(㎟)となるから，残りの長さは706.5÷0.1＝7065(㎜)である。

〔問題3〕　ダンボール箱の表面積をできるだけ小さくするためには，できるだけ縦，横，高さを近い数にすればよい。36をできるだけ近い3つの整数の積で表すと，36＝3×3×4だから，トイレットペーパーは縦，横，高さのそれぞれの方向に，３個，３個，４個のいずれかの個数を並べればよい。トイレットペーパーの直径は120 ㎜＝12 ㎝，高さは 110 ㎜＝11 ㎝なので，３段積む場合と４段積む場合について考える。柱体の側面積は，(底面の周の長さ)×(高さ)で求められることを利用する。

３段積む場合のダンボール箱は，縦の長さが 12×４＝48(㎝)，横の長さが 12×３＝36(㎝)，高さが 11×３＝33(㎝)の直方体だから，表面積は 48×36×２＋(48＋36)×２×33＝3456＋5544＝9000(㎠)となる。

４段積む場合のダンボール箱は，縦と横の長さが 36 ㎝，高さが 11×４＝44(㎝)の直方体だから，表面積は36×36×２＋36×４×44＝2592＋6336＝8928(㎠)となる。

よって，４段積む方がダンボール箱の表面積は小さくなるので，縦の長さを 36 ㎝，横の長さを 36 ㎝，高さを44 ㎝とすればよい。

《解答例》

1 〔問題1〕何世代にもわたって伝えながらつくり出されてきた

〔問題2〕書き手の主観の入っている真実を読んで、書かれていない事実を考えること。

〔問題3〕

文章1と2に共通しているのは、現在と未来は過去の蓄積で成り立っていて、過去を未来につなげ、それを生かすことが大切だという考え方だと思う。文章1では、ものをつくり出すためには、知識や技術や経験だけではなく、アイデアが必要で、アイデアが浮かぶのは一瞬だが、その背後には長い時間が横たわっているということを述べている。また、何世代にもわたって伝えながらつくり出されてきたものの、時間を超えた価値について説明している。文章2では、過去の蓄積の少ない私達には、それを補うものとして、読書が役に立つということを述べている。

私は、これからの学校生活で「温故知新」という言葉を心がけて学んでいこうと思う。文章1を読んで改めて過去の人々の歴史や考え方を学ぶことの大切さに気づいたからだ。過去の蓄積の少ない私がそれを補い、過去というものに触れる機会を設けるためには、文章2に書かれているように、読書が必要だと思う。これから、読書をすることで、未来の自分をつくりあげる基礎を築きたいと思う。

《解　説》

1 **〔問題1〕** 古くさく感じない理由は、直後にあるように「古くないから」である。これをもう少しくわしく説明しているのが、次の一文の「それを人びとが受けつぎ、『もの』が新しい命、新しい生活をもらう」である。つまり、人びとに長く受けつがれてきていて、新しい命を感じさせるから古くさく感じないのである。筆者がこのような「隙間《すきま》や傷《きず》のある家具」を見て、どのようなことを思うのかを読み取る。ぼう線部の前の段落に、「古い道具やすり減った家具を見て、きれいだなと思うことがある～何世代にもわたって伝えながらつくり出されてきたものは」とある。

〔問題2〕 行間を読むということについては、直前に、「本を読むということは～書かれていることを読み、そこに書かれていないことを考える作業とも言えます」と説明されている。少し後に「書かれていることが真実だとすれば、行間には事実があると言えるかもしれませんね」とある。本に「書かれていること」は、「真実」であり、書き手が込《こ》めた想《おも》いや考え、つまり主観が入っている。一方、行間には「事実」があって、それは読み手が本に書かれていないことを考えることで見つけるものである。

大泉高等学校附属中学校　2023 令和5年度　適性検査Ⅱ

《解答例》

1 〔問題１〕道順…(エ)→キ→オ→イ→カ　式と文章…５＋７×1.4＋７＋10×1.4＋13＝48.8　ロボットの分速は 12m なので，１m進むには，５秒かかる。ブロックを１個運んでいるときは７秒，ブロックを２個運んでいるときは10 秒，ブロックを３個運んでいるときは 13 秒かかる。また，1.4m進むためには，１m進むときよりも時間は 1.4 倍かかる。わたしが考えた道順に合わせて，かかる時間をそれぞれたし合わせると，48.8 秒になる。

〔問題２〕Ａ，Ｂ，Ｄ／右表

表５　太郎《たろう》さんと花子さんがさらに書きこんだ表

	①の電球	②の電球	③の電球	④の電球
Aのスイッチ	×	○	○	×
Bのスイッチ	○	×	○	○
Cのスイッチ	×	○	○	○
Dのスイッチ	×	×	×	○
Eのスイッチ	○	○	○	×

2 〔問題１〕第２次産業／しゅう業数者は，1960 年と比べて 1990 年は増加し，1990 年と比べて 2020 年は減少している。しゅう業者数の最も多い年れいそうは，1960 年は 15～24 さい，1990 年は 35～44 さい，2020 年は 45～54 さいと変化している。

〔問題２〕図２…①　図３…⑤　農家の人たちの立場…共通する利点は，カフェ事業を始めたり，新しい観光ルートを提案したりして，来客数が増えて，売り上げが増加したことである。　農家以外の人たちの立場…消費者にとって共通する利点は，新しくできたカフェをおとずれたり，加工工場見学などの新しい観光ルートを体験したりして，新たなサービスを受けられるようになったことである。

3 〔問題１〕⑴ウ　　⑵葉の面積を同じにしたときの葉についたままの水の量が多いか少ないかを比べ，水てきが葉とくっついている部分の大きさが大きいか小さいかを比べることによって判断した。

〔問題２〕⑴図３から黒色のインクがついた部分がより少ないので，すき間がより広いと考えられ，図４からおもりをのせるとよりちぢむので，厚みがある方向にもすき間がより広いと考えられる。つまり，あらゆる方向に，水が入ることができるすき間がより多いから。　　⑵じょう発した水の量は，箱とシャツの合計の重さが軽くなった量からＴシャツの重さが重くなった量を引くことによって求められる。キは，Ｔシャツによってきゅうしゅうされた水の量とじょう発した水の量のどちらも最も多いから。

《解　説》

1 **〔問題１〕**　ロボットの移動する速さは何も運んでいないとき分速 12mだから，１m進むのに 60÷12＝５(秒)，1.4m進むのに５×1.4＝７(秒)かかる。同様にして，ブロックを運んでいるときの個数と時間をまとめると，右表のようになる。

運んでいるブロックの数	１m進むのにかかる時間	1.4m進むのにかかる時間
０個	５秒	７秒
１個	７秒	9.8 秒
２個	10 秒	14 秒
３個	13 秒	18.2 秒

時間の合計の小数第一位を８にするためには，9.8 秒かかる進み方を１回だけ行い，あとはかかる時間が整数になるようにしたい。

まずは時間が最短となるような道順を考えてみる。時間を最短にする方法として，倉庫に行くのを１回ですませたいので①「３つのブロックをまとめて倉庫まで運ぶ場合」と，ブロックを３つ運ぶことでロボットがおそくなることをさけたいので②「途中《とちゅう》で倉庫にブロックをおろす場合」の２パターンが考えられる。

①の場合，ブロックを２つまたは３つ運んでいる状態をなるべく短くしたいので，ブロックの位置をまわる順番は

キ→イ→カとしたい。この場合最短の道のりを通るには，エまたはクをスタートして，キ→オ→イ→カ→ケとまわればよい。このときかかる時間は，５＋9.8＋７＋14＋13＝48.8(秒)となる。よって，これが求める道順である。

②の場合，ブロックの位置をイ→カとまわってから倉庫に２つおろしたいので，ア，ウ，オのいずれかからスタートして，イ→カ→ケ→ク→キ→ク→ケとまわればよい。このときかかる時間は，５＋9.8＋10＋５＋５＋７＋７＝48.8(秒)となる。よって，これも求める道順である。

解答例のように適切に式と文章で説明してあれば，いずれの道順でもよい。

〔問題２〕　まずはそれぞれの電球について，対応するスイッチを確定させていく。②の電球について，ヒント(あ)から，ＢとＣの一方が○でもう一方が×とわかる。よって，ヒント(い)から，Ｄは×で確定する。したがって，ヒント(う)から，Ｅは○で確定する。

ヒント(あ)	②の電球
Ａのスイッチ	○
Ｂのスイッチ	○
Ｃのスイッチ	×

または

ヒント(あ)	②の電球
Ａのスイッチ	○
Ｂのスイッチ	×
Ｃのスイッチ	○

ヒント(い)	②の電球
Ｂのスイッチ	○
Ｃのスイッチ	×
Ｄのスイッチ	×

または

ヒント(い)	②の電球
Ｂのスイッチ	×
Ｃのスイッチ	○
Ｄのスイッチ	×

ヒント(う)	②の電球
Ａのスイッチ	○
Ｄのスイッチ	×
Ｅのスイッチ	○

③の電球について，表４よりＢとＣはともに○か×だから，ヒント(い)から，Ｄは×で確定する。また，ヒント(う)から，Ｅは○で確定する。

④の電球について，ヒント(あ)から，ＢとＣはともに○か×だから，ヒント(い)から，Ｄは○で確定する。

また，ヒント(う)から，Ｅは×で確定する。

ヒント(あ)	④の電球
Ａのスイッチ	×
Ｂのスイッチ	○
Ｃのスイッチ	○

または

ヒント(あ)	④の電球
Ａのスイッチ	×
Ｂのスイッチ	×
Ｃのスイッチ	×

ヒント(い)	④の電球
Ｂのスイッチ	○
Ｃのスイッチ	○
Ｄのスイッチ	○

または

ヒント(い)	④の電球
Ｂのスイッチ	×
Ｃのスイッチ	×
Ｄのスイッチ	○

ヒント(う)	④の電球
Ａのスイッチ	×
Ｄのスイッチ	○
Ｅのスイッチ	×

以上より，ＤとＥはすべて確定するので，下の表のようになる。

	①の電球		②の電球		③の電球		④の電球	
Ａのスイッチ	×		○		○		×	
Ｂのスイッチ	○	×	○	×	○	×	○	×
Ｃのスイッチ	×	○	×	○	○	×	○	×
Ｄのスイッチ	×		×		×		○	
Ｅのスイッチ	○		○		○		×	

よって，ＢかＣはどちらか一方が確定すればもう一方も確定する。したがって，例えばＡ，Ｂ，Ｄを押した後に明かりがついていたのは①と②の電球だとすると，Ｂを押したとき①から④の電球はそれぞれ○，×，○，○と確定し，これによってＣを押したとき①から④の電球はそれぞれ×，○，○，○と確定するので，Ａ，Ｂ，Ｄは解答の１つである。同様に，Ｂ，Ｃの中から１つ，Ａ，Ｄ，Ｅの中から２つを選んだ組み合わせであればどのような組み合わせでもよいが，組み合わせによってＢとＣに反応する電球は変化する。

2　〔問題１〕　第３次産業を選んだ場合，「就業者数は，1960 年と比べて 1990 年は増加し，1990 年と比べて 2020 年も増加している。就業者数の最も多い年齢層は，1960 年は 25～34 歳，1990 年は 35～44 歳，2020 年は 45～54 歳と変化している。」となる。1960 年の第３次産業人口は 453＋474＋319＋248＋130＋39＋６＝1669(万人)，1990 年の第３次産業人口は 533＋786＋945＋760＋451＋134＋33＝3642(万人)，2020 年の第３次産業人口は 321＋645＋813＋971＋766＋444＋108＝4068(万人)だから，確実に増えている。また，産業別の就業者数の最も多い年齢層は，徐々に上がっていることが読み取れ，どの産業においても，就業者の高齢化が進んでいることがわかる。

〔**問題２**〕　＜具体的な取り組み＞の利点をまとめてみよう。

	農家の人たちの立場	農家以外の人たちの立場
①	来客数が増加する。	新鮮な卵を使ったメニューが食べられる。
②	卵や肉などの売り上げが増える。	宿泊と地元の料理が楽しめる。
③	体験をする観光客が増える。	都会では味わえない体験ができる。
④	捨てていたしいたけを出荷できる。	新たなメニューを楽しめる。
⑤	観光客が増える。	工場見学ができる。
⑥	販売品目が増える。	新たな商品を購入できる。

例えば③と⑤を選べば，農家の人たちの立場から共通する利点は，「家族連れの観光客の数が増える。」，農家以外の人たちの立場から共通する利点は，「飼育体験や工場見学など都会ではできないような体験ができる。」などが考えられる。農家の人たちの立場からの利点は，「売り上げが増えるための工夫」を読み取ろう。農家以外の人たちの立場からの利点は，「商品や体験から得られる価値」を考えよう。

3　〔**問題１**〕　太郎さんと花子さんの会話より，水滴《すいてき》が転がりやすいかどうかを判断するときには，表２の結果だけに着目するのではなく，表１でそれぞれの葉の面積が異なることにも着目しなければならないことがわかる。表２の10枚の葉についたままの水の量を表１の葉の面積で割った値が小さいものほど，同じ面積についたままの水の量が少ない，つまり水滴が転がりやすいと考えればよい。よって，その値が約0.1のアとイとエは水滴が転がりにくい葉，約0.02のウとオは水滴が転がりやすい葉と判断できる。

〔**問題２**〕(1)　水を多く吸収できるということは，吸収した水をたくわえておくことができるすき間が多くあるということである。粒《つぶ》が小さいどろがたい積した層ではすき間がほとんどないため水を通しにくいのに対し，粒が大きい砂がたい積した層ではすき間が大きいため水を通しやすいことと同様に考えればよい。　**(2)**　カでは，箱とシャツの合計の重さが1648.3－1611＝37.3(ｇ)軽くなっているが，これがすべて蒸発した水の量ではない。Ｔシャツの重さに着目すると，189.8－177.4＝12.4(ｇ)重くなっている。つまり，Ｔシャツが吸収した37.3ｇのうち，12.4ｇはＴシャツに残っているから，蒸発した水の量は37.3－12.4＝24.9(ｇ)と求められる。キについても同様に考えると，Ｔシャツが吸収した水が45.9ｇ，Ｔシャツに残っている水が18.8ｇ，蒸発した水が45.9－18.8＝27.1(ｇ)である。また，クについては変化した23.1ｇが蒸発した水の量である。以上のことから，蒸発した水の量が多い順に，キ＞カ＞クとなる。よって，ポリエステルは木綿よりも水を吸収しやすく，かわきやすい素材だと考えられる。

《解答例》

1 〔問題１〕器具…ろ紙　方法…池の水をろ過する　〔問題２〕式…８÷(0.9×0.9×3.14×0.01)×45　記号…イ

〔問題３〕(ア)１日目にいたミドリムシの個体数　ミドリムシが最も増えたといえる試験管…Ｄ

理由…試験管Ａ～Ｄのミドリムシの個体数を，それぞれの最初の池の水の量でわって，あたいを比べると，Ｄが最も大きいから。

2 〔問題１〕まとめられる丸太の本数…15　丸太をまとめるために必要なロープの長さ…0.757

〔問題２〕結び方…テグス　結んだロープのはしからはしまでの長さ…2.58　理由…結び目がかたいが，ほどきやすいため。

〔問題３〕

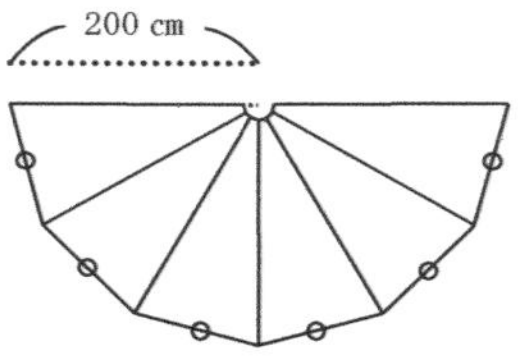

《解　説》

1 **〔問題１〕**　池の水の緑色の原因となるミドリムシなどは，ろ紙の穴を通りぬけることができず，ろ紙の上に残る。

〔問題２〕　図４のけんび鏡でピントが合って見えている部分の水の体積は(0.9×0.9×3.14×0.01)㎣であり，この中にミドリムシが８個体見えたので，１㎣あたりの個体数は８÷(0.9×0.9×3.14×0.01)である。また，図３のくぼみの部分全体の体積は0.045mL→0.045㎤→45㎣だから，くぼみの部分全体に存在するミドリムシの個体数は，８÷(0.9×0.9×3.14×0.01)×45＝14154.2…となり，一番近い数値はイである。

〔問題３〕　たまっていた雨水にはミドリムシが存在しないと考えると，試験管に入れた池の水の量が異なれば，１日目にいたミドリムシの個体数も異なる。Ｄは入れた池の水の量が最も少なく，入れた直後には，けんび鏡で一度に見えるはん囲にいるミドリムシの個体数は最も少ないはずだが，10日後にはＣよりも多く，Ｂとほぼ同じになっているので，ミドリムシが最も増えたといえる試験管はＤである。

2 **〔問題１〕**　丸太の本数について，図１では１本，図２では１＋２＝３(本)，図３では３＋３＝６(本)，…となり，１から連続する整数の和となる。よって，４列にすると６＋４＝10(本)，５列にすると10＋５＝15(本)必要である。例えば，丸太を５列並べて15本使う場合を考える。

図Ｉ

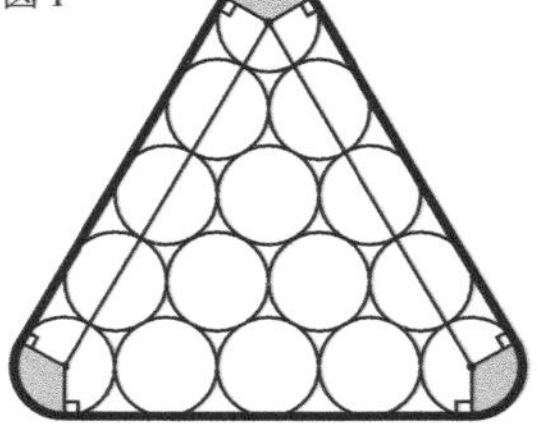

このとき，まとめた丸太を上から見ると，図Ｉのようになり，ロープは太線で表している。丸太の直径は５cmであり，図Ｉの色つき部分を３つつなげると１つの円になるので，曲線部分のロープの長さは５×3.14＝15.7(cm)である。また，直線部分のロープの長さは，円の直径４つ分の長さの３倍だから，５×４×３＝60(cm)である。よって，ロープの長さは，15.7＋60＝75.7(cm)より，0.757mである。75.7＋10＝85.7(cm)で100cmより短いから，条件にあう。

別解として，丸太を４列並べて10本使う場合も考えられる。このとき，ロープの長さは15.7＋５×３×３＝60.7(cm)より0.607mとなり，条件にあう。丸太を６列以上並べた場合はロープの長さが足りず，条件に合わない。

〔問題２〕　結び方の条件として，結び目が固いこと，ほどきやすいこと，３本のロープを結んだ長さが２ｍ以上となることの３つが必要である。本結び以外の３つの結び方のうち，縦結びは力がかかるとほどけやすく，二重テグス結びはほどきにくいことから条件にあわないので，結び目が固く，ほどきやすいテグス結びを選ぶ。
本結びで３本のロープを結んだとき，結び目の長さは２つ合わせて３－2.7＝0.3(m)だから，テグス結びでは0.3×1.4＝0.42(m)必要である。よって，結んだロープのはしからはしまでの長さは３－0.42＝2.58(m)となり，条件にあう。

〔問題３〕　④の状態から，②から折った順番と逆に布を開いたときの形を考える。
②で布を１辺の長さが200㎝の正方形の形にした後に２回折った折り目を開いていくと，図ｉ→図ⅱのようになる。
また，はじめの長方形から正方形の形に折ったときの折り目は図ⅱの太線部分である。この折り目で布を開くと，折り目について図ⅱと対称な図形ができるから，図ⅲのように合同な台形が６個つながった形ができる。よって，６個の台形の平行な辺のうち，長い方の辺にそれぞれ○印をつければよい。
また，台形の平行でない２辺の長さはすべて200－８＝192(㎝)だから，
解答例のように，解答用紙の200㎝の目盛りと，図ⅲの図形の左はしの辺が平行になるように合わせると作図しやすい。

図ｉ

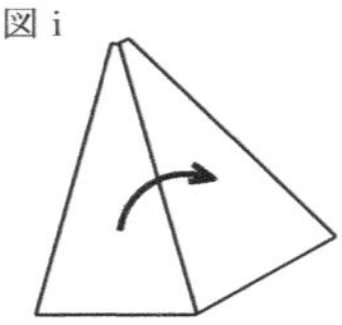

図ⅱ

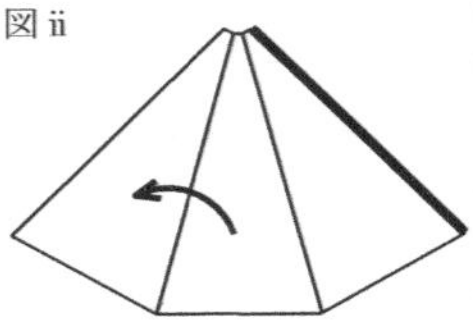

図ⅲ

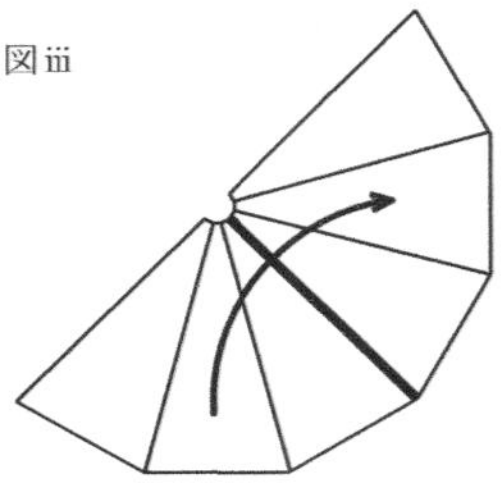

大泉高等学校附属中学校　2022 令和4年度　適性検査Ⅰ

《解答例》

1　〔問題１〕思わぬ世界

〔問題２〕大人になる前に興味や関心をもったことを研究の対象にし、大人になってもなおぎ問をもち続け、問い直している点。

〔問題３〕（例文）

文章２の筆者は、三〇年前にカラスの鳴き方に興味を持ち、動物学者になった今でもカラスについて疑問を持ち続け、研究を続けています。また、文章の中で、「予断をもった判断をしてはいけない」「状況を説明しうる仮説を公平に捉え、自分に都合の良い結果さえも疑わなくてはならない」という、科学者としての姿勢を示しています。

文章２の筆者の研究や学問への向き合い方をふまえて、私は、これからの六年間をどのように過ごしたいか考えました。学校の理科の授業や、家庭生活の中で、直接自然にふれる体験を増やして、自然に興味や関心をもつことを今よりもっと大切にしたいです。それによって、自然の中で様々な疑問を見つけ、そのことについて、自分なりの見通しや目的をもって観察や実験を行い、結果を客観的に考察できるようにします。このような過程を通して、科学的な思考を身につけ、自然についての知識や理解を深めていきたいと考えます。

《解　説》

1　**〔問題１〕**　文章２の筆者は，少年時代にカラスが自分に対して返事をしたのだと解釈《かいしゃく》していたことについて，研究者になった後に「重大な錯誤《さくご》を含《ふく》んでいる可能性」があると気づき，「普段《ふだん》からカアカア鳴き続けている相手がたまたまその時も鳴いたからって，自分に返事したとなぜ言えるの？」という疑問を持つべきだったことに思い至り，「私の鳴き真似《まね》に返事をしたと考える積極的な根拠《こんきょ》はない」としていた。しかし，カラスの分布を調査していたときに，「鳴き真似の後，数分以内の音声が多い」「こちらの鳴き真似の特徴《とくちょう》と高い確率で一致《いっち》する」ということに気づき，「カラスはこちらの音声を認識した上で，その音声に反応している～私の鳴き真似に対して返事をしているのではないか」「カラスは人間に対して鳴き返してくることが確かにあるのだ，とは言えそうである」という見解に至った。筆者のこの経験は，「科学者は～公平に捉《とら》え～疑わなくてはならない。しかし，そうやって疑った先に，思いがけず心躍《こころおど》る景色が広がることもある」ということの例である。それは，文章１で言う，思わぬ「異世界《いせかい》への扉《とびら》」が開いたということにあたる。よって，「心躍る景色」は，「思わぬ世界」（文章１の９～10行目）と同じような意味だと言える。

〔問題２〕　文章１の筆者は，編集者のひとことをきっかけに「貝殻《かいがら》拾いにはまだ，あらたなおもしろさがあるかもしれない」と思って再開を決め，少年時代に拾ったときは注目せずに放置していた貝殻が，「縄文時代《じょうもんじだい》には館山《たてやま》近辺にも生息していた。そのころの貝殻が，地層《ちそう》から洗《あら》い出されて海岸に打ち上がっていた」ものだと分かったことがヒントとなり，「人間の影響《えいきょう》によって，地域《ちいき》で見られる貝が変わっていく。その移り変わりの歴史が，足元に転がる貝殻から見える」というあらたな視点で貝殻拾いをしている。そして，「少年時代の～コレクションに，ハマグリが含まれていない」こと（「なぜその貝がそこに落ちていないのか」ということ）の理由をさぐるというテーマを得ている。文章２の筆者は，少年時代にカラスが自分に対して返事をしたのだと思っていたことについて，研究者になって「重大な錯誤を含んでいる可能性」があると気づき，「普段からカアカア鳴き続けている～自分に返事したとなぜ言えるの？」という疑問を持つべきだったことに思い至った。そのような疑問を経て，調査中の結果から「カラスは人間に対して鳴き返してくることが確かにあるのだ，とは言えそうである」という見解に至った。両者に共通するのは，少年時代の興味関心と現在の研究がつながっていること，科学者としての視点で，かつての自分のとらえ方を問い直していることだと言える。

《解答例》

1　〔問題１〕⑴4.06　⑵直角三角形…20　正三角形…10　円…７

説明…１本のモールは，直角三角形を６個，正三角形を３個作るように切る。

１本のモールは，直角三角形を６個，正三角形を２個，円を１個作るように切る。

１本のモールは，直角三角形を６個，正三角形を１個，円を２個作るように切る。

１本のモールは，直角三角形を２個，正三角形を４個，円を４個作るように切る。

〔問題２〕⑴右図のうち１つ

⑵２，３，４

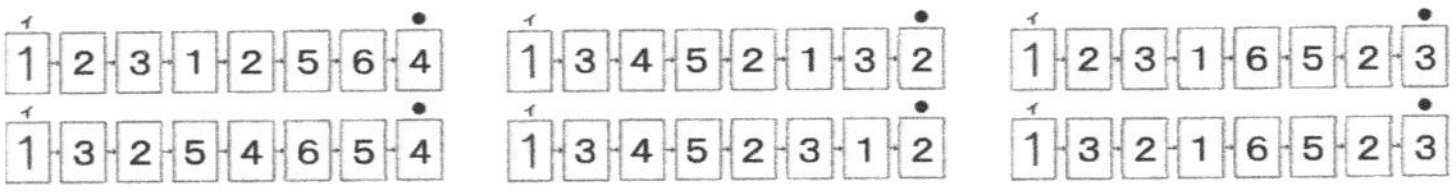

2　〔問題１〕サケのルイベ…サケのルイベに「雪にうめて，こおらせる」という保存方法が用いられているのは，小樽市の冬の平均気温が０度以下だから。　マアジのひもの…マアジのひものに「日光に当てて干す」という保存方法が用いられているのは，小田原市の冬の降水量が夏に比べて少なく，日光に当てることができたから。

ブリのかぶらずし…ブリのかぶらずしに「甘酒につけて，発酵をうながす」という保存方法が用いられているのは，金沢市の冬は降水量が多く，空気がしめっており，発酵が進む気温だから。

〔問題２〕（米と小麦の例文）米がとれる地域と小麦がとれる地域の年平均気温と年間降水量をそれぞれ比べると，米がとれる地域の年平均気温は高く，年間降水量は多いが，小麦がとれる地域の年平均気温は低く，年間降水量は少ない。

3　〔問題１〕⑴選んだもの…ウ　理由…実験１から，色がついているよごれを最もよく落とすのは，アとウであることが分かる。そして，実験２から，アとウを比べると，ウの方がより多くでんぷんのつぶを減少させることが分かるから。　⑵５分後のつぶの数をもとにした，減少したつぶの数のわり合は，水だけの場合よりも液体ウの場合の方が大きいから。

〔問題２〕⑴せんざいの量を 28 てきより多くしても，かんそうさせた後のふきんの重さは減少しないので，落とすことができる油の量は増加していないと分かるから。

⑵サラダ油が見えなくなるもの…Ａ，Ｂ，Ｃ，Ｄ　洗剤…４

《解　説》

1　**〔問題１〕⑴⑵**　図２の周りの長さは，直角三角形が３＋４＋５＝12(cm)，正三角形が３×３＝９(cm)，円が３×3.14＝9.42(cm)である。１ｍ＝100 cmだから，100÷12＝８余り４，100÷９＝11 余り１より，すでに切ってある２本のモールからは，直角三角形が８個，正三角形が 11 個できる。また，２本のモールの余りの長さの合計は４＋１＝５(cm)である。

図３のカード１枚には，直角三角形が４個，正三角形が３個，円が１個あるので，図３のカードを１枚作るのに，モールは 12×４＋９×３＋9.42＝84.42(cm)必要である。モールは全部で６ｍ＝600 cmあるから，無駄なく使うと考えると，600÷84.42＝７余り 9.06 より，図３のカードは最大で７枚できる。よって，モール６本で図２の直角三角形が４×７＝28(個)，正三角形が３×７＝21(個)，円が１×７＝７(個)できるかを考える。残り４本のモールで直角三角形が 28－８＝20(個)，正三角形が 21－11＝10(個)，円が７個できればよい。また，このときの６本のモールの余りの長さの合計は 9.06 cmだから，図３のカードが７枚できるのであれば，４本のモールの余りの長

さの合計は9.06－５＝4.06(cm)となる。
４本のモールについて，１本あたりの余りの長さが約１cmになればよいので，これを基準に，余りの長さに注目して考える。また，必要な直角三角形と正三角形の個数の比は20：10＝２：１だから，この比となるようにできるだけ多く直角三角形と正三角形を１本のモールから作ろうとすると，直角三角形を６個，正三角形を３個作ることができ，このときの余りは100－12×６－９×３＝１(cm)となる。ここから，正三角形を１個減らして円を１個増やすと，余りは9.42－９＝0.42(cm)減るから，この操作を全部で２回できる。よって，３本のモールからそれぞれ，「直角三角形６個と正三角形３個」，「直角三角形６個と正三角形２個と円１個」，「直角三角形６個と正三角形１個と円２個」を作ることができるので，あと１本のモールから，直角三角形が20－６×３＝２(個)，正三角形が10－３－２－１＝４(個)，円が７－１－２＝４(個)できればよい。12×２＋９×４＋9.42×４＝97.68より，１本のモールから直角三角形が２個と正三角形が４個と円が４個できるので，解答例のような切り方が考えられ，カードは７枚作れる。
この考え方以外にも，モールの切り方は次のように考えることもできる。
４本のモールの余りは4.06cmであり，モールの余りが小数になるのは円を作ったときだから，先に円を７個作ることを考える。１本のモールから円を７個作り，さらにできるだけ余りが少なくなるように直角三角形と正三角形を作ろうとすると，「直角三角形２個と正三角形１個と円７個」を作ることができ，このときの余りは100－12×２－９－9.42×７＝1.06(cm)となる。残り３本のモールの余りの合計は4.06－1.06＝３(cm)だから，「直角三角形６個と正三角形３個」を作る(余りは１cm)ことを３回行うと，４本のモールの余りの合計が4.06cmとなり，直角三角形を20個，正三角形を10個，円を７個作ることができる。
モールの切り方は解答例やこの方法以外にもいくつかある。
〔問題２〕(1)(2)　図４の一番左の図で，上の頂点を□，下の頂点を■とする。□が動かないように立体を転がすと，机に接する面は「１，２，３」のいずれかになり，■が動かないように立体を転がすと，机に接する面は「４，５，６」のいずれかになる。また，□または■が動くように立体を転がすと，机に接する面は「１⇔６」「２⇔５」「３⇔４」のように変化する。このことに注意すると，■が最初に接するのは，図ｉのａ～ｅのいずれかとなる。最初にｃ，ｄで接する場合は７回の移動で●のマスまで移動できないので，ａ，ｂ，ｅについて考える。

図ｉ
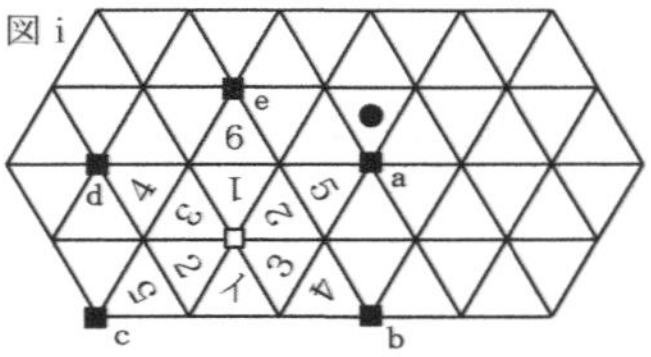

図ⅱ
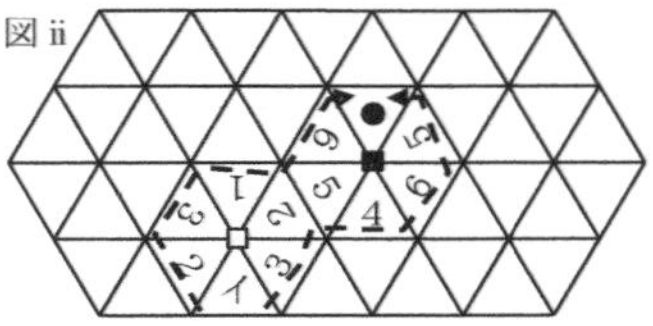

図ⅲ
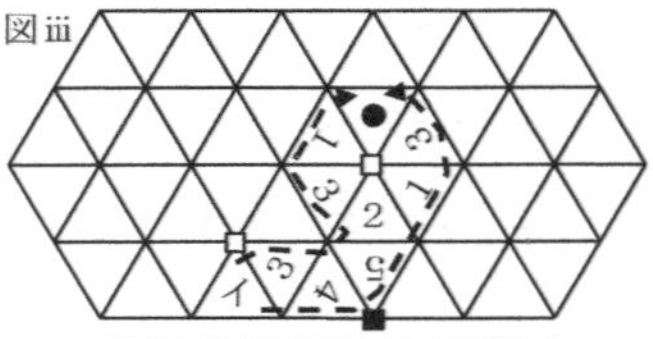

図ⅳ
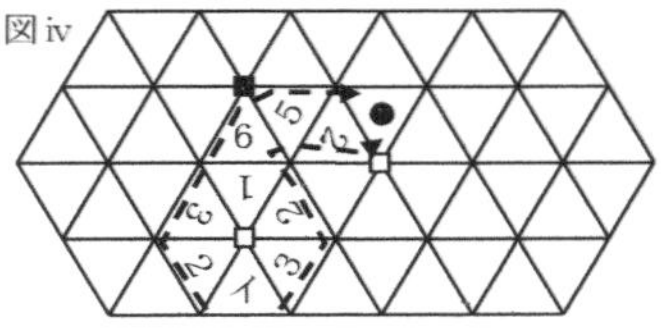

ａのときの接する面の数字は図ⅱのようになり，●のマスは４で，７回の転がし方は「イ(１)→２→３→１→２→５→６→●(４)」「イ(１)→３→２→５→４→６→５→●(４)」の２通りある。
ｂのときの接する面の数字は図ⅲのようになり，●のマスは２で，７回の転がし方は「イ(１)→３→４→５→２→１→３→●(２)」「イ(１)→３→４→５→２→３→１→●(２)」の２通りある。
ｅのときの接する面の数字は図ⅳのようになり，●のマスは３で，７回の転がし方は「イ(１)→２→３→１→６→５→２→●(３)」「イ(１)→３→２→１→６→５→２→●(３)」の２通りある。
したがって，●のマスに接する面の数字は２，３，４である。

2 〔問題１〕　図１の保存方法から地域の気候の特徴を読み取り，図２の都市の冬(12 月１月)の降水量や気温と関連付ける。　〔サケのルイベ〕　図１で雪にうめてこおらせていることから，冬にまとまった雪が降ると考えられる。それを踏まえて図２を見ると，北海道小樽市の冬の気温がマイナスなので，寒さが厳しいことが読み取れる。
〔マアジのひもの〕　図１で空気がかわいた時期に天日干ししていることから，冬にかんそうした晴れの日が多いと考えられる。それを踏まえて図２を見ると，神奈川県小田原市の冬の降水量が 100 ㎜以下で少ないことが読み取れる。　〔ブリのかぶらずし〕　図１で空気がしめっている時期に発酵させていることから，冬の降水量が多いと考えられる。それを踏まえて図２を見ると，石川県金沢市の冬の降水量が 250～300 ㎜で多いことが読み取れる。
また，冬の気温が５度以上であることに着目すれば，発酵に適した温度だと導ける。
〔問題２〕　図４より，①と②は小麦，③と⑤はそば，④と⑥は米が材料である(右図参照)。解答例の他，「そばがとれる地域の年平均気温は低く，年間降水量は多い。」も考えられる。

図５　先生が示した図

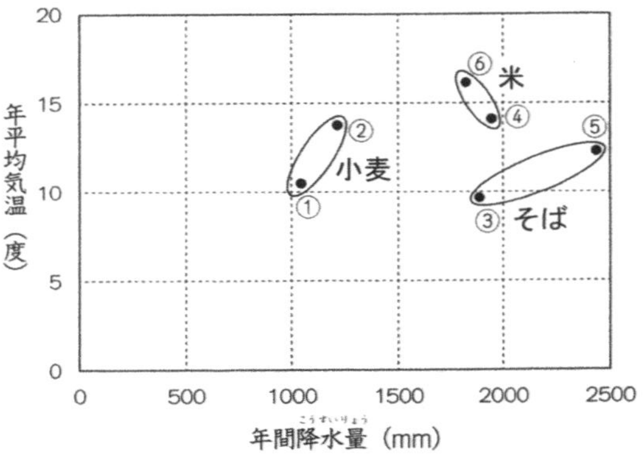

3 〔問題１〕(1)　ここでは５分間液体につけておくときのよごれの落ち方を考える必要があるので，表１と２では，５分後の結果に着目し，表１からは色がついているよごれの落ち方，表２からはでんぷんのよごれの落ち方を読み取る。５分間では，色のついているよごれはアとウで最も落ちやすく，でんぷんのよごれはウで最も落ちやすい。よって，どちらのよごれも落ちやすいウが適切である。　(2)　表２より，水だけのときの５分後の粒《つぶ》の数は804，60分後の粒の数は484だから，55分間で804－484＝320減っている。５分後の粒の数をもとにした，減少した粒の割合は320÷804×100＝39.8…(％)である。ウについても同様にして求めると，(476－166)÷476×100＝65.1…(％)となるから，ウの方がでんぷんのよごれの程度をより変化させたといえる。
〔問題２〕(1)　表３の乾燥《かんそう》させた後のふきんの重さから最初のふきんの重さ20.6ｇを引いたものが，ふきんに残っているサラダ油の重さだと考えられる。24滴《てき》までは，洗剤《せんざい》の量を多くすると，残っている油の重さが軽くなっていくが，28滴のときには24滴のときよりも多くの油が残っていて，28滴より多くしても残っている油の重さが軽くならないから，太郎さんの予想は正しくないといえる。　(2)　サラダ油100滴の重さが2.5ｇだから，サラダ油0.4ｇは$100\times\frac{0.4}{2.5}=16$(滴)である。よって，表４で，加えたサラダ油の量が16滴より多いＡ～Ｄでは，液体の上部にサラダ油が見えなくなる。また，実験４から考えられる，サラダ油0.4ｇを落とすことができる最低限の洗剤の重さは，サラダ油の量が17滴のときに上部にサラダ油が見えた(16滴のサラダ油は落とすことができる)Ｄに入っている洗剤の重さと同じである。入っている洗剤の重さは，Ａが１ｇの半分，ＢがＡの半分，ＣがＢの半分，ＤがＣの半分だから，Ｄに入っている洗剤の重さは$1\div\overset{A}{2}\div\overset{B}{2}\div\overset{C}{2}\div\overset{D}{2}=0.0625$(ｇ)である。よって，洗剤100滴の重さが２ｇだから，洗剤0.0625ｇは$100\times\frac{0.0625}{2}=3.125$(滴)であり，最低４滴の洗剤が必要である。

《解答例》

1　〔問題１〕発車駅の地区名の記号…Ａ　発車駅の情報に必要な線の数…10　運賃の情報に必要な線の数…５

〔問題２〕商品名…山形りんご　チェックデジット…右図

〔問題３〕記録部分が面となり情報を多く記録できる。

2　〔問題１〕右図

〔問題２〕(ア)方法…パネルＡ１まい分の年間予想発電量に６まいのパネルをかけた発電量と，パネルＢとパネルＣ１まい分の年間予想発電量に３まいずつのパネルをかけた発電量を加える　答え…2585.3

(イ)一か月の発電量から一か月の昼間の使用量をひく

〔問題３〕正しい展開図の記号…①，④

図６の展開図の続き…右図　(ウ)の面積･･･13.5

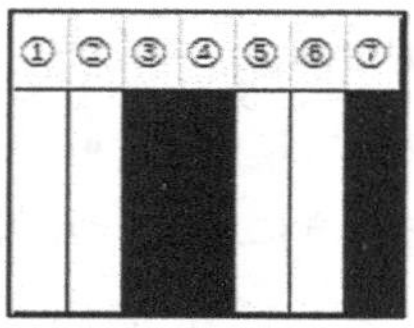

1〔問題２〕の図

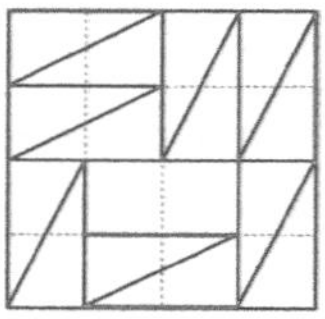
2〔問題１〕の図

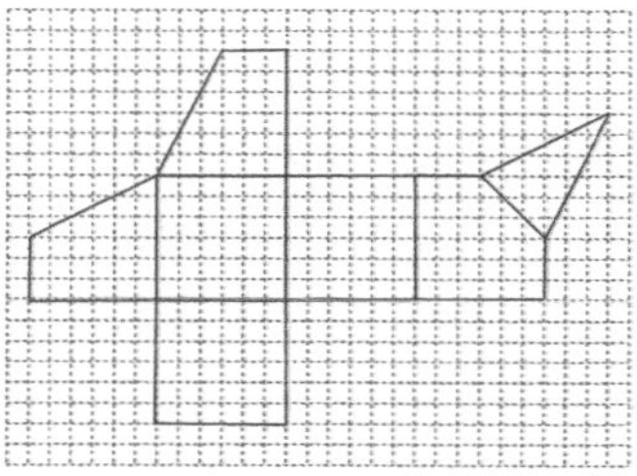
2〔問題３〕の図

《解　説》

1　〔問題１〕　表せる情報の数は，線１本で２個，２本で２×２＝４(個)，３本で２×２×２＝８(個)，…となるので，表にまとめると右のようになる。運賃《うんちん》の情報は18個あるので，線は５本必要である(４本だと16個までしか表せない)。

線の本数(本)	1	2	3	4	5	6	7	8	9	10
表せる情報(個)	2	4	8	16	32	64	128	256	512	1024

表より，選んだ地区名の記号がＡ，Ｂ，Ｃ，Ｄのときの発車駅の情報に必要な線はそれぞれ，10本，９本，９本，８本となる。

〔問題２〕　７本ずつバーを分けて考えると，商品コードは，「0010011」「0100011」「0101111」「0110001」「0111011」より，24657だから，商品名は山形りんごである。また，価格コードは「0001101」「0001101」「0100011」「0110001」「0001101」より，00450である。

コードは全部で2465700450だから，手順１より(０＋４＋０＋５＋４)×３＝39，手順２より５＋０＋７＋６＋２＝20，手順３より39＋20＝59，手順４より10－９＝１だから，チェックデジットは１である。

よって，バーコードは「0011001」と表せるように，③④⑦を黒でぬりつぶせばよい。

〔問題３〕　バーコードは横方向のみで情報を記録しているのに対し，２次元コードは縦横に情報を記録しているため，より多くの情報を記録することが可能となる。

2　〔問題１〕　「３種類の長方形のパネルをしきつめる」ことと，①のルールから，対角線のラインが入っていない長方形は１枚だけ使うようにする。

解答例以外でも，右図のように，条件に合うしきつめ方はいくつかある。

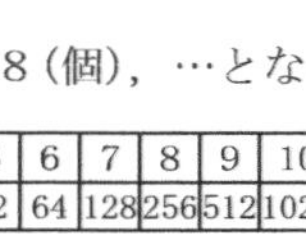

〔問題２〕(ア)　図５では，Ａを６枚，ＢとＣを３枚ずつ使っているので，年間の発電量は，(Ａ１枚分の年間予想発電量)×６＋(Ｂ１枚分の年間予想発電量)×３＋(Ｃ１枚分の年間予想発電量)×３で求められる。表１より，Ａ１枚分の年間予想発電量は，$\frac{6191}{21}$kWh，Ｂ１枚分の年間予想発電量とＣ１枚分の年間予想発

電量は等しく，$\frac{6123}{45}$kWh となる。よって，年間の発電量は，$\frac{6191}{21}\times 6+\frac{6123}{45}\times 3+\frac{6123}{45}\times 3=\frac{12382}{7}+\frac{4082}{5}=\frac{12382\times 5+4082\times 7}{35}=2585.25\cdots$ より，2585.3kWh である。

(イ)　残りの発電量を考えているので，(一か月の発電量)－(一か月の昼間の使用量)で求められる。

〔問題３〕　図６について，図ｉのように１つ点をおき，①～④について，その点がどの位置にあるのかをまとめると，図ⅱのようになる。①，④は組み立てるときに点が１つに集まり，組み立てられるから展開図として正しい。②，③は組み立てるときに点が１つに集まらないので，展開図として正しくない。

図ｉ

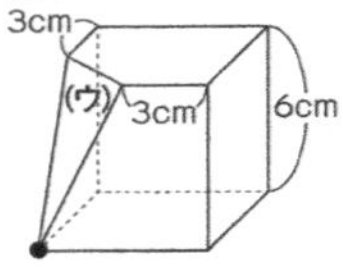

図ⅱ

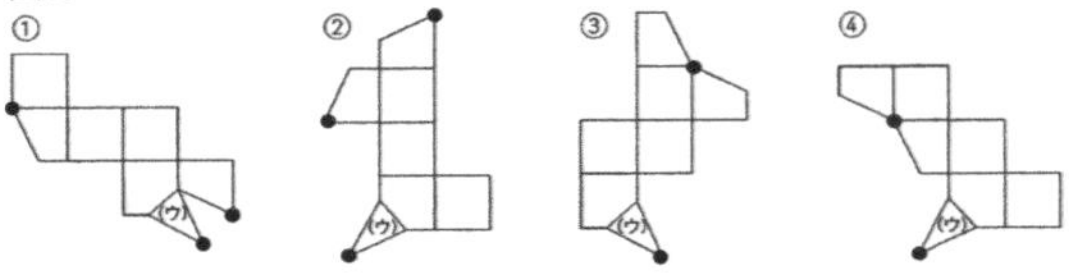

展開図の続きについて，(ウ)は，図ⅲの太線の長さの辺が１本，図ⅳの太線の長さの辺が２本でできているから，(ウ)は図ｖの太線のようになることがわかる。展開図の続きは，先ほどと同じように組み立てるときに図ｉの点が１つに集まるかに注目して，解答らんにおさまるようにかく。解答例以外の展開図でもよい。(ウ)の面積は，図ｖより，１辺６cmの正方形の面積から，３つの三角形の面積をひくことで，

$6\times 6-3\times 3\div 2-6\times 3\div 2-6\times 3\div 2=13.5$(cm²)だとわかる。

図ⅲ

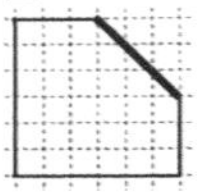

図ⅳ

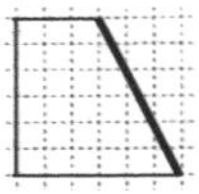

図ｖ

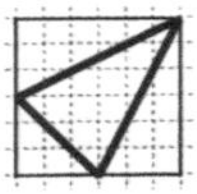

大泉高等学校附属中学校　2021 令和3年度　適性検査Ⅰ

《解答例》

1　〔問題1〕自分らしい音　〔問題2〕もっと鳴らそうと気負いすぎたから。

〔問題3〕（例文）

私は「好む」の段階まで表されていると考える。

文章2で、村田さんは、自分らしい音とはどんな音なのかと胸を高鳴らせたり、もっと大きく響かせたいと思ったりしていて、やる気や積極性が感じられる。文章1では、「好む」者は、「やる気」をもっているので、積極性があると説明されている。

村田さんは、この日初めて小鼓を触っているので、「知る」段階まで表されていると考えられるかもしれない。しかし、何度か小鼓を打った後はどんどん積極的になり、主体的にかかわっているので、「知る」段階は通りすぎたと考えられる。また、お稽古の場面の最後の方では、全身から力を抜いて素直で大きな音を鳴らすことができた。そのため、安らぎの理想像に達した「楽しむ」の段階まで表されているとも考えられる。しかし、その直後で、もっと鳴らそうと気負いすぎて変な音を出しているので、やはりまだ「好む」の段階にあると考えられる。

《解　説》

1　**〔問題1〕**　個性とは，ここではその人特有の性質のこと。文章2の「自分らしい音」は，先生の言う「村田さんらしい鼓《つづみ》の音」であり，村田さん特有の音である。

〔問題2〕　直前で鳴らした音は「とても素直《すなお》な音」だった。それは，「とにかく素直に，素直に，と自分に言い聞かせて，身体の全部を先生の言葉に任せるような感覚で，全身から力を抜《ぬ》いた」ことで出た音だった。それに対して，傍線部④で鳴らした音は，「もっと鳴らそうと思う」ことで出た音だった。この気持ちを文章1にある表現を使って表すと，「気負いすぎ」ということになる。

〔問題3〕　「知る」については，文章1で「確かに『知る』ことは大切だ。しかし，そのことに心を使いすぎると，それに疲《つか》れてしまったり，情報量の多さに押《お》し潰《つぶ》されてしまって，それに主体的にかかわっていく力がなくなってしまう」と書かれている。「好む」については，文章1で「『やる気』をもっているので，積極性がある」「下手《へた》をすると気負いすぎになる」と書かれている。「楽しむ」については，文章1で「客体の中に入ってあるいはそれと一体化して安住すること」「安らぎの理想像」「それ（＝『好む』）を超《こ》え，あくまで積極性を失ってはいないが安らぎがある」と書かれている。これらを手がかりに，どの段階《だんかい》まで表されているのかを考える。

《解答例》

1 〔問題１〕右図　説明…ＡとＣの和はＢの２倍になっていて，ＤとＦの和はＥの２倍になっている。
したがって，ＢとＥの和の３倍が，６個の数の和と同じになる。
135÷３＝45 なので，ＢとＥの和が 45 になる場所を見つければよい。

14	21	28
16	24	32

〔別解〕

16	20	24
20	25	30

〔問題２〕アの側面に書く４個の数…１，２，３，５　イの側面に書く４個の数…１，３，４，５
ウの側面に書く４個の数…１，２，３，７　エの側面に書く４個の数…１，３，４，７

〔アの展開図〕

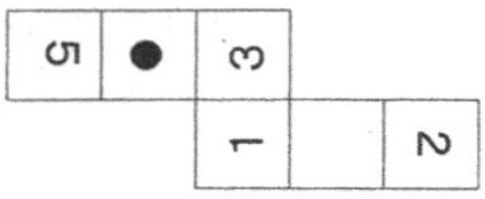

〔イの展開図〕

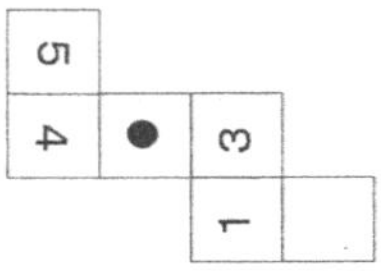

〔ウの展開図〕

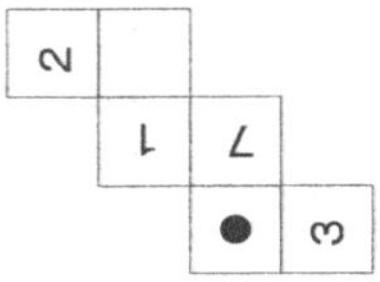

〔エの展開図〕

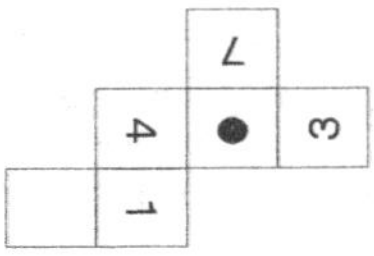

2 〔問題１〕図１より，主ばつに適した林齢は，50 年以上であることが分かる。図２の 2017 年の林齢構成をみると，主ばつに適した林齢 50 年を経過した人工林の面積は大きいが，林齢 30 年よりもわかい人工林の面積は小さい。1976 年，1995 年，2017 年の変化から，林齢 50 年以上の人工林が主ばつされると，しょう来，主ばつに適した人工林は少なくなっていくことが予想される。よって，利用することのできる木材の量が減ることが課題である。
〔問題２〕（図３と図４を選んだときの例文）図３のように商品を生産する立場の人たちが，間ばつ材を使った商品を開発したり，利用方法を考えたりすることで，さまざまな商品が生まれる。また，商品を買う立場の人たちも，図４のような間ばつ材を知ってもらう活動を通じて，間ばつや，間ばつ材を使った商品に関心をもつ。これらの活動から，商品を売ったり買ったりする機会が生まれ，間ばつ材の利用が促進される。

3 〔問題１〕⑴右図　⑵右図　理由…図６から，㋓は㋐に対して，つつの右側のじ石の極は変わらないが，左側のじ石の極は反対である。図７のイより，鉄板に置く４個のじ石のうち，右側の２個のじ石の上側の極は変えずに，左側の２個のじ石の上側をＮ極からＳ極に変えるとよいから。

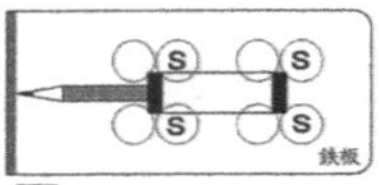

3〔問題１〕⑴の図

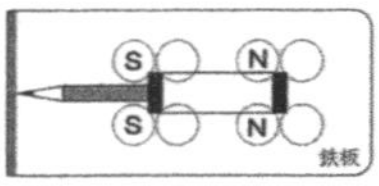

3〔問題１〕⑵の図

〔問題２〕⑴２　⑵大きい場合…②　理由…①はＡ方向がそろっていないので，Ｎ極とＳ極が引き合う部分と，Ｎ極どうしやＳ極どうしがしりぞけ合う部分がある。それに対して，②はＡ方向がそろっているので，ほとんどの部分でＮ極とＳ極が引き合う。そのため，①より②のほうが引き合う部分が大きいから。

《解　説》

1 〔問題１〕　表内のどこであっても，横に並んだ３つの数を見てみると，左の数と真ん中の数の差と，右の数と真ん中の数の差が等しいので，３つの数の和は真ん中の数の３倍に等しくなる。よって，解答例のように説明できる。

〔問題２〕　九九の表にある数は，すべて１～９までの２つの整数の積になるので，ア～エのうち２つの立方体の数の積で１～９までの整数をすべて表せるような組み合わせを作り，その組み合わせが２組あれば，九九の表にあるすべての数を表せる(例えば，８×９＝72 を表す場合は，２つ立方体の数の積で８，残り２つの立方体の数の積で９を表せばよい)。１から７までの数を書くから，１から９までの数を，１から７までの積で表すと，

１＝１×１，２＝１×２，３＝１×３，４＝１×４＝２×２，５＝１×５，６＝１×６＝２×３，７＝１×７，８＝２×４，９＝３×３となる。

１＝１×１，９＝３×３を表したいので，２つの立方体両方に１と３を書く。８＝２×４を表したいので，２つの立方体について，一方に２，もう一方に４を書く。５＝１×５，７＝１×７を表したいので，２つの立方体について，一方に５，もう一方に７を書く。よって，２つの立方体に書く数は，（１，２，３，５）と（１，３，４，７）になるか，（１，２，３，７）と（１，３，４，５）になる(この２つの立方体の数の積で，２，３，４，６も表せる)。このような組み合わせの立方体を２組書けばよい。解答例は，アとエ，イとウの積で，１から９までの整数を作ることができる。

また，ア～エについて，「●」の面の辺と重なる辺は，右図の太線部分になるから，この太線の辺が上の辺となるように４つの数字を書けばよい。

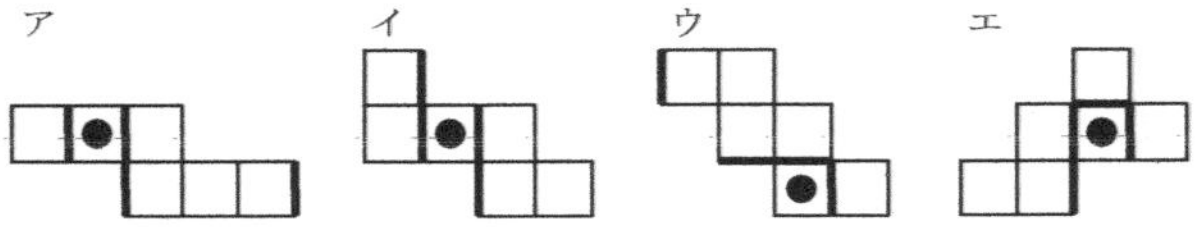

2 〔問題１〕　図１より，木材として利用するために林齢 50 年以上の木々を切っていること，図２より，人工林の高齢化が進んでおり，2017年では林齢50年以下の人工林は若くなるほど面積が小さくなっていることが読み取れる。また，花子さんが「人工林の総面積は，1995 年から 2017 年にかけて少し減っています」，先生が「都市化が進んでいることなどから，これ以上，人工林の面積を増やすことは難しい」と言っていることから，今後，人工林の面積はさらに減っていき，主ばつして利用できる木材の量が不足してしまうことが予測できる。

〔問題２〕　図の取り組みについて，会話中の言葉を手がかりにしよう。図３について，花子さんが「間ばつ材も，重要な木材資源として活用することが，資源の限られた日本にとって大切なこと」と言っている。図４について，太郎さんが「間ばつ材マークは…間ばつ材利用の重要性などを広く知ってもらうためにも利用される」と言っている。図５を選択する場合は，「図５のように実際に林業にたずさわる人たちが，高性能の林業機械を使ってばっ採したり，大型トラックで大量に木材を運んだりすることで，効率的に作業できる。」を，図３の間ばつ材を使った商品の開発や利用に関連付けてまとめるとよい。

3 〔問題１〕(1)　㋐のつつの磁石のＮ極の真下の鉄板には上側がＮ極の磁石を２個，Ｓ極の真下の鉄板には上側がＳ極の磁石を２個置く。解答例の他に，右図のように磁石を置いてもよい。　(2)　解答例の他に下図のように磁石を置いてもよい。

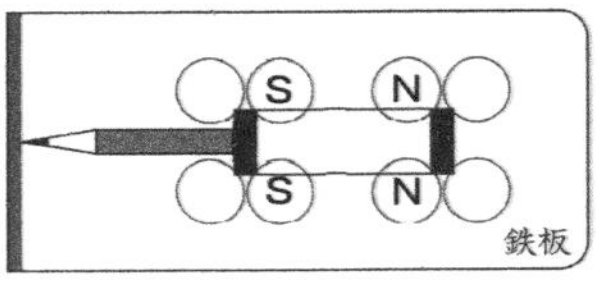

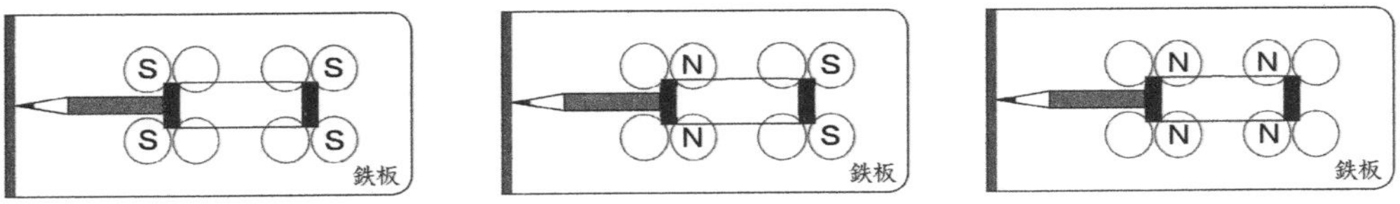

〔問題２〕(1)　表１のＡ方向が地面に平行なときの記録に着目する。１辺が１cm の正方形のシートの面積は１×１＝１(㎠)で，このときの記録は０個(０ｇ)，１辺が２cm の正方形のシートの面積は２×２＝４(㎠)で，このときの記録は２個(20ｇ)，１辺が３cm の正方形のシートの面積は３×３＝９(㎠)で，このときの記録は５個(50ｇ)である。１辺が３cm以下の正方形では，つりさげることができる最大の重さはシートの面積に比例するので，１辺が２cmの正方形のシートと比べると20÷４＝５(ｇ)，１辺が３cm の正方形のシートと比べると50÷９＝5.5…(ｇ)までつりさげることができる。したがって，１辺が１cm の正方形について，２ｇのおもりでの記録は２個と考えられる。

(2)　①(表２の１番下の記録)よりも②(表２の真ん中の記録)の方が記録が大きい。このように記録の大きさにちがいが出るのは，シートのＮ極とＳ極が図 10 のように並んでおり，２枚のシートのＡ方向がそろっていると，ほとんどの部分でＮ極とＳ極が引き合うが，２枚のシートのＡ方向がそろっていないと，引き合う部分としりぞけ合う部分ができるからである。なお，表２の１番上の記録よりも②の方が記録が大きいのは，②では，おもりをつけたシートが下にずれようとするとき，それぞれの極が，黒板に貼りつけたシートから上向きの引きつける力と上向きのしりぞける力を受けるためである。

《解答例》

1 〔問題１〕[0.3㎜／2376]，[0.5㎜／3987]，[0.7㎜／3654]から２つ

〔問題２〕インクがもれてこない

2 〔問題１〕合計した数字を３でわって，わり切れれば３のカードがなく，余りが２なら１のカードがなく，余りが１なら，２のカードがない。

〔問題２〕右図

〔問題３〕ゆい(最大)を選んだ場合…110　さき(最小)を選んだ場合…58

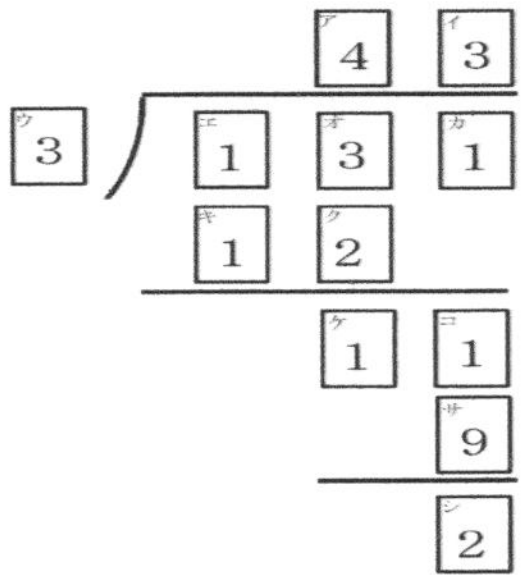

《解　説》

1 **〔問題１〕**　カード３枚にそれぞれ１，２，３を書くためには，合わせて6.5＋19.7＋25.1＝51.3(㎝)の長さが必要になる。この３枚のカードを１セットとする。

0.3㎜のボールペンは最大で，$(24\times100)\div\frac{5.9}{100}=40677.9\cdots$より，40677.9㎝まで書けるから，40677.9÷51.3＝792.9…より，792セットまで書けるので，最大で792×３＝2376(枚)作れる。

0.5㎜のボールペンは最大で，$(30\times100)\div\frac{4.4}{100}=68181.8\cdots$より，68181.8㎝まで書けるから，68181.8÷51.3＝1329.0…より，1329セットまで書けるので，最大で1329×３＝3987(枚)作れる。

0.7㎜のボールペンは最大で，$(15\times100)\div\frac{2.4}{100}=62500$(㎝)まで書けるから，62500÷51.3＝1218.3…より，1218セットまで書けるので，最大で1218×３＝3654(枚)作れる。

〔問題２〕　□のあとのかつのぶさんの「このボールがあるから大丈夫なんだよ」という発言から，ボールでインクがもれるのを防いでいるということがわかる。

2 **〔問題１〕**　１と２と３の数字がそれぞれ一つずつ書かれたカードを１セットとすると，１セットの数字の和が１＋２＋３＝６で３の倍数だから，１枚なくす前の持っていたカードの数字の和は，３の倍数だとわかる。
よって，なくした後の数字の和は，１のカードをなくすと３の倍数より１小さく(３の倍数より２大きく)，２のカードをなくすと３の倍数より２小さく(３の倍数より１大きく)，３のカードをなくすと３の倍数となる。
これより，解答例のような説明ができる。

〔問題２〕　４～９までの１けたの数字をあてはめる２か所がどこかをまず考える。
ア×ウ＝キクであり，アとウがともに１～３だと，ア×ウは最大で３×３＝９で１けたになるから，アまたはウのどちらか一方は必ず４～９となる。
ケコ－サ＝シより，サ＋シ＝ケコであり，サとシがともに１～３だと，サ＋シは最大で３＋３＝６で１けたになるから，サまたはシのどちらか一方は必ず４～９となる。
よって，イ，エ，オ，カ，キ，ク，ケ，コは必ず１～３となることに注意して，あてはまる数を考えればよい。解答例以外にも，例えば右筆算のように，条件に合う筆算はいくつかある。

```
   3 2
4)1 3 1
  1 2
    1 1
      8
      3
```

〔問題３〕　図４の２段目，３段目をそれぞれわけ，右図のように記号をおく。

２段目　３段目

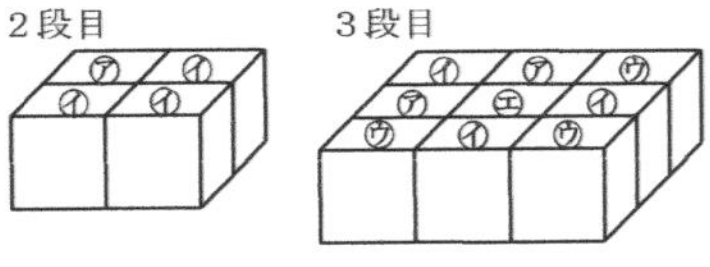

数字の合計が最大のとき，図４の１段目の立方体からは，

１，２，２，３，３の面が見える。２段目，３段目の㋐の立方体からは３，３の面が見え，㋑からは２，３，３の面が見え，㋒からは２，２，３，３の面が見え，㋓からは３の面が見える。
よって，数字の合計は，(１＋２＋２＋３＋３)＋(３＋３)×３＋(２＋３＋３)×６＋(２＋２＋３＋３)×３＋３＝110
数字の合計が最小のとき，図４の１段目の立方体からは，１，１，２，２，３の面が見える。２段目，３段目の㋐の立方体からは１，１の面が見え，㋑からは１，１，２の面が見え，㋒からは１，１，２，２の面が見え，㋓からは１の面が見える。
よって，数字の合計は，(１＋１＋２＋２＋３)＋(１＋１)×３＋(１＋１＋２)×６＋(１＋１＋２＋２)×３＋１＝58

《解答例》

1 〔問題１〕藤丸は作者から見た言い方で、藤丸さんは本村さんから見た言い方だというちがいをはっきりさせるため。

〔問題２〕のびやかで、鋭い観察眼を持ち、相手をそのまま受け止めるような、おおらかで優しい

〔問題３〕（例文）

文章１では、「ちがい」に対して気味悪く感じることがあっても、よく観察・分析し、自分との共通点を見つけて相手を受け入れ、思いやることが必要だとしている。文章２では、自分とちがういきものに対して、なぜそういう格好や生き方をしているのかを追究し、それぞれのちがいに感動し、おもしろさを感じている。また、それによって広く深いものの見方ができるようになると考えている。

みなが全く同じになってしまったら、新しいアイデアや行動が生まれない。すると、何か困難な状きょうにおちいった時に、だれも対処できない、新たな発展が望めないといった問題が起こると思う。

学校のなかにはさまざまな考え方を持った人がいる。その考え方の「ちがい」を生かすために、文化祭や体育祭の計画を立てる時には、いろいろな人の意見を聞き、それをまとめる役をしようと考えた。人前で話すのが苦手な人は話し合いの場で意見を言えないことがあるので、必ずアンケートをとり、はば広く意見をくみ上げるようにしたい。

《解　説》

1 **〔問題１〕**　傍線部《ぼうせんぶ》㋑のある段落全体を見てみよう。「それにしても，藤丸《ふじまる》さんはすごい。と本村《もとむら》は思った」で始まり，その後も本村が思ったこと（本村の心の中の言葉）が語られている。それらは，本村のせりふとして「カッコ」をつけて解釈《かいしゃく》することができる。つまり，本村にとっての呼び方を表すときに「藤丸さん」と書かれているのだ。それ以外の地の文では「藤丸」と表現している。

〔問題２〕　傍線部㋒の直後で「そうすることで，不思議に広く深く，静かなものの見方ができるようになるだろう」と述べている。この「広く深く，静かなものの見方」にあたる内容を，文章１からさがす。それは，藤丸のものの見方である。よって，本村が藤丸について「なんてのびやかで，でも鋭《するど》い観察眼なんだろう」「いろいろ考えて，最終的には相手をそのまま受け止めるのだろう。おおらかで優《やさ》しいひとだから」と思っている部分（傍線部㋑のある段落）を用いてまとめよう。

〔問題３〕　文章１では，「ちがい」に対する向き合い方として，「自分の理解が及《およ》ばないもの，自分とは異《こと》なる部分があるものを，すぐに『気味が悪い』『なんだかこわい』と締《し》めだし遠ざけようとしてしまう」ことを「悪いところ」だとし，「ちがいを認《みと》めあうためには，相手を思いやる感情が不可欠だ」と述べている。そのためには，本村が「同じ地球上で進化してきた生き物だから，当然ながら共通する点も多々《たた》あるのだ」と思ったように，共感できる部分を見つけることも第一歩となる。そのように，「感情と思考」によって，また，「理性と知性」によって，自分とはちがう人のことを理解しようとするのである。文章２では，「ちがい」に対する向き合い方として，「あらゆるいきものにはそれぞれに生きる理由がある」ということを知る，具体的には「こんな生き方もできるんだなあ，そのためにはこういう仕組みがあって，こういう苦労があるのか～それでやっと生きていられるのか」などを理解することを取り上げている。すると，「感激《かんげき》」したり「感心」したりして，「生物多様性」の大切さがわかるように

なるのである。つまり，文章２の筆者のように「いきものは全部，いろいろあるんだな，あっていいんだな」「それぞれに，それぞれの生き方があるのだ」というとらえ方になる。これらの内容をふまえると，「『ちがい』がなく，みなが全く同じ」になってしまったら，相手の気持ちを察することができなくなったり，一つのあり方しか認めないせまい心になったり，いろいろな視点でものを考えることができなくなったりするのだろうと想像できる。それらが引き起こす問題を第二段落で取り上げよう。第三段落では，「『ちがい』を生かして活動していく」際に，どのように「ちがい」を生かせばより良い活動になるのか，そのために自分はどうするべきかを考える。文章１，文章２で読み取った「ちがい」に対する姿勢を参考にしながら，学校生活の具体的な場面を思いうかべてみよう。

《解答例》

[1] 〔問題１〕①25　②10　③15　④10　　〔問題２〕必要なパネルの台数…４　説明…横向きの画用紙は，パネル１面に最大で８枚はることができるので，１面に８枚ずつはると，４面で 32 枚はることができる。残りの６枚は，１面ではれるので，合わせて５面使う。縦向きの画用紙は，パネル１面に最大で９枚はることができるので，１面に９枚ずつはると，２面で 18 枚はることができる。残りの３枚は，１面ではれるので，合わせて３面使う。したがって，すべての画用紙をはるのに８面使うから，パネルは４台必要である。

〔問題３〕アに入る数…４　イに入る数…２　ウに入る数…３　エに入る数…２　オに入る数…４〔別解〕２

[2] 〔問題１〕選んだ図…図２　あなたの考え…2001 年度に国の制度が改められたことで，新しくバスの営業を開始しやすくなり，2000 年度ごろまでにみられた減少が止まり，2001 年度から 2015 年度にかけて実際に走行したきょりは，大きく減少することなく増加している。　〔問題２〕設計の工夫…出入口の高さ／固定ベルトの設置

期待されている役割…ベビーカーを利用する人にとって，出入口の高さが低くつくられていることと，車内に固定ベルトが設置されていることにより，乗りおりのときや乗車中に，ベビーカーを安全に利用できる。

〔問題３〕課題…バス以外の自動車で混み合う道路がうまれる可能性がある。　あなたの考え…時こく表に対するバスの運行状きょうが向上していることをせん伝して，バス以外の自動車を使う人にバスを利用してもらい，混み合う道路が少なくなるように働きかける。

[3] 〔問題１〕選んだプロペラ…Ａ　示す値のちがい…13.3　〔問題２〕⑴モーター…ウ　プロペラ…Ｈ

⑵選んだ予想…①　予想が正しくなる場合…ありません　理由…Ｅ，Ｆ，Ｇ，Ｈのどのプロペラのときでも，アとイのモーターの結果を比べると，アのモーターの方が軽いのに，かかった時間が長くなっているから。

〔問題３〕⑴×　⑵車が前に動く条件は，(あ)が 50°から 80°までのときで，さらに，(あ)と(い)の和が 100°か 110°のときである。

《解　説》

[1] **〔問題１〕**　パネルの横の長さは 1.4ｍ＝140 cm，画用紙の横の長さが 40 cmだから，140÷40＝３余り 20 より，横にはれる枚数は最大で３枚である。また，パネルの縦の長さは２ｍ＝200 cm，画用紙の縦の長さが 50 cmだから，200÷50＝４より，長さ③と④が０cmのとき，縦に４枚はれるが，長さ③と④はそれぞれ５cm以上だから，縦にはれる枚数は最大で３枚である。したがって，６＝２×３より，画用紙のはり方は右図Ⅰ，Ⅱの２通り考えられる。

図Ⅰ

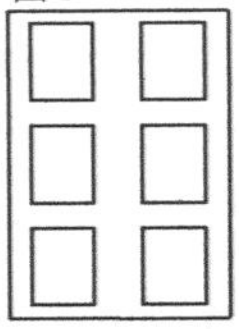

図Ⅱ

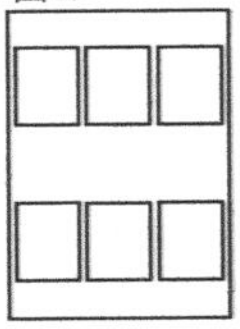

図Ⅰの場合について考える。横にならぶ画用紙の横の長さの和は，40×２＝80(cm)だから，長さ①と②の和は，140－80＝60(cm)である。例えば，長さ②を 10 cmとすると，長さ①は(60－10)÷２＝25(cm)となる。縦にならぶ画用紙の縦の長さの和は，50×３＝150(cm)だから，長さ③と④の和は，200－150＝50(cm)である。例えば，長さ④を 10 cmとすると，長さ③は(50－10×２)÷２＝15(cm)となる。また，他の長さ①と②，長さ③と④の組み合わせは右表のようになる。

同様に図Ⅱの場合も求めると，右表のような組み合わせが見つかる。

図Ⅰの場合

長さ①	長さ②
5	50
10	40
15	30
20	20
25	10

長さ③	長さ④
5	20
10	15
15	10
20	5

(単位：cm)

図Ⅱの場合

長さ①	長さ②
5	5

長さ③	長さ④
5	90
10	80
15	70
20	60
25	50
30	40
35	30
40	20
45	10

(単位：cm)

ただし，作品の見やすさを考えると，長さ①よりも長さ②の方がかなり長い，または，長さ③よりも長さ④の方がかなり長いはり方は，しない方がよいであろう。

〔問題２〕　横向きの画用紙は，140÷50＝２余り40より，横に２枚はって，長さ①と②の和が40㎝となればよい。このとき長さ②は１か所だから，長さ①＝10㎝，長さ②＝20㎝などが考えられる。したがって，横には最大で２枚はれる。また，横向きの画用紙は，200÷40＝５より，縦に４枚はって，長さ③と④の和が40㎝となればよい。このとき長さ③は３か所だから，長さ③＝10㎝，長さ④＝５㎝とできる。したがって，縦には最大で４枚はれる。よって，パネルの１面に横向きの画用紙は，最大で４×２＝８(枚)はれる。38÷８＝４余り６より，横向きの画用紙を全部はるのに，４＋１＝５(面)必要となる。

縦向きの画用紙は，〔問題１〕の解説より，パネルの１面に最大で３×３＝９(枚)はれるとわかる。21÷９＝２余り３より，縦向きの画用紙を全部はるのに，２＋１＝３(面)必要となる。

パネル１台に２面ずつあるから，求める必要なパネルの台数は，(５＋３)÷２＝４(台)である。

〔問題３〕　〔ルール〕の(3)について，サイコロで出た目の数に20を足して，その数を４で割ったときの余りの数を求めるが，20は４の倍数だから，サイコロの目に20を足して４で割っても，サイコロの目の数を４で割っても余りの数は同じになる。

先生のサイコロの目は，１，２，５，１だから，進んだ竹ひごの数は，５÷４＝１余り１より，１，２，１，１である。したがって，**あ→え→う→い→う**となり，**い**でゲームが終わる。よって，先生の得点は，１＋２＋１＝ア<u>４</u>(点)となる。

サイコロを４回ふってゲームが終わるのは，４回目に**か**に着くか，４回目に一度通った玉にもどる目が出たときである。このことから，１回目に**い**，**う**，**え**，**お**のいずれかに進んだあとは，**い**，**う**，**え**，**お**のならびを時計周りか反時計回りに２つ進んだあとに，**か**に進むかまたは一度通った玉にもどる目が出たとわかる。したがって，１回目に進む玉で場合を分けて調べていき，３回目に進んだときの得点を求め，それが７点ならば，そこから一度通った玉にもどる目が出ることで条件に合う進み方になり，７点ではなくても，そこから**か**に進むことで７点になれば，条件に合う進み方になる。

例えば，１回目に**い**に進んだ場合，３回目までは**あ→い→う→え**の３＋１＋２＝６(点)か**あ→い→お→え**の３＋０＋３＝６(点)となるが，ここから**か**に進んでも６＋０＝６(点)にしかならない。このため，この場合は条件に合わないとわかる。

このように１つ１つ調べていってもよいが，得点が７点であることから，１回進むごとに２点か３点ずつ増えたのではないかと，あたりをつけることもできる。このように考えると，１回目は**い**か**お**に進んだと推測できる。**い**はすでに条件に合わないことがわかったので，**お**に進んだ場合を調べると，**あ→お→え→う**で得点が２＋３＋２＝７(点)になるとわかる。このあと，**あ**か**え**にもどる目が出ればよいので，サイコロの目はイ<u>２</u>，ウ<u>３</u>，エ<u>２</u>，オ<u>４</u>(オは２でもよい)となればよい。

なお，サイコロの目の数が６のときも，４で割った余りの数は２だから，２は６でもよい。

2　**〔問題１〕**　解答例の「新しくバスの営業を開始しやすくなり」は「新たな路線を開設しやすくなり」でも良い。図２より，実際に走行したきょりは，2001年度が約292500万㎞，2015年度が約314000万㎞だから，20000万㎞以上増加していることがわかる。そのことを，表１の2001年度の「バスの営業を新たに開始したり，新たな路線を開設したりしやすくするなど，国の制度が改められた」と関連付ける。また，図１を選んだ場合は，解答例の「実際に走行したきょり」を「合計台数」に変えれば良い。

〔問題２〕　解答例のほか，設計の工夫に「手すりの素材」「ゆかの素材」を選び，共通する役割に「足腰の弱った高齢者にとって，手すりやゆかがすべりにくい素材となっていることにより，乗りおりのときや車内を移動するときに，スムーズに歩くことができる。」としたり，設計の工夫に「車いすスペースの設置」「降車ボタンの位置」を選び，共通する役割に「車いすを利用する人にとって，車内に車いすスペースが設置されていることと，降車ボタンが低くつくられていることにより，乗車中やおりるときに，車いすでも利用しやすくなる。」としたりすることもできる。

〔問題３〕　課題について，先生が「乗合バスが接近してきたときには，(一般の自動車が)『バス優先』と書かれた車線から出て，道をゆずらなければいけない」と言っていることから，バス以外の自動車による交通渋滞が発生する恐れがあると導ける。解決について，図６で，運用１か月後の平均運行時間が運用前よりも２分近く短縮されたこと，図７で，運用１か月後の所要時間短縮の成功率が運用前よりも 30%近く高くなったことを読み取り，このような運行状況の向上を宣伝することで，交通手段としてバスを選ぶ人を増やし，渋滞を回避するといった方法を導く。

3　〔問題１〕　A．123.5－(54.1＋48.6＋7.5)＝13.3(ｇ)　B．123.2－(54.1＋48.6＋2.7)＝17.8(ｇ)
C．120.9－(54.1＋48.6＋3.3)＝14.9(ｇ)　D．111.8－(54.1＋48.6＋4.2)＝4.9(ｇ)

〔問題２〕(1)　表５で，５ｍ地点から 10ｍ地点まで(同じきょりを)走りぬけるのにかかった時間が短いときほど車の模型が速く走ったと考えればよい。　(2)　①…モーターはアが最も軽いが，プロペラがＥとＦのときにはイ，プロペラがＧのときにはイとウ，プロペラがＨのときにはウが最も速く走ったので，予想が正しくなる場合はない。②…プロペラの中心から羽根のはしまでの長さは長い順にＨ，Ｇ，Ｆ，Ｅで，これはモーターがウのときの速く走った順と同じだから，予想が正しくなる場合がある。

〔問題３〕(1)　(あ)が 60° で，(あ)と(い)の和が 70° になるのは，(い)が 70－60＝10(°)のときである。したがって，表６で，(あ)が 60°，(い)が 10° のときの結果に着目すると，×が当てはまる。　(2)　(1)のように考えて表７に記号を当てはめると，右表のようになる。車が前に動くのは記号が○のときだけだから，○になるときの条件をまとめればよい。

		(あ)と(い)の和					
		60°	70°	80°	90°	100°	110°
(あ)	20°	×	×	×	×		
	30°	×	×	×	×	×	
	40°	×	×	×	△	△	△
	50°	×	×	×	△	○	○
	60°		×	×	△	○	○
	70°			×	△	○	○
	80°				△	○	○

《解答例》

1 〔問題1〕①金　②銅　③3

〔問題2〕木のおもちゃの上にのせ，おもちゃとねんどを完全に水中にしずませ，体積をはかる。次に，つかったねんどのみの体積をはかり，木のおもちゃとねんどをあわせた最初の体積の数ちから，ねんどのみの体積の数ちをひく。

〔問題3〕金が下にかたむく　理由…かんむりが銅とのまざりものなので，金と比べて，体積1㎤あたりのものの重さが小さくなる。このかんむりを同じ重さの金と比べると，体積が大きくなる。よって，水中での重さがかんむりより金の方が大きくなるので，金が下にかたむく。

2 〔問題1〕後に数を言う人　理由…後に数を言う人になり，相手が1と言ったら2，3と言い，1，2と言ったら3と言う。次に，相手が4と言ったら5，6と言い，4，5と言ったら6と言う。7以こうは会話の通りにすればよい。

〔問題2〕右図　　〔問題3〕右図

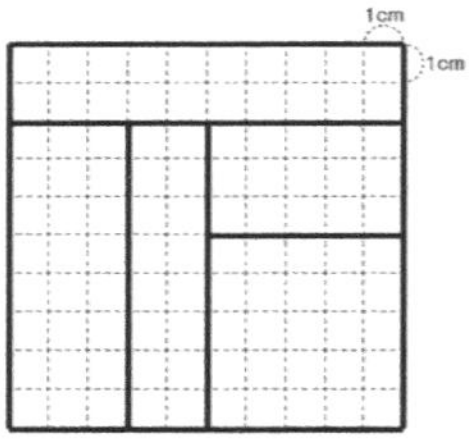

2〔問題2〕の図

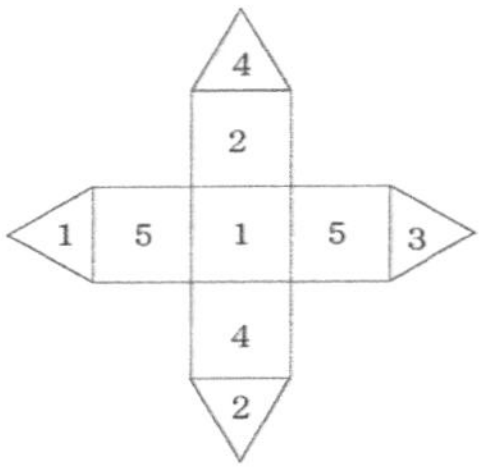

2〔問題3〕の図

《解　説》

1 **〔問題1〕**　体積1㎤あたりの重さは，金が19.3g，金と銅が同体積（0.5㎤ずつ）のときに14.1gだから，金1㎤のうちの0.5㎤を銅にすると，重さが19.3－14.1＝5.2（g）少なくなるということである。図1のかんむりの1㎤あたりの重さは16.7gであり，これは金1㎤の重さより19.3－16.7＝2.6（g）少ないから，1㎤のうち，銅の体積は$0.5\times\frac{2.6}{5.2}=0.25$（㎤），金の体積は1－0.25＝0.75（㎤）だとわかる。したがって，金の部分の体積は銅の部分の体積の0.75÷0.25＝3（倍）である。

〔問題2〕　水と比べて体積1㎤あたりの重さが大きいものは水にしずみ，小さいものは水にうく。木のおもちゃの上にのせるねんどの量を多くするほど，ねんどと木のおもちゃ全体の体積1㎤あたりの重さは大きくなる。

〔問題3〕　図5で，かんむりと金はつり合っているから同じ重さだが，かんむりは金と銅でつくられたものだから，〔問題1〕解説より，金の方が1㎤あたりの重さは大きい，つまり，金の方が体積が小さいということである。ものを水の中に入れると，ものが押《お》しのけた水と同じ重さの力がものに対して上向きにはたらくので，水に全てしずめたとき，押しのける水の体積が小さい金の方が，水中での重さが大きくなる。なお，水中にあるものにはたらく上向きの力を浮《ふ》力《りょく》という。

2 **〔問題1〕**　さきさんとゆいさんの会話から，6と言って相手に返すと，相手に10を言わせることができる。また，数は連続で2つまで言うことができるので，相手が数を1つ言った場合は数を2つ，相手が数を2つ言った場合は数を1つ言うことで，相手と自分の番で，合わせて数字を3つ言うことができる。自分が6と言って返したいから，その前の番に6－3＝3と言って返す必要がある。自分が後に数を言う人になれば，最初の自分の番で3と言って返すことができる。以上のことから，後に数を言う人になればよいとわかる。

〔**問題２**〕　それぞれの面積について，長方形や正方形の辺の長さを考える。

一辺の長さは10 cm以下の整数なので，「15 ㎠」の図形は３cm×５cmの長方形，「16 ㎠」の図形は２cm×８cmの長方形か１辺の長さが４cmの正方形，「20 ㎠」の図形は２cm×10 cmか４cm×５cmの長方形，「24 ㎠」の図形は３cm×８cmか４cm×６cmの長方形，「25 ㎠」は１辺の長さが５cmの正方形となる。

形が１通りに定まる「15 ㎠」と「25 ㎠」の図形の分け方を考える。

１辺の長さがともに５cmの辺があるから，残りの３つの図形が分けやすくなるよう，図Ｉのように「15 ㎠」と「20 ㎠」の図形を分ける。このとき，㋐の長さは10−（３＋５）＝２（cm）だから，㋐を含む図形は，１つの辺の長さを２cmにできる「16 ㎠」か「20 ㎠」の図形になる。㋐を含む図形が「20 ㎠」の図形の場合は，解答例のような分け方になり，㋐を含む図形が「16 ㎠」の図形の場合は，図Ⅱのような分け方になる。

図Ｉ

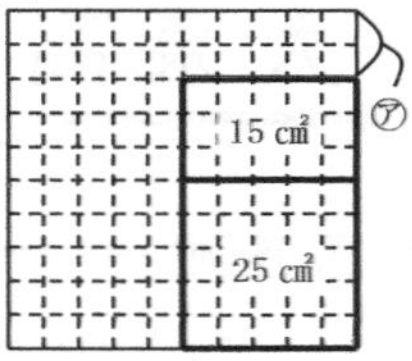

図Ⅱ

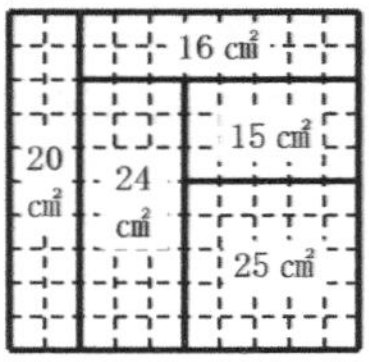

また，図Ⅱの「15 ㎠」と「25 ㎠」の図形を入れ替えるなど，分け方は他にも考えられる。

〔**問題３**〕　右図ｉのように展開図の面に記号をおき，組み立てると，右図ⅱのようになる。

図ⅱの下の面を面１とする。

同じ頂点をもつ面どうしの記入する数字は異なる。

４つの面Ａ，Ｂ，Ｃ，Ｄは同じ頂点を持つから，記入する数字はそれぞれ異なる。また，どの面も面１と同じ頂点をもたないから，面Ａ，Ｂ，Ｃ，Ｄにそれぞれ１，２，３，４の数字を記入する。

図ｉ

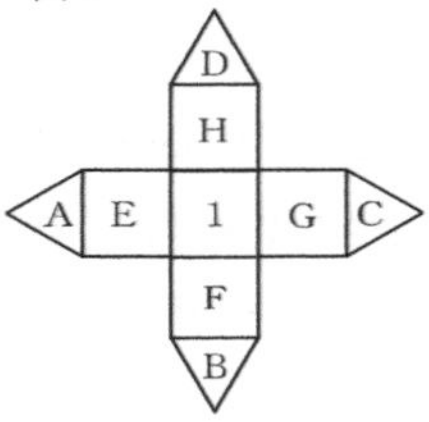

図ⅱ

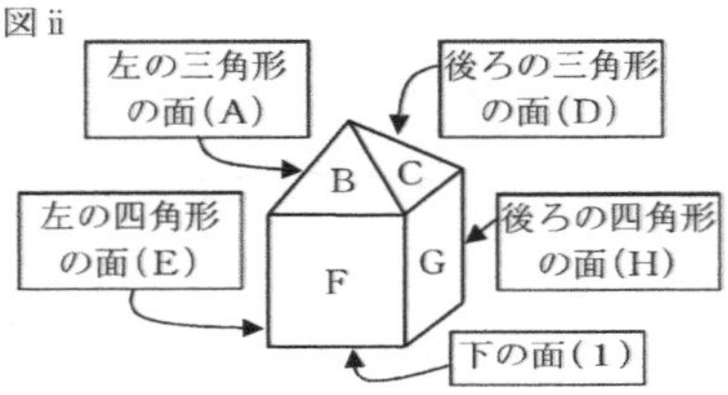

面Ｇは，面１，Ｂ，Ｃ，Ｄと同じ頂点をもつので記入する数字は１，２，３，４以外になるため，５を記入する。

あとは，同じ頂点をもつ面どうしで同じ数字を記入しないようにすると，面Ｅには５（または３），面Ｆには４，面Ｈには２が記入できる。解答例以外にも，数字の記入の仕方はいくつかある。

《解答例》

1　〔問題１〕本を読み通すだけでなく、積極的に調べたり、ちがう本を読んだりする

〔問題２〕本の内容が二十年後にも通用するという見通しをもって書くようにする

〔問題３〕（例文）

「子ども向けの本としてはつまらない本になってしまう」という点が誤解だと思います。

かこさんは、「まず原理原則を子どもさんにわかるようにしてもらおうと考えました。」、「順を追ってゆっくりと記述しながら、だんだんと遠い宇宙へ一緒に旅をするということを心がけました。」と述べています。また、科学の本の軸にしたいこととして、「おもしろさ」と「総合性」と「発展性」の三つを挙げる中で、「私は内容がよければよいほど、おもしろさというものが必要だと考えています。」と述べています。これらの考えをもとに書かれるから、つまらない本にはならず、わかりやすくておもしろい本になるはずです。

本を読んでおもしろいと感じ、関心や興味を持ったら、さらに他の本を読んだり、自分で考えを深めたりします。その際に、かこさんが挙げた「総合性」と「発展性」が大事になると考えました。だから私は、これから本を読むときに、本質や全体像をつかもうとする姿勢と、未来につなげて考える視点を持つことを心がけようと思います。

《解　説》

1　**〔問題１〕**　まず、傍線部《ぼうせんぶ》㋐の直後の「『もうやめなさい』とこちらが言いたくなるぐらいに熱中して、突《つ》き進《すす》んじゃう」ということになる。これにあたる内容を文章２の中から探《さが》す。子どもがおもしろさを感じるとどうなるかを述べているのは第２段落《だんらく》。「おもしろいというのは、一冊《さつ》の本をよみ通し、よく理解してゆく原動力になるだけでなく、もっとよく調べたり、もっと違《ちが》うものをよんだりするというように、積極的な行動にかりたてる」という部分からまとめる。

〔問題２〕　かこさんが本を書くとき、子どもたちの将来《しょうらい》を考えて、どのようなことを心がけているか。もっとも明確に述べているのが、文章１の、かこさんの最初の発言。「子どもさんが成人したときに、『なんだ、昔読んだ本と内容がちょっと違うじゃないか』なんてことになったら、大変問題になります」と、子どもたちの将来を考えている。そして「ですから、二〇年後にも通用するという見通しを持って書かなければいかん」とあるのが、そのためのかこさんの態度。よって、下線部を用いてまとめる。

〔問題３〕　まず、ひかるさんが「それは誤解《ごかい》のような気がします」と言った、「それ」の指す内容を読み取る。それは、直前で友だちが言った「それだと（＝むずかしそうな専門知識《せんもんちしき》を調べた上で本を作っていると）、私《わたし》たち子ども向けの本としてはつまらない本になってしまう」ということ。この内容を第一段落に書く。次に、なぜそれが誤解なのか、実際はどうなのか、ということを、文章１と文章２の内容を用いて説明する。かこさんは、科学絵本を書くときに、たくさんの論文《ろんぶん》を読《よ》み込《こ》んで書く。しかし、そのことが絵本をむずかしくしているわけではなく、むしろ「まず原理原則を子どもさんにわかるようにしてもらおう」「順を追ってゆっくりと記述しながら」と、わかりやすく導く工夫がされている。そして、子どもたちが「真っ当な面白《おもしろ》さ」にであえるように、「興味を持って

もらえればと思って」書いているのである。さらに、科学の本の軸《じく》にしたいという「おもしろさ」「総合性」「発《はっ》展性《てんせい》」のうち、「おもしろさ」について、「私は内容がよければよいほど、おもしろさというものが必要だと考えています」と述べている。つまり、かこさんは、わかりやすくおもしろい本にすることを心がけて書いているのである。ここから、「つまらない本になってしまう」とは言えないことを説明しよう。ここまでの内容をふまえて、本を読むときに何を心がけるべきか。ひかるさんは「かこさんの考えを知って、本を読むときに心がけたいこともできました」と言っているから、かこさんが本を書くときに大切にしていることを、自分が本を読むときに重ねて考えてみよう。

《解答例》

1 〔問題１〕
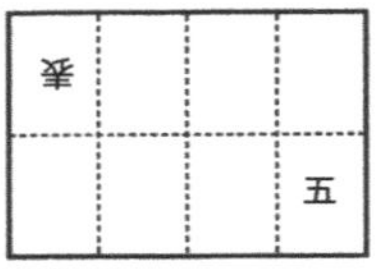

〔別解〕
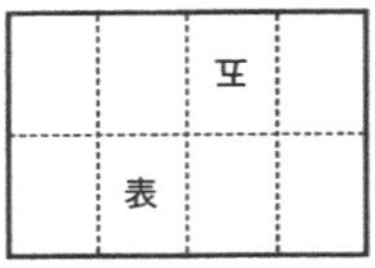

〔問題２〕約束２で表現したときの漢字と数字の合計の個数…44　漢字と数字の合計の個数が少ない約束…１
理由…このも様では、文字と数字でも様を表現するとき、列よりも行で表現したほうが、同じ色がより多く連続するため。

〔問題３〕「★」の位置に置くおもちゃの向き…
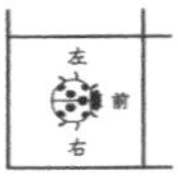

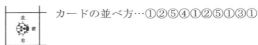

カードの並べ方…①②⑤④①②⑤①③①

〔別解〕「★」の位置に置くおもちゃの向き…
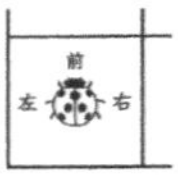

カードの並べ方…①③①②⑤①④②⑤①

2 〔問題１〕(あ)日本人の出国者数も、外国人の入国者数も大きな変化がない　(い)２　(う)日本人の出国者数は大きな変化がないが、外国人の入国者数は増加した　(え)３

〔問題２〕選んだ地域…松本市　あなたの考え…多言語対応が不十分で外国人旅行者がこまっているので、多言語表記などのかん境整備をしているから。

〔問題３〕役割１…外国人旅行者にとって、日本語が分からなくても、どこに何があるかが分かるようなほ助となっている。　役割２…その場で案内用図記号を見て地図と照らし合わせることで、自分がどこにいるかが分かるようなほ助となっている。

3 〔問題１〕比べたい紙…プリント用の紙　基準にするもの…紙の面積　和紙は水を何倍吸うか…2.3

〔問題２〕選んだ紙…新聞紙　せんいの向き…Ｂ　理由…実験２の結果ではどちらの方向にも曲がっていないのでせんいの向きは判断できないが、実験３の結果より短ざくＢの方のたれ下がり方が小さいから、せんいの向きはＢ方向だと考えられる。

〔問題３〕(1)Ａ　(2)４回めのおもりの数が３回めより少ないので、なるべく紙がはがれにくくなるのりを作るために加える水の重さが、３回めの70ｇと４回めの100ｇの間にあると予想できるから。

《解　説》

1 **〔問題１〕**　図２のしおりの作り方より，しおりにする前の紙の真ん中の横の点線がしおりの上になるとすると，文字の向きは右図ｉのようになるとわかる。
右図ⅱの矢印で示したページを表紙とすると，１ページ目から，ＡＥＦＧＨＤＣＢとなるとわかるから，５ページ目はＨのページである。また，Ｆのページを表紙とすると，５ページ目はＣのページとなる。他に表紙にできるページはＨとＣのページがあり，それぞれ解答例の図を上下逆にしたものと同じになる。

図ｉ
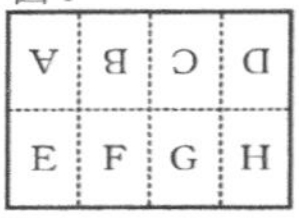

図ⅱ
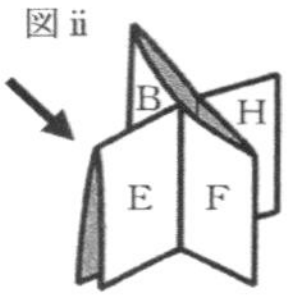

〔問題２〕　図９で表現された模様を図 10 に書きこむと，右図ⅲのようになる。したがって，約束２で表現すると，右図ⅳのようになるから，漢字と数字の合計の個数は，
５＋９＋７＋５＋５＋５＋５＋３＝44(個)である。
図９より，約束１で表現すると，漢字と数字の合計の個数は，
２＋３＋３＋４＋４＋４＋３＋２＝25(個)だから，約束１を使ったほうが表現する漢字と数字の合計の個数は少なくなる。

図ⅲ

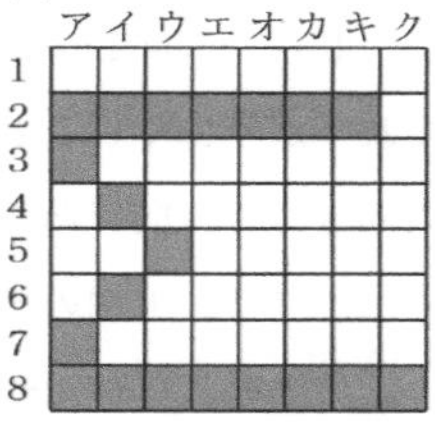

図ⅳ

白	白	白	白	白	白	白	白
1	1	1	1	1	1	1	7
2	1	1	1	1	1	1	1
3	1	2	5	5	5	5	
2	1	1	1	1	1	1	
	1	2					
	1	1					
	1						
	1						

〔問題３〕　「え」を通り「お」まで行くときの最短の行き方は，それぞれ右表のようになる。
このときのカードの並べ方を考えると表のようになり，それぞれ 10 枚で行けるとわかる。

最初のおもちゃの向き	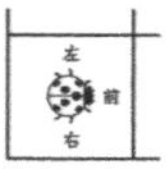	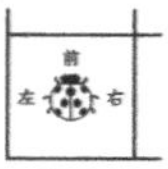
最短の行き方	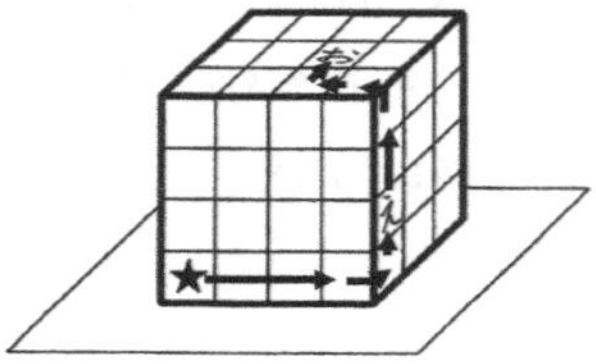	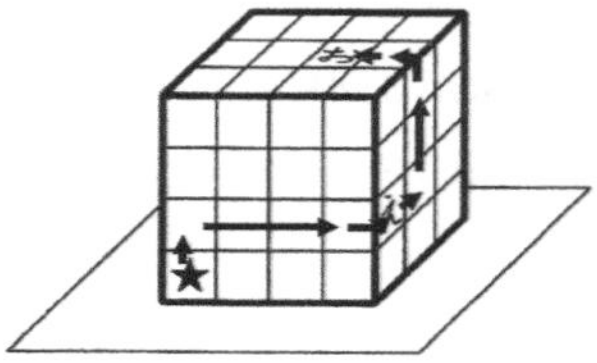
カードの並べ方	①②⑤④①②⑤①③①	①③①②⑤①④②⑤①

なお，①②が連続して並んでいるところは，②①の順番でもよい。

2　〔問題１〕（あ）　2006 年から 2012 年までの間，日本人の出国者数は 1600～1800 万人前後，外国人の入国者数は 700～900 万人前後と大きな変化がない。　（い）　2012 年は，日本人の出国者数が約 1800 万人，外国人の入国者数が約 900 万人なので，日本人の出国者数は外国人の入国者数の 1800÷900＝２(倍)となる。　（う）（え）　2012 年から 2017 年までの間，日本人の出国者数は 1600～1800 万人前後と大きな変化がない。一方で，外国人の入国者数は 2012 年が約 900 万人，2017 年が約 2700 万人なので，2017 年は 2012 年の 2700÷900＝３(倍)増加している。

〔問題２〕　表３より，訪日外国人旅行者の受け入れ環境として不十分である点を読み取り，表２より，それぞれの地域ではその課題解決に向けてどんな取り組みをしているかを読み取る。解答例のほか，「高山市」を選んで，「コミュニケーションがとれなくて外国人旅行者がこまっているので，通訳案内士を養成しているから。」や，「白浜町」を選んで，「情報通信かん境が不十分で外国人旅行者がこまっているので，観光情報サイトをじゅう実させているから。」なども良い。

〔問題３〕　図７のマーク(ピクトグラム)が，日本を訪れる外国人に向けて，言葉が書かれていなくても絵で意味することがわかるようになっていることに着目しよう。ピクトグラムは，日本語のわからない人でもひと目見て何を表現しているのかわかるため，年齢や国の違いを越えた情報手段として活用されている。解答例のほか，「外国人旅行者にとって，日本語が分からなくても，撮影禁止や立入禁止などのルールが分かるようなほ助となっている。」なども良い。

3　〔問題１〕　解答例のように，プリント用の紙で，紙の面積を基準にしたときは，面積１㎠あたりで吸う水の重さを比べればよい。和紙では $0.8\div40=\frac{0.8}{40}$(g)，プリント用の紙では $0.7\div80=\frac{0.7}{80}$(g)だから，和紙はプリント用の紙より水を $\frac{0.8}{40}\div\frac{0.7}{80}=2.28\cdots\rightarrow2.3$ 倍吸うと考えられる。また，プリント用の紙で，紙の重さを基準にしたときには，重さ１gあたりで吸う水の重さを比べればよい。和紙では $0.8\div0.2=4$(g)，プリント用の紙では $0.7\div0.5=1.4$(g)だから，和紙はプリント用の紙より水を $4\div1.4=2.85\cdots\rightarrow2.9$ 倍吸うと考えられる。同様に考えると，新聞紙では，面積を基準にしたときには 1.9 倍，重さを基準にしたときには 1.5 倍となり，工作用紙では，面積を

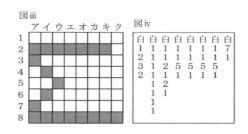

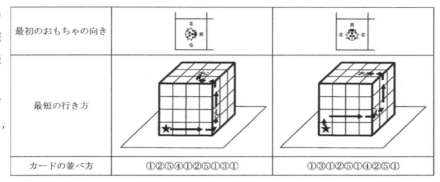

基準にしたときには0.5倍，重さを基準にしたときには3.2倍となる。

〔問題２〕　紙には，せんいの向きに沿って長く切られた短冊の方が垂れ下がりにくくなる性質があるから，図５で，短冊Ｂの方が垂れ下がりにくいことがわかる新聞紙のせんいの向きはＢ方向である。同様に考えれば，プリント用の紙のせんいの向きはＡ方向である。また，水にぬらしたときに曲がらない方向がせんいの向きだから，図３より，せんいの向きは，プリント用の紙はＡ方向，工作用紙はＢ方向である。どの紙について答えるときも，実験２の結果と実験３の結果のそれぞれについてふれなければいけないことに注意しよう。

〔問題３〕　表２では，加える水の重さが重いほどおもりの数が多くなっているので，４回めに加える水の重さを100ｇにしたとき，おもりの数が53個より多くなるのか少なくなるのかを調べ，多くなるようであれば５回めに加える水の重さを100ｇより重くし，少なくなるようであれば５回目に加える水の重さを70ｇと100ｇの間にして実験を行えばよい。したがって，⑴はＡかＤのどちらかを選び，Ｄを選んだときには，⑵の理由を「４回めのおもりの数が３回目より多いので，なるべく紙がはがれにくくなるのりを作るために加える水の重さが４回めの100ｇより重いと予想できるから。」などとすればよい。

大泉高等学校附属中学校　2019 平成31 年度　適性検査Ⅲ

《解答例》

1 〔問題1〕［タンクA／750］，［タンクB／500］のうち1つ

〔問題2〕図3や図4の食塩水のこさは図1や図2の食塩水のこさよりこくなっているので、食塩水のなかで、布のふくろから食塩がとけてこくなった部分のこさと始めからあった部分のこさの差が小さくなっている。そのためもやもやが観察しにくくなっている。

〔問題3〕［ビーカーA／0.09／0.07／0.05］，［ビーカーB／0.71／0.71／0.67］のうち1つ

2 〔問題1〕右図

〔問題2〕

組み合わせ…①・③・⑤・⑦

全ての面の面積の合計…96 ㎠

〔問題3〕時間をかける教科…社会

さきさんの時間割…右図

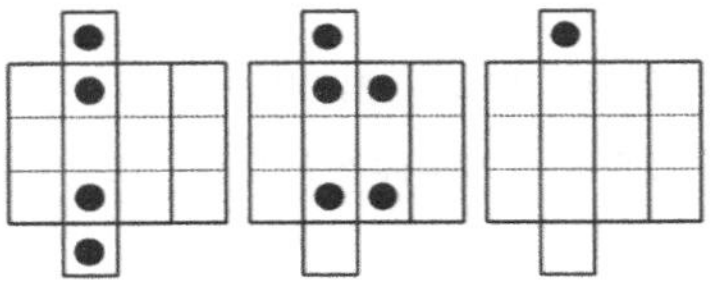

2〔問題1〕の図

	一日め	二日め	三日め
①　9：30～10：00	国語	理科	算数
②　10：10～10：40	社会	国語	社会
③　10：50～11：20	社会	社会	社会
④　11：30～12：00	算数	社会	理科

2〔問題3〕の図

《解　説》

1 **〔問題1〕**　ある食塩水にとけている食塩の重さは，その食塩水の重さに比例する。タンクAの食塩水は，30gにつき 1.2gの食塩がとけているから，30gの食塩がとけている食塩水の重さは $30\times\frac{30}{1.2}=750$(g)である。同様に考えて，タンクBの食塩水は，25gにつき 1.5gの食塩がとけているから，30gの食塩がとけている食塩水の重さは $25\times\frac{30}{1.5}=500$(g)である。

〔問題2〕　光が異なるとうめいなものを進むとき，光はその境目で折れ曲がる。この折れ曲がり方が水と食塩水では異なるため，光の進み方が一様ではなくなり，もやもやが観察される。実験3では，ビーカーに入れた液体が水ではなく食塩水であったため，こさの差が小さく，光の折れ曲がり方に大きな差ができないため，もやもやが観察されにくくなる。

〔問題3〕　ビーカーA…80℃の水 100gに 10gとかすと，水よう液の重さは 110gになる。60℃のときにはこの10gはとけたままだから，1gあたり $10\times\frac{1}{110}=0.090\cdots\to0.09$gとけている。40℃のときには8gまでしかとけないので，水よう液の重さは 108gであり，1gあたり $8\times\frac{1}{108}=0.074\cdots\to0.07$gとけている。20℃のときには5gまでしかとけないので，水よう液の重さは105gであり，1gあたり $5\times\frac{1}{105}=0.047\cdots\to0.05$gとけている。

ビーカーB…80℃の水 100gに 250gとかすと，水よう液の重さは 350gになる。60℃のときにはこの 250gはとけたままだから，1gあたり $250\times\frac{1}{350}=0.714\cdots\to0.71$gとけている。40℃のときには240gまでしかとけないので，水よう液の重さは 340gであり，1gあたり $240\times\frac{1}{340}=0.705\cdots\to0.71$gとけている。20℃のときには 200gまでしかとけないので，水よう液の温度は 300gであり，$200\times\frac{1}{300}=0.666\to0.67$gとけている。

2 〔問題１〕 できあがる立方体の模様《もよう》はさいころと同じようになる。残りの直方体３個は右図の白い直方体の位置に入る(それぞれ直方体㋐，㋑，㋒とする)。

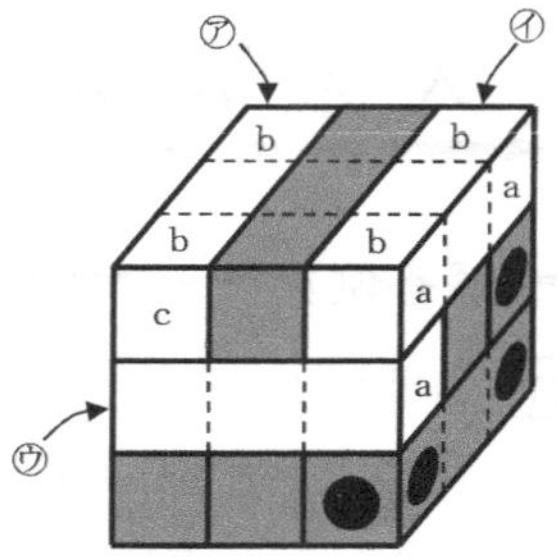

立方体の右の面にすでに●が３個見え，この配置になるのは６の面だけだから，図のａの面には●が必要である。立方体の左の面は１だから，㋐と㋒の左の面に●は必要ではない。立方体の上の面のちょうど真ん中に●がないことから，上の面は２か４とわかるが，図２を見て６の面の●の配置と，２と４の面の方向を確認すると，立方体の上の面は４だとわかる。したがって，ｂの面には●が必要である。立方体の前の面の右下に●があり，左下に●がないから，前の面は２に，後ろの面は５に決まる。したがって，ｃの面と，㋐と㋑の後ろの面に●が必要である。

よって，直方体の展開図は解答例のようになり，解答例の図の左から順に，直方体㋐，㋑，㋒である。

〔問題２〕 図６よりも表面積を95－66＝29(㎠)増やしたい。直方体には１×１＝１(㎠)の面と１×３＝３(㎠)の面があるが，どのようなぬき方をしても，<乗せ方の条件>どおりにのせれば１㎠の面がかくれることはないので，１㎠の面については考える必要がない。

上に４個のせることは決まっていて，それによって，１㎠の面を除くと，３×３＝９(㎠)の面積がかくれ，３×８－３＝21(㎠)の面積が増えるので，表面積は21－９＝12(㎠)増える。したがって，直方体をぬくことで表面積が29－12＝17(㎠)増えるようにすることを目指す。あとは実際に色々なぬき方を試してみるしかない。

最初に①をぬく場合，①をぬくことで３×１＝３(㎠)がなくなり，３×３＝９(㎠)が増えるので，合わせて表面積が９－３＝６(㎠)増える。ここからさらに③をぬいても同様に６㎠増える。

そのあと⑤をぬくと，もともと①，③と接していた部分の１×２＝２(㎠)がなくなり，３×３＋１＝10(㎠)が増えるから，合わせて10－２＝８(㎠)が増える。そのあと⑦をぬくと，１＋３×２＝７(㎠)がなくなり，１×２＋３＝５(㎠)が増えるので，合わせて７－５＝２(㎠)が減る。

よって，①，③，⑤，⑦をぬくと６＋６＋８－２＝18(㎠)増えるから，できあがった立体の表面積は95㎠よりも18－17＝１(㎠)多い，96㎠になる。

なお，表面積が95㎠となる立体は作ることができず，表面積が96㎠になるぬき方は他に，「①・③・④・⑧」「②・⑤・⑦・⑨」がある。また，表面積が94㎠になるぬき方である，「①・③・④・⑥」「②・④・⑥・⑦」「①・④・⑥・⑧」も条件に合う。

〔問題３〕 さきさんの時間割に，右図Ⅰのように記号をおく。まず，条件２と条件３から，時間をかける教科を決める。

国語に時間をかけると，二日目に２回連続で国語を入れることができない。

算数に時間をかけると，㋐，㋑，㋚，㋛が算数になり，㋕と㋖，または㋖と㋗も算数になる。これでは条件５を満たせなくなる。

理科に時間をかけると，㋒，㋓，㋗，㋘，㋜，㋝が理科になり，条件５を満たせなくなる。

したがって，時間をかける教科は社会に決まり，右図Ⅱのようになる。

残りの空いているところに他の教科を条件に合うように入れるのはそれほど難しくない。条件に合う組み合わせは解答例以外にも何通りか考えられる。

図Ⅰ

さきさんの時間割

	一日め	二日め	三日め
①　9：30～10：00	㋐	㋕	㋚
②　10：10～10：40	㋑	㋖	㋛
③　10：50～11：20	㋒	㋗	㋜
④　11：30～12：00	㋓	㋘	㋝

図Ⅱ

さきさんの時間割

	一日め	二日め	三日め
①　9：30～10：00			
②　10：10～10：40	社会		社会
③　10：50～11：20	社会	社会	社会
④　11：30～12：00		社会	

適性検査Ⅱ

注　　意

1　問題は 1 から 3 までで、**１８ページ**にわたって印刷してあります。

2　検査時間は**４５分**で、終わりは**午前１１時００分**です。

3　声を出して読んではいけません。

4　計算が必要なときは、この問題用紙の余白を利用しなさい。

5　答えは全て解答用紙に明確に記入し、**解答用紙だけを提出しなさい。**

6　答えを直すときは、きれいに消してから、新しい答えを書きなさい。

7　**受検番号**を解答用紙の決められたらんに記入しなさい。

東京都立大泉高等学校附属中学校

問題を解くときに、問題用紙や解答用紙、ティッシュペーパーなどを実際に折ったり切ったりしてはいけません。

1　**先生**、**太郎《たろう》**さん、**花子**さんが、学校生活最後のお楽しみ会の準備をしています。

先　生：お楽しみ会では、クラスのみなさんでできる遊びを行いましょう。遊び方をしおりにまとめて、クラスのみなさんに配ろうと思います。１枚《まい》の紙の片面《かためん》から左とじのしおり（**図１**）を作りましょう。

太　郎：１枚の紙の片面からしおりを作ることができるのですか。

花　子：しおりの作り方（**図２**）によると、１枚の紙を ----- で折り、━━━ を切って、折りたたむと、しおりを作ることができるみたいよ。

図１　左とじのしおり

図２　しおりの作り方

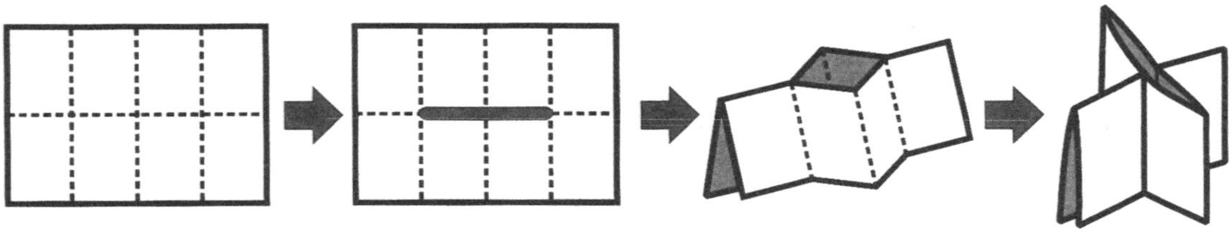

先　生：お楽しみ会では二つの遊びを行います。しおりができたら、表紙を１ページとして、最初の遊びの説明を２ページから４ページに、次の遊びの説明を５ページから７ページにのせましょう。８ページは裏表紙《うらびょうし》になります。

太　郎：折りたたみ方によって、しおりの表紙がくる位置や５ページがくる位置が変わってくるね。

花　子：それに、文字の上下の向きも変わってくるね。しおりにしたときにすべてのページの文字の向きがそろうように書かないといけないね。

先　生：そうですね。では、１枚の紙を折りたたみ、しおりにする前の状態（**図３**）で、しおりの表紙や５ページがどの位置にくるのか、またそれぞれ上下どの向きで文字を書けばよいのかを下書き用の用紙に書いて確かめておきましょう。

〔問題１〕　１枚の紙を折りたたみ、左とじのしおり（**図1**）を作るとき、しおりの表紙と５ページは、しおりにする前の状態（**図3**）ではどの位置にくるのでしょうか。また、それぞれ上下どちらの向きで文字を書けばよいですか。

解答用紙の図の中に、表紙の位置には「表」という文字を、５ページの位置には「五」という文字を**図4**のように文字の上下の向きも考え、書き入れなさい。

図3　しおりにする前の状態

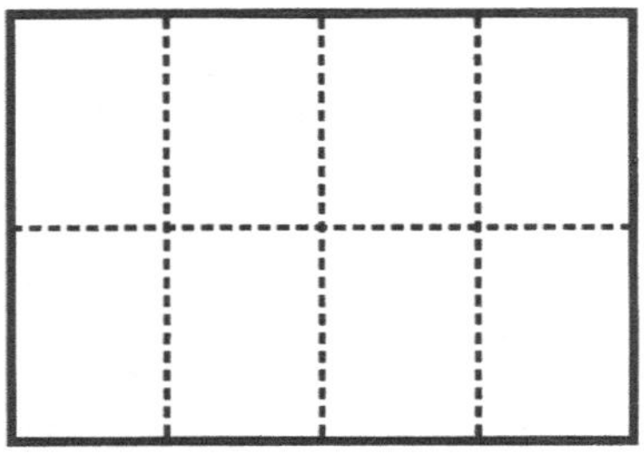

図4　文字の書き方

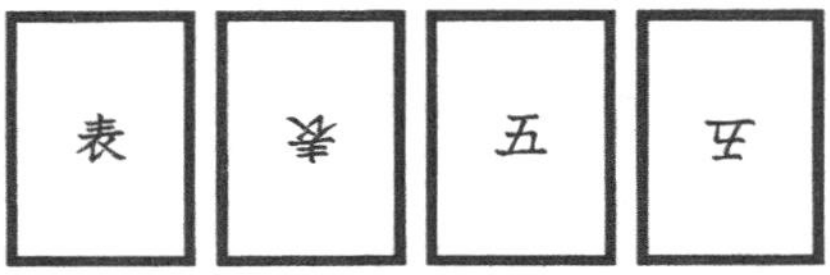

先　生： しおりの２ページから４ページには、「白と黒の２色でぬられた模様《もよう》を漢字や数字で相手に伝える遊び方」の説明をのせます。

花　子： どのような遊びですか。

先　生： 例えば、伝える人は模様（**図５**）を漢字で表現（**図６**）します。答える人は、伝えられた表現から模様を当てるという遊びです。横の並《なら》びを「行」といい、縦《たて》の並びを「列」といいます。

図５　白と黒の２色でぬられた模様《もよう》

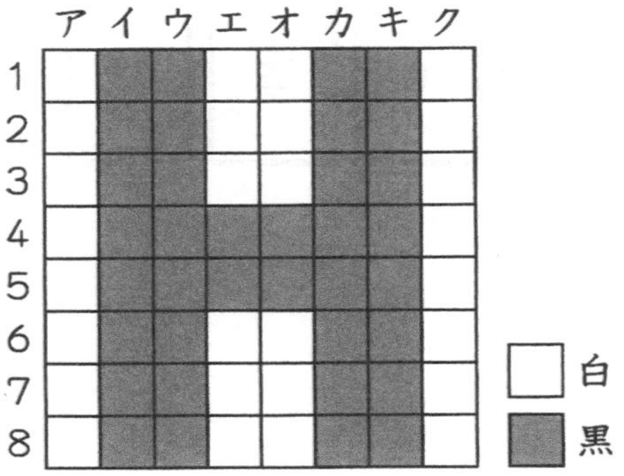

図６　漢字で表現した模様

	ア	イ	ウ	エ	オ	カ	キ	ク
1	白	黒	黒	白	白	黒	黒	白
2	白	黒	黒	白	白	黒	黒	白
3	白	黒	黒	白	白	黒	黒	白
4	白	黒	黒	黒	黒	黒	黒	白
5	白	黒	黒	黒	黒	黒	黒	白
6	白	黒	黒	白	白	黒	黒	白
7	白	黒	黒	白	白	黒	黒	白
8	白	黒	黒	白	白	黒	黒	白

太　郎： 全部で６４個の漢字を使って模様を表現していますね。６４個も答える人に伝えるのは大変ではないでしょうか。

先　生： そうですね。ではここで、数字も取り入れて、１行ずつ考えていくと（約束１）、より少ない漢字と数字の個数で模様を表現することができますよ。

> 約束１
>
> ①上から１行ごとに、左から順にますの漢字を見る。
>
> ②漢字が白から始まるときは「白」、黒から始まるときは「黒」と最初だけ漢字を書く。
>
> ③白または黒の漢字が続く個数を数字で書く。

花　子： **図６**の模様については、１行めは白から始まるから、最初の漢字は「白」になりますね。左から白が１個、黒が２個、白が２個、黒が２個、白が１個だから、

白１２２２１

という表現になります。漢字と数字を合わせて６個の文字で表現できますね。２行めと３行めも１行めと同じ表現になりますね。

先　生： そうですね。４行めと５行めは、白から始まり、白が１個、黒が６個、白が１個ですから、

白１６１

という表現になります。

太　郎：６行めから８行めも１行めと同じ表現になりますね。そうすると、漢字と数字を合わせて４４個の文字で**図６**の模様を表現できました(**図７**)。約束１ を使うと**図６**よりも２０個も文字を少なくできましたね。漢字と数字の合計の個数をもっと少なくすることはできないのかな。

先　生：別の約束を使うこともできますよ。今度は、１列ずつ考えていきます（約束２）。

図７　約束１ を使った表現

白１２２２１
白１２２２１
白１２２２１
白１６１
白１６１
白１２２２１
白１２２２１
白１２２２１

約束２

①ア列から１列ごとに、上から順にますの漢字を見る。
②文字が白から始まるときは「白」、黒から始まるときは「黒」と最初だけ漢字を書く。
③白または黒の漢字が続く個数を数字で書く。

花　子：**図６**の模様については、**図８**のように表現できるから、漢字と数字を合わせて２０個の文字で模様を表現できました。約束１ に比べて 約束２ を使ったほうが、２４個も文字を少なくできましたね。
伝える人は、約束２ を使って答える人に模様を伝えるのがよいと思います。

先　生：どのような模様であっても 約束２ で表現するのがよいのでしょうか。 別の模様でも考えてみましょう。

図８　約束２ を使った表現

白	黒	黒	白	白	黒	黒	白
８	８	８	３	３	８	８	８
			２	２			
			３	３			

〔問題２〕 **図９**はある模様を 約束１ で表現したものです。この模様を 約束２ で表現したとき、漢字と数字の合計の個数がいくつになるのかを答えなさい。
　また、約束１ と 約束２ のどちらを使ったほうが表現する漢字と数字の合計の個数が少なくできるのか答えなさい。さらに、少なくできる理由を説明しなさい。考えるときに**図１０**を使ってもよい。

図９　約束１ を使った表現

白８
黒７１
黒１７
白１１６
白２１５
白１１６
黒１７
黒８

図１０

	ア	イ	ウ	エ	オ	カ	キ	ク
１								
２								
３								
４								
５								
６								
７								
８								

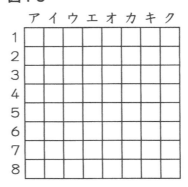

先　生：しおりの５ページから７ページには、**図１１**のような「磁石《じしゃく》がついているおもちゃ（てんとう虫型）を鉄製の箱の表面で動かす遊び方」の説明をのせます。
図１２のように鉄製の箱の表面にはますがかかれていて、使う面は前面と上面と右面だけです。

図１１

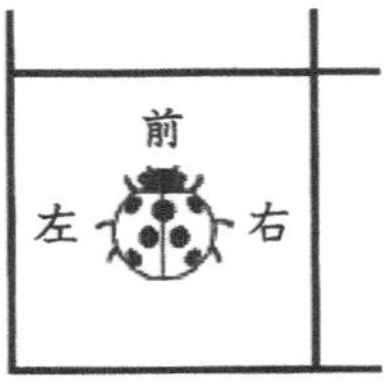

図１２

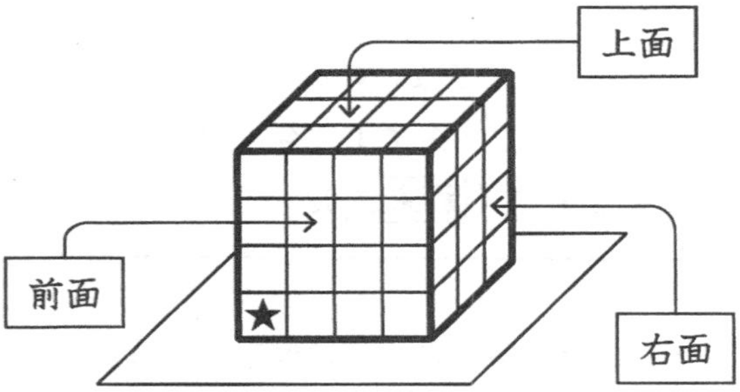

太　郎：どのような遊びですか。

先　生：表１にあるカードを使って、「★」の位置から目的の位置まで、指定されたカードの枚数でちょうど着くようにおもちゃを動かす遊びです。最初に、おもちゃを置く向きを決めます。次に、おもちゃを動かすカードの並べ方を考えます。同じカードを何枚使ってもかまいませんし、使わないカードがあってもかまいません。では、まずはカードの枚数を気にしないでやってみましょう。例えば、目的の位置を「う」の位置とします（**図１３**）。**表１**をよく読んで、おもちゃの動かし方を考えてみてください。

表１

カード番号	カード	おもちゃの 動かし方
①		同じ面で １ます前に動かす
②		同じ面で ２ます前に動かす
③		そのままで右に ９０度回転させる
④		そのままで左に ９０度回転させる
⑤		面を変えながら １ます前に動かす

図１３

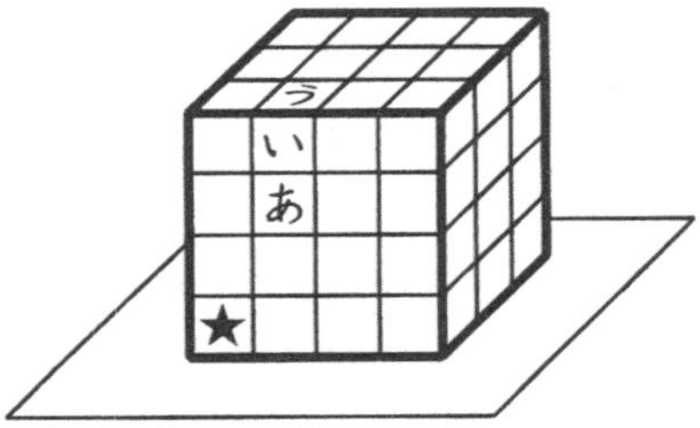

太　郎：私《わたし》は、最初におもちゃを**図１４**のように置いて、このように考えました。

図１４

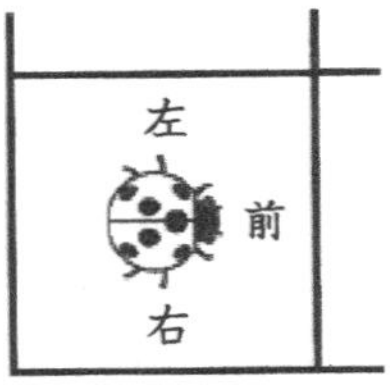

（カード番号　①　④　②　①　⑤　）

先　生： そうですね。「あ」の位置でまず  のカードを使って「い」の位置に動かし、それから  のカードを使って面を変えながら１ます前に動かすことで「う」の位置にたどりつきます。

花　子： 私は、最初におもちゃを**図１５**のように置いて、このように考えました。

図１５

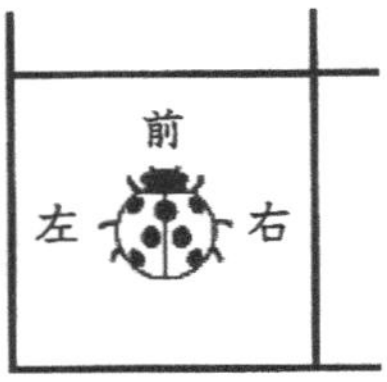

（カード番号　②　①　③　①　④　⑤　）

先　生： そうですね。花子さんの並べ方では、「い」の位置でまず  のカードを使っておもちゃの向きを変え、それから  のカードを使って面を変えながら１ます前に動かすことで「う」の位置にたどりつきます。

花　子： お楽しみ会ではカードの枚数を指定して遊びましょう。

太　郎： お楽しみ会の日が待ち遠しいですね。

〔問題３〕 **図１６**のように「★」の位置から「え」の位置を必ず通るようにして、「お」の位置までおもちゃを動かします。**表１**のカードを１０枚使って、おもちゃを動かすとき、使うカードの種類とカードの並《なら》べ方を考えなさい。

最初に、「★」の位置に置くおもちゃの向きを**図１７**から選び、解答用紙の（　）内に○をつけなさい。

次に、おもちゃを動かすカードの並べ方を、**表１**にある①から⑤のカード番号を使って左から順に書きなさい。

図１６

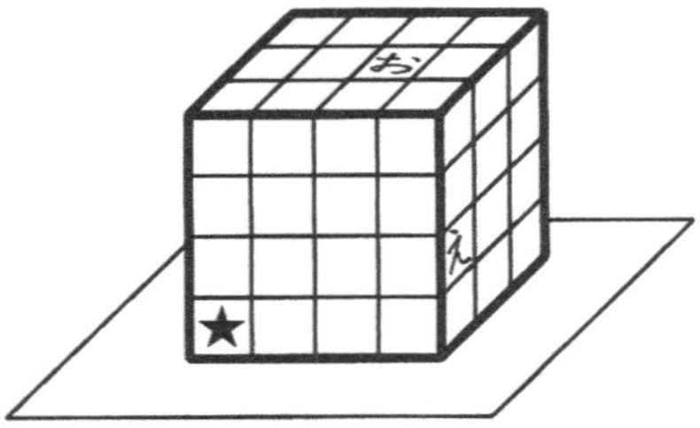

図１７

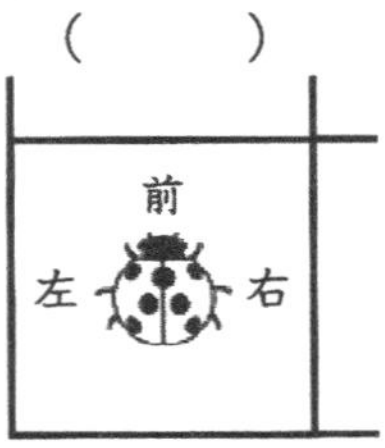

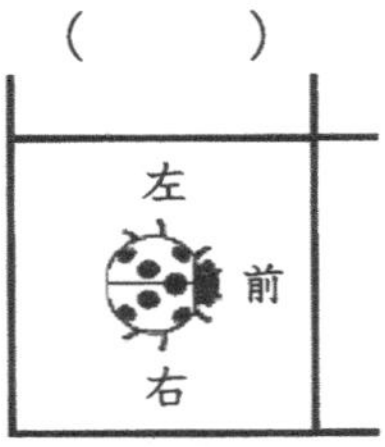

2　校外学習で昼食時におとずれた都立公園で**花子**さんと**太郎**《たろう》さんが、外国人旅行者について話をしています。

花　子：都立公園には外国人が大勢見学におとずれているね。
太　郎：先生も、最近は日本をおとずれる外国人の数が増えていると言っていたよ。
花　子：日本をおとずれる外国人の数はいつごろから多くなってきたのかな。
太　郎：私《わたし》たちが生まれたころと比べて、どのくらい増えているのだろうか。
花　子：日本をおとずれる外国人の数の変化を調べてみようよ。
太　郎：国外に行く日本人もたくさんいるだろうから、日本をおとずれる外国人の数と比べてみるのもおもしろそうだよ。校外学習から帰ったら、調べてみよう。

花子さんと太郎さんは、校外学習の後、図書館に行き、次の資料（**図1**）を見つけました。

図1　日本人の出国者数と、日本への外国人の入国者数の移り変わり

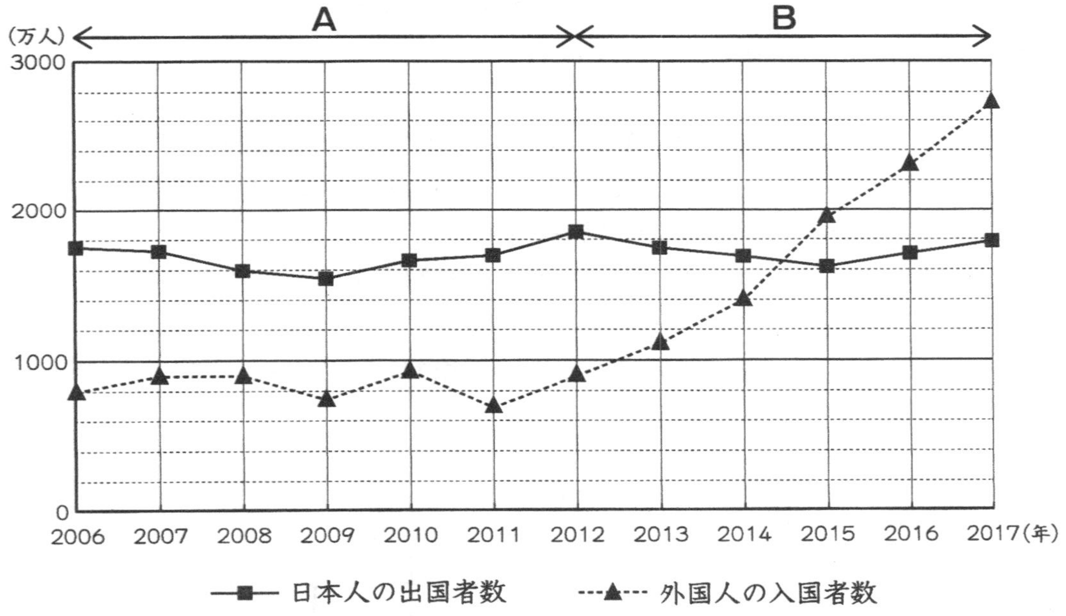

（法務省の資料より作成）

花　子：2006（平成18）年から2012（平成24）年までの間（**図1**の**A**の期間）では、［　（あ）　］。2012（平成24）年は日本人の出国者数は、外国人の入国者数の約［　（い）　］倍であることが分かるね。
太　郎：2012（平成24）年から2017（平成29）年までの間（**図1**の**B**の期間）では、［　（う）　］。外国人の入国者数は、2017（平成29）年には2012（平成24）年と比べて約［　（え）　］倍になっていることが分かるね。

〔問題１〕　花子さんと太郎さんは、**図１**をもとに日本人の出国者数と、日本への外国人の入国者数を比べて、それぞれの変化のようすについて話し合っています。二人の会話中の［（あ）］から［（え）］の空らんのうち［（あ）］と［（う）］には当てはまる文を、［（い）］と［（え）］には当てはまる整数を答えなさい。

花　子：観光を目的として日本をおとずれる外国人旅行者について、調べてみようよ。

太　郎：日本をおとずれる外国人旅行者について、こんな資料（**図２**）があったよ。この資料の「延《の》べ宿はく者数」は、例えば一人が２はくした場合を２として数えているよ。

図２　外国人旅行者の延《の》べ宿はく者数の移り変わり

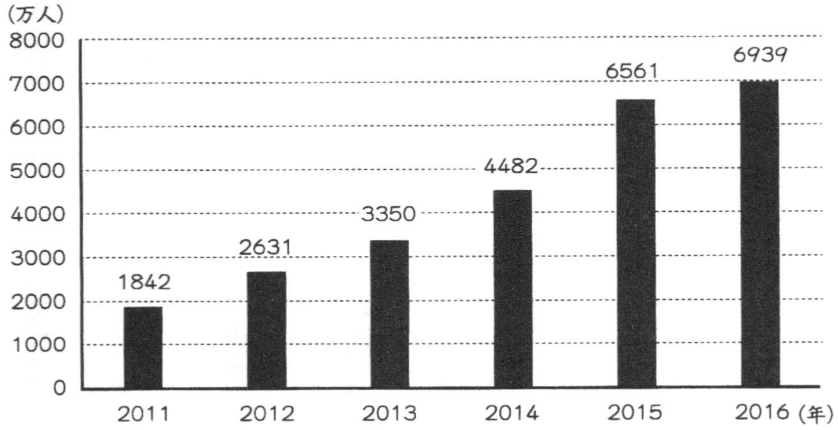

（観光庁《かんこうちょう》「宿泊《しゅくはく》旅行統計調査」より作成）

太　郎：外国人旅行者の延べ宿はく者数が2011（平成23）年には約1842万人だったのに対し、2016（平成28）年には約6939万人になっていて、約４倍に増えていることが分かるね。

花　子：日本のどのような地域《ちいき》で外国人旅行者の延べ宿はく者数が増えているのかな。

太　郎：こんな資料（**図３**）があったよ。これは、長野県松本市《ながのけんまつもとし》、岐阜県高山市《ぎふけんたかやまし》、和歌山県《わかやまけん》西牟婁郡白浜町《にしむろぐんしらはまちょう》という三つの地域における外国人旅行者の延べ宿はく者数の移り変わりを示しているよ。

図3　三つの地域《ちいき》の外国人旅行者の延べ宿はく者数の移り変わり

長野県松本市《ながのけんまつもとし》

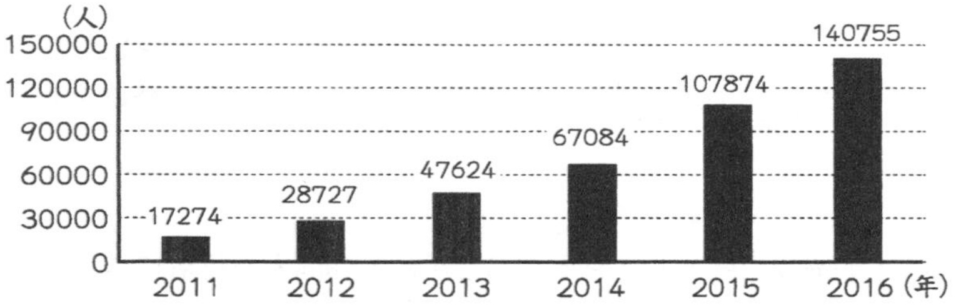

(長野県「長野県外国人延宿泊者数《のべしゅくはくしゃすう》調査結果」より作成)

岐阜県高山市《ぎふけんたかやまし》

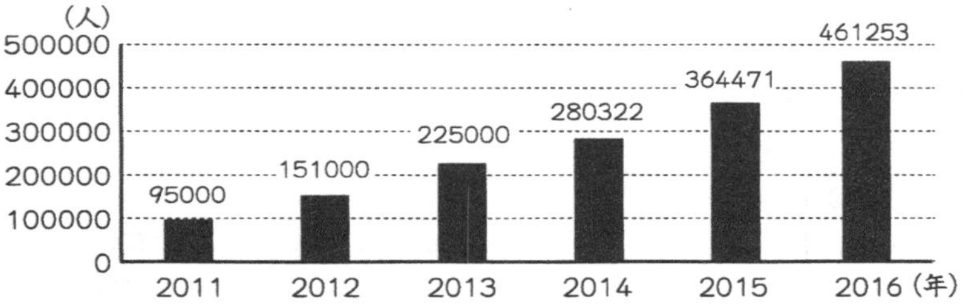

(高山市「高山市外国人観光客宿泊統計」より作成)

和歌山県西牟婁郡白浜町《わかやまけんにしむろぐんしらはまちょう》

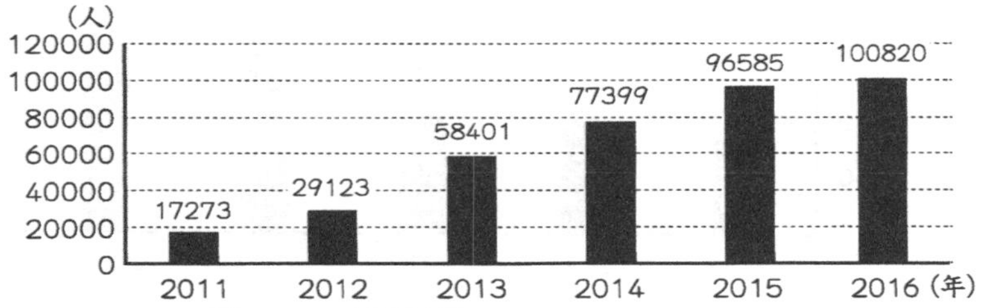

(一般《いっぱん》社団法人南紀白浜《なんきしらはま》観光局「平成３０年度事業計画」より作成)

花　子： この三つの地域は、外国人旅行者の延べ宿はく者数がここ数年で大はばに増えた地域だね。地図上の位置や、どのような地域かなどをもう少し調べてみようよ。(**図4**、**表1**、**表2**)

図4

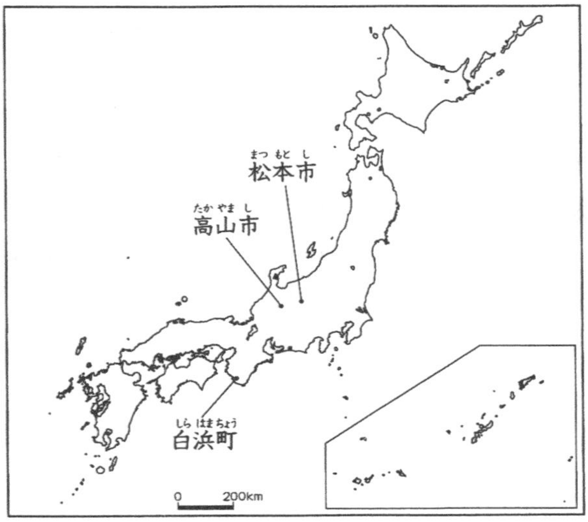

適性検査Ⅲ

注　意

1　問題は **1** から **2** までで、９ページにわたって印刷してあります。

2　検査時間は**４５分**で、終わりは**午後０時１５分**です。

3　声を出して読んではいけません。

4　計算が必要なときは、この問題用紙の余白を利用しなさい。

5　答えは全て解答用紙に明確に記入し、**解答用紙だけを提出しなさい。**

6　答えを直すときは、きれいに消してから、新しい答えを書きなさい。

7　**受検番号**を解答用紙の決められたらんに記入しなさい。

東京都立大泉高等学校附属中学校

1　**こうた**さんと**しんいち**さんは、理科クラブの活動で、**先生**と理科室にいます。二人は**課題**について考えています。

課題

食塩水が入ったタンクＡとタンクＢがあります。タンクＡとタンクＢの食塩水のこさは異《こと》なります。食塩３０ｇを取り出すためには食塩水は何ｇ必要ですか。

先　　生：どうすれば食塩水の量が求められるかな。

こ う た：食塩水の一部を取り出して、じょう発させれば食塩が何ｇとけているか分かるから、ヒントになるね。

しんいち：実験してみよう。

実験１　　タンクＡの食塩水３０ｇとタンクＢの食塩水２５ｇをじょう発皿の上で加熱して、じょう発させる。

実験１の結果

タンクＡの食塩水３０ｇをじょう発させると１．２ｇの食塩がじょう発皿に残った。

タンクＢの食塩水２５ｇをじょう発させると１．５ｇの食塩がじょう発皿に残った。

こ う た：食塩を３０ｇ取り出すためには食塩水は何ｇあるといいのかな。

しんいち：私《わたし》はタンクＡの食塩水で考えてみるね。

こ う た：それでは、私はタンクＢの食塩水で考えてみるよ。

〔問題１〕　食塩３０ｇを取り出すためには、食塩水は何ｇ必要か。解答らんのタンクＡ・タンクＢのどちらかを選び○で囲み、選んだ方の食塩水が何ｇ必要かを答えなさい。

こうたさんと**しんいち**さんは、もののとけ方に興味をもち、自分たちで調べてみることにしました。

しんいち：実際に食塩がとける様子を観察してみたいね。

こ う た：どのようにしたら観察できるのかな。

しんいち：布のふくろに食塩を入れて、それをぼうにつけて、ビーカーに入れた水にとけるようにつるしてみてはどうだろうか。

こ う た：それでは、先生にたのんで実験してみよう。

実験２　食塩を布のふくろに入れる。この布のふくろを水が入ったビーカーにつけて様子を観察する。

実験２の結果

図１のように食塩がもやもやしながらとけていく様子がみられた。もやもやがみられたところを拡大《かくだい》したのが**図２**である。

図１

図２

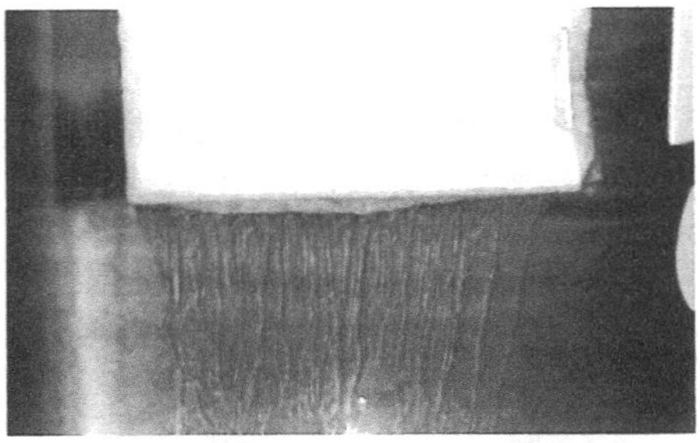

こ う た：食塩がとけ出して、もやもやしているよ。
しんいち：どうして食塩がとけると、もやもやが観察されるのか。理科室の本で調べてみようよ。

こうたさんと**しんいち**さんは、もやもやについて理科室の本で調べてみました。

しんいち：この本には**もやもやができる理由**について書いてあるよ。

もやもやができる理由

水に食塩がとけるときに、もやもやが観察できるのは、部分的なこさのちがいのためである。

こ う た：部分的なこさのちがいと書いてあるけれど、どういうことですか。

先　　生：食塩がとけてすぐには、均一に混ざるわけではないから、こいところとうすいところがあるということだよ。
こ う た：こさが大きくちがうとその境目がもやもやとしてみえるということだね。
しんいち：ビーカーに入れる水を食塩水にかえて観察するとどうなるかな。

こうたさんと**しんいち**さんは条件をかえて観察してみました。

実験３　食塩を布のふくろに入れる。この布のふくろを食塩水が入ったビーカーにつけて様子を観察する。

実験３の結果

図３のようになった。布のふくろの水につかっている部分を拡大したのが**図４**である。

図３

図４

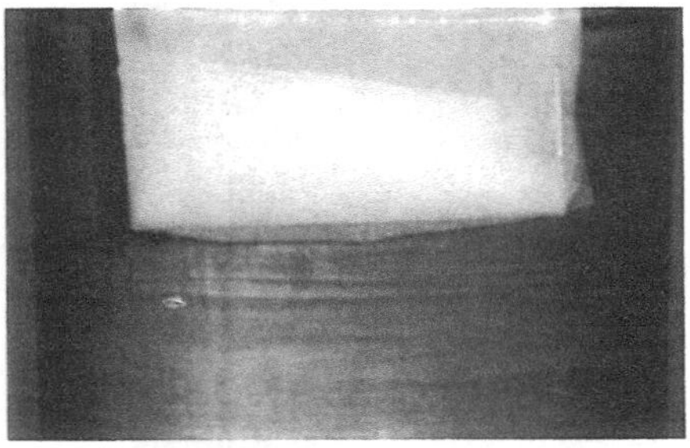

こうた：**実験３の結果**は**実験２の結果**と比べるとはっきりとしたもやもやがあらわれていないようだね。

しんいち：**実験２**も**実験３**も食塩はとけているようだけれど、みえる様子にちがいがでたのはどうしてだろうか。

〔問題２〕 **実験２の結果**と**実験３の結果**から、**実験３**でははっきりしたもやもやがあらわれていない理由を説明しなさい。

先生：食塩水のような液体を水よう液といいます。

しんいち：食塩のように水にとけるものは他にもあるから、他のものについても調べてみよう。

こうた：食塩のようにとけるものにホウ酸や砂糖《さとう》があるね。

先生：ホウ酸は、消毒薬として使われたり、ガラスなどをつくるときに使われたりする薬品です。また、砂糖のかわりに、砂糖から不純物《ふじゅんぶつ》を取り除《のぞ》いた「しょ糖《とう》」を実験に使うとよいですよ。

もののとけ方を調べていた**こうた**さんと**しんいち**さんは、今度は同じ量の水にホウ酸やしょ糖がどれくらいとけるかに興味をもち、水の温度がちがうととけ方が変わることに気づきました。

こうた： 水の温度を変化させると、水にとける食塩やホウ酸やしょ糖の量が変わったよ。
しんいち： そうだね。ホウ酸やしょ糖が水の温度によってどれくらいとけ方にちがいがあるか調べてみよう。
先　　生： 水の温度が高いときは、やけどなどに注意して実験を行ってくださいね。

こうたさんと**しんいち**さんが実験をしてみると、それぞれの温度でホウ酸としょ糖を水１００ｇにとける限りとかした量は**表１**のようになった。

表１

	20℃	40℃	60℃	80℃
ホ　ウ　酸	５ｇ	８ｇ	１３ｇ	１９ｇ
し　ょ　糖《とう》	２００ｇ	２４０ｇ	２９０ｇ	３６０ｇ

しんいち： **表１**を見るとホウ酸よりもしょ糖のほうが同じ量の水にたくさんとけることが分かるね。
こうた： そうだね。それに水の温度が上がるにつれて、とける量も増えていっているのが分かるね。授業ではとかしたものを取り出す実験がしょうかいされていたけど、それも実験してみようよ。

実験４　水１００ｇをビーカーに入れ、このビーカーの水の温度が**４０℃**になるまで温め、ホウ酸８ｇをこのビーカーに入れて水にとかす。全てとかしたあと、ビーカーの水の温度が**２０℃**になるまで冷やす。

実験４の結果

つぶがビーカーの中に出てきた。水よう液をろ過してつぶの重さを測ったところ３ｇだった。

しんいち： 私は３ｇのホウ酸がつぶとして出てくると考えていたから、予想していたとおりだったよ。
こうた： **表１**から考えられることと**実験４の結果**はだいたい同じと言っていいね。**表１**と**実験４の結果**から、こい水よう液を作るには水の温度が高い方がよいことがわかるね。

しんいち：冷やしてつぶが出てくると水よう液のこさは変わるということだね。水よう液のこさは算数で習った割合《わりあい》で表すことができるかもしれないね。

〔問題３〕　８０℃の水１００ｇにホウ酸１０ｇを入れてとかしたビーカーＡと、８０℃の水１００ｇにしょ糖２５０ｇを入れてとかしたビーカーＢをゆっくり冷やしていく。**６０℃、４０℃、２０℃**の時の、水よう液１ｇあたりに、とけているものの重さは何ｇか、解答らんのビーカーＡ・ビーカーＢのどちらかを選んで○で囲み、解答らんの表に当てはまる数字を答えなさい。ただし、割《わ》り切れないときは小数第三位を四捨五入《ししゃごにゅう》して小数第二位まで答えなさい。

こうた：しんいちさんと実験できて楽しかったよ。ありがとう。また実験やたん究しようね。

解答用紙

適性検査Ⅰ

1

〔問題1〕

24

35

ようになる。

20

10点

※

〔問題2〕

24

35

という態度。

20

20点

※

〔問題3〕

20

00

70点

※

※

※100点満点

受検番号

得点
※

※のらんには何も記入しないこと。

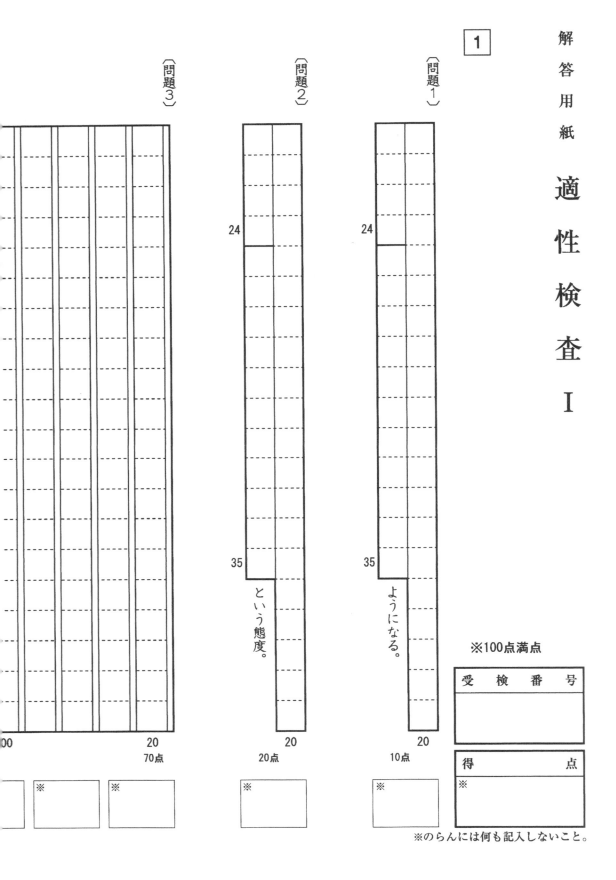

解答用紙　適性検査Ⅱ

※100点満点

受検番号

得点
※

※のらんには、記入しないこと

1

〔問題1〕　8点

〔しおりにする前の状態〕

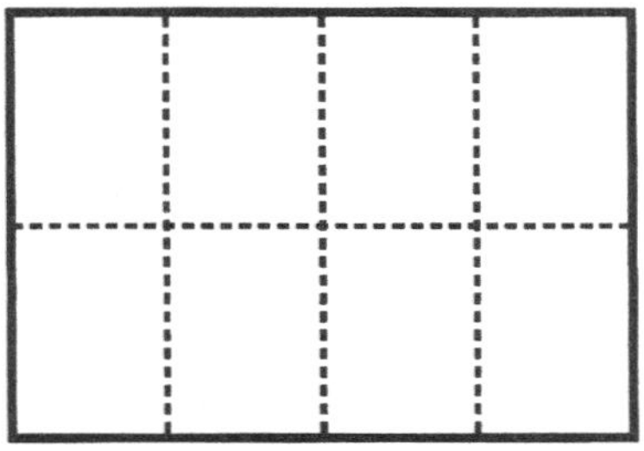

※

〔問題2〕　16点

約束2 で表現したときの漢字と数字の合計の個数	〔答え〕 個
漢字と数字の合計の個数が少ない約束	〔答え〕 約束

〔理由〕

※

〔問題3〕　16点

〔「★」の位置に置くおもちゃの向き〕

(　　　)

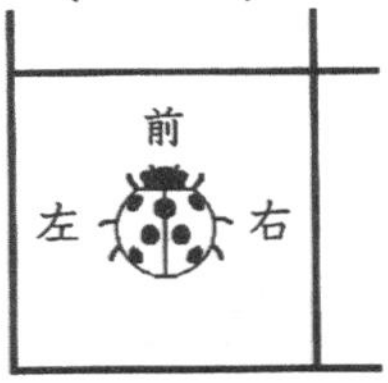

(　　　)

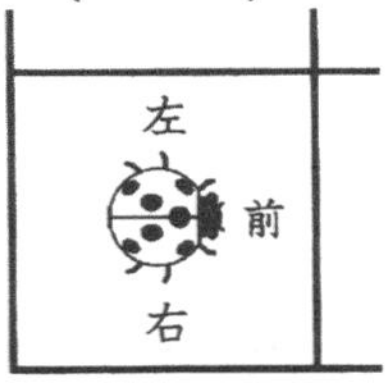

〔カード の並《なら》べ方〕

※

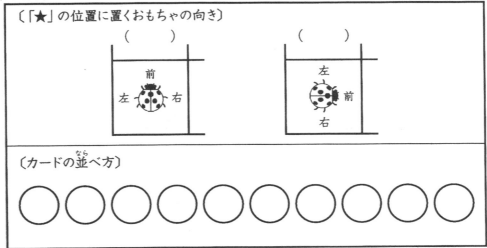

解答用紙　適性検査Ⅲ

※100点満点

受　検　番　号

得　　　点
※

※のらんには、記入しないこと

1

〔問題１〕 10点

タンクＡ　・　タンクＢ
g

※

〔問題２〕 15点

※

〔問題３〕 20点

ビーカーＡ　・　ビーカーＢ		
60℃	40℃	20℃
g	g	g

※

2

〔問題１〕 15点

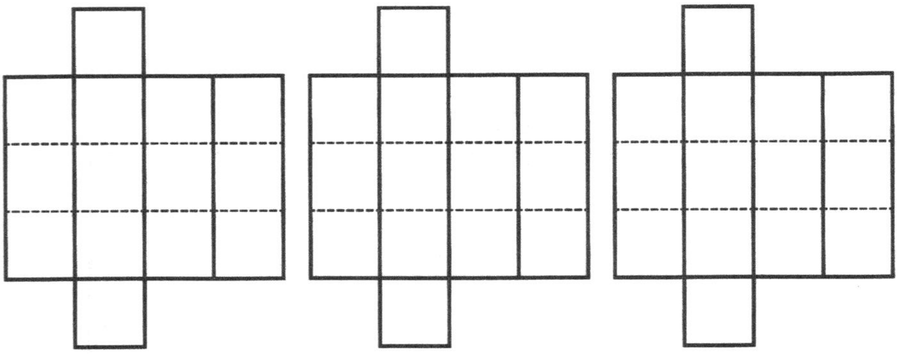

※

〔問題２〕 20点

組み合わせ	全ての面の面積の合計

※

〔問題３〕　20点

時間をかける教科

さきさんの時間割《じかんわり》

	一日め	二日め	三日め
①　9：30～10：00			
②　10：10～10：40			
③　10：50～11：20			
④　11：30～12：00			

ゆいさんの考えた時間割

	一日め	二日め	三日め
①　9：30～10：00	社会	国語	社会
②　10：10～10：40	理科	理科	理科
③　10：50～11：20	算数	国語	算数
④　11：30～12：00	社会	算数	社会

※

2

〔問題１〕　12点

（あ）

（い）　倍

（う）

（え）　倍

※

〔問題２〕　8点

〔選んだ地域《ちいき》〕

〔あなたの考え〕

※

〔問題３〕　10点

〔役割《やくわり》１〕

〔役割２〕

※

3

〔問題１〕　６点

〔比べたい紙〕
〔基準にするもの〕
〔和紙は水を何倍吸《す》うか〕　　　　倍

※

〔問題２〕　12点

〔選んだ紙〕
〔せんいの向き〕　　　　方向
〔理由〕

※

〔問題３〕　12点

（１）
（２）

※

440　400　300　200

※

2　**ゆい**さんと**さき**さんが放課後の算数クラブに参加して**先生**と話をしています。

先生：今日の算数クラブでは、今まで習った知識を活用した問題に取り組みましょう。

さき：どのような問題ですか。

先生：**図1**のように側面にいくつかの黒い印がかかれた直方体や、同じ形で黒い印がかかれていない直方体が合計で９個あります。これらの直方体を３個ずつたがいちがいに積み重ねて、**図2**の立方体をつくりましょう。

図1

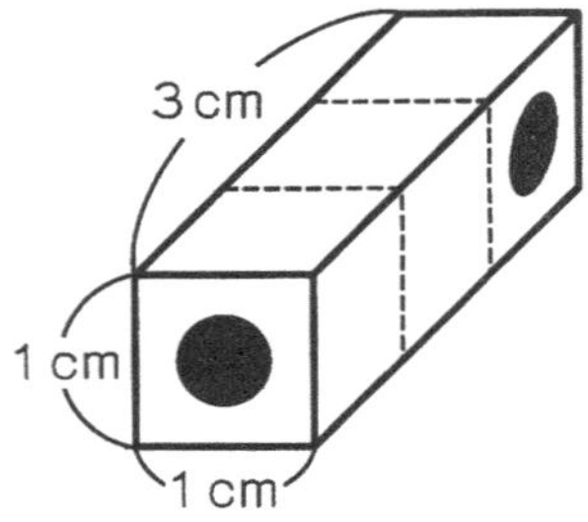

図2

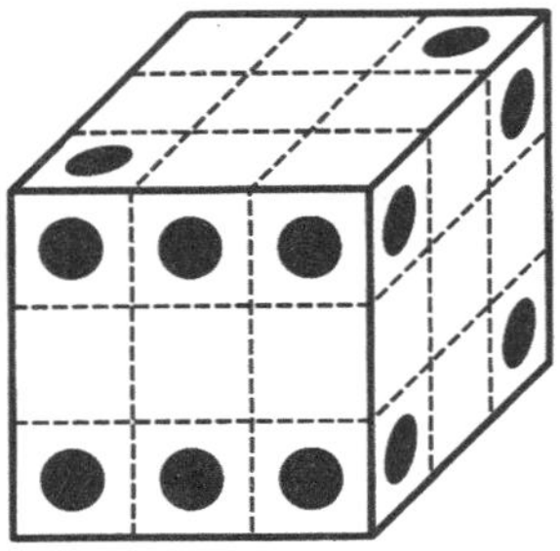

ゆい：３個ずつたがいちがいに積み重ねるとはどういうことですか。

先生：**図3**のように重ねることです。**図4**は**図2**をちがう方向から見た図です。直方体を９個積み重ねてできた立方体の向かい合う面にある黒い印の数の合計は常に７になっています。

図3

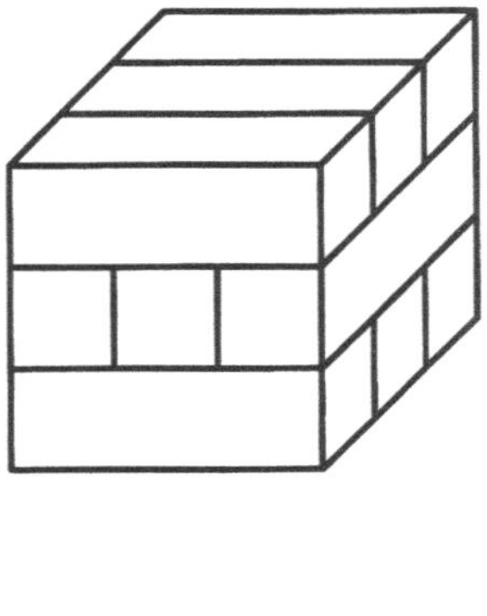

図4

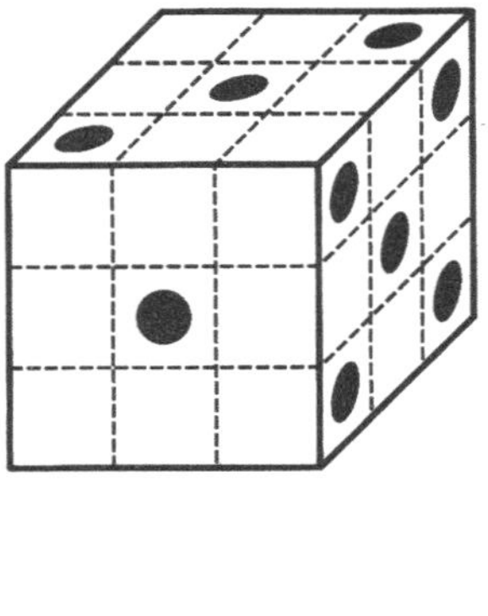

さき：ここまでできました。(**図5**)

図5

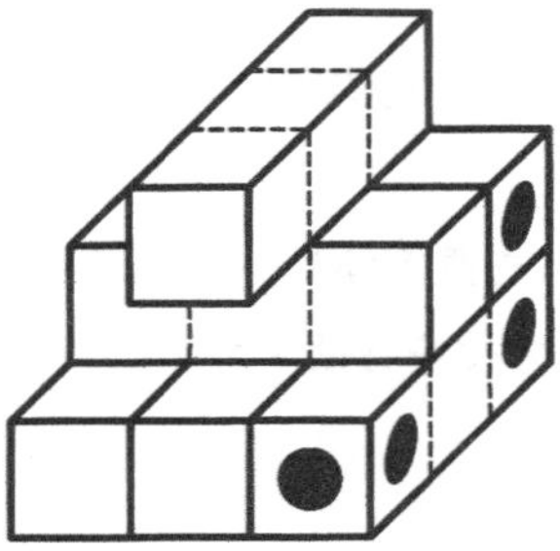

〔問題１〕 **さき**さんがと中まで積み上げた立体（**図5**）の続きを考えるとき、**図2**の立方体をつくるのに必要最低限な黒い印は、残りの直方体３個のどこにあればよいか、解答らんの展開《てんかい》図《ず》に答えなさい。

先生：**図１**と同じ大きさの直方体があと３個あります。さらにたがいちがいに積み重ねましょう。

さき：１２個の直方体で完成した立体（**図６**）の全ての面の面積の合計は、６６ｃｍ^{2}です。

先生：直方体の数を増やさずに、立体の全ての面の面積の合計を増やす方法はありませんか。

ゆい：直方体をぬいたり、上に乗せたりすると、立体の全ての面の面積の合計も変わります。

図６

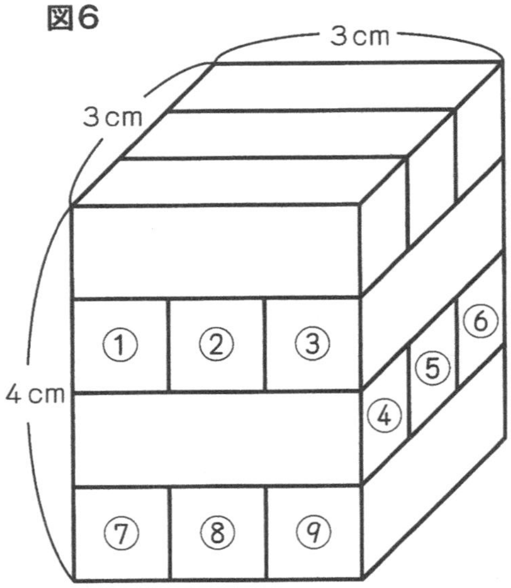

〔問題２〕　立体の全ての面の面積の合計が９５ｃｍ^{2}に最も近くなるように、①～⑨の中から４個の直方体をぬき、上に乗せる。その場合はどのような組み合わせがあるか、考えられる組み合わせのうちから一つ答えなさい。また、できあがった立体の全ての面の面積の合計がいくつになるか答えなさい。直方体の**＜ぬき方の条件＞**、**＜乗せ方の条件＞**は次のようにする。ただし、直方体をぬいて乗せても立体はくずれないものとする。

＜ぬき方の条件＞

図７

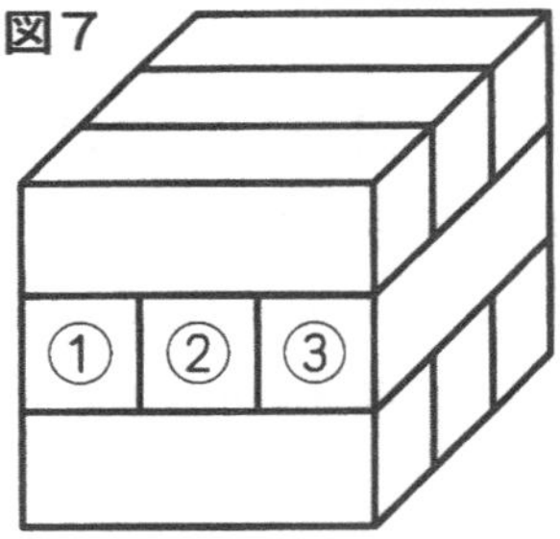

条件１：**図７**の①と②、②と③のように、同じ段のとなり合う２個をぬくことはできない。

条件２：一度ぬいたものを積み重ねたあと、再びぬくことはできない。

＜乗せ方の条件＞

図８

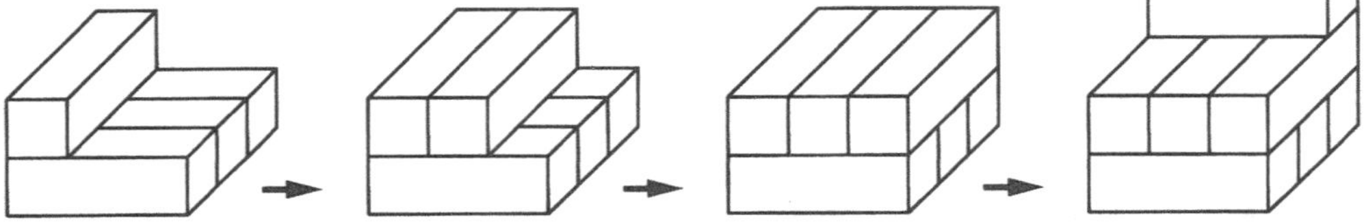

条件：**図８**のように、はしから間をあけずに順番に乗せていく。

さき：直方体の個数は同じなのに面積が変化するのは不思議ですね。

算数クラブが終わり、帰り道で**さき**さんと**ゆい**さんが話をしています。

ゆい：今度の三連休はいっしょに午前中は勉強して、午後は外で運動をしよう。

さき：いいね。勉強と運動のバランスが大切だね。国語、社会、算数、理科の４教科の勉強をしたいな。

ゆい：同じ教科書を２冊《さつ》用意するのは大変だから、おたがいちがう教科の勉強をしよう。自分の時間割《じかんわり》をつくってみたよ。（**表１**）①から④のそれぞれ３０分間で勉強する教科を考えてみたよ。それぞれの勉強時間の間には、休けいを１０分間とっているよ。

表１　ゆいさんの考えた時間割《じかんわり》

	一日め	二日め	三日め
①　９：３０～１０：００	社会	国語	社会
②　１０：１０～１０：４０	理科	理科	理科
③　１０：５０～１１：２０	算数	国語	算数
④　１１：３０～１２：００	社会	算数	社会

さき：私も条件を決めて、時間割を考えてみるね。

さきさんが考えた条件

条件１：国語、社会、算数、理科の４教科の勉強をする。

条件２：同じ時間に**ゆい**さんと同じ教科の勉強はしない。

条件３：４教科の中の一つの教科を時間をかける教科として、毎日合計１時間、１０分間の休けいをはさんで２回連続して勉強をする。

条件４：時間をかける教科以外は、三日間で合計１時間勉強し、１日の勉強時間を３０分までにする。

条件５：三日間のうち、どの教科も１日は①か②の時間帯に勉強をする。

条件６：三日間の同じ時間帯に同じ教科の勉強はしない。ただし、時間をかける教科はのぞくこととする。

条件７：理科の次の時間には社会の勉強はしない。

〔問題３〕　**ゆい**さんの考えた時間割が**表１**のとき、**さきさんが考えた条件**を守って時間割を考えるとどのようになるか。時間をかける教科を答え、解答らんの表を完成させなさい。

さき：今度の三連休は勉強と運動の両方をがんばろうね。

表1　花子さんが調べた三つの地域の主な観光資源《かんこうしげん》

松本市《まつもとし》	松本城《まつもとじょう》、スキー場、 古い街なみ、温泉《おんせん》、 そば打ち体験
高山市《たかやまし》	合しょう造りの民家、 豊かな自然、鍾乳洞《しょうにゅうどう》、 古い街なみ、温泉
白浜町《しらはまちょう》	砂浜《すなはま》、温泉、 美しい景観、パンダ

（各市町ホームページなどより作成）

表2　太郎《たろう》さんが調べた三つの地域が行っている外国人旅行者のための取り組み

松本市	・中部国際空港との連けい（鉄道やバスへのスムーズな乗りつぎなど） ・観光情報サイトのじゅう実 ・多言語表記などのかん境整備 ・観光産業をになう人材の確保と育成
高山市	・海外への職員派《は》けん ・多言語パンフレットの作成 ・伝統文化とふれ合う場の提供《ていきょう》 ・通訳《つうやく》案内士の養成
白浜町	・観光案内看板《かんばん》の多言語化 ・観光情報サイトのじゅう実 ・外国人向けの観光案内の動画作成 ・多言語によるアンケート調査

（各市町ホームページなどより作成）

太　郎：三つの地域にはいろいろな観光資源《かんこうしげん》があることが分かるね。

花　子：この三つの地域は、観光資源があることの他に、外国人旅行者におとずれてもらうために、さまざまな取り組みをしているね。

太　郎：外国人旅行者が旅行中に困《こま》ったことを調査した結果（**表3**）を見つけたけれど、このような資料を活用しながら、それぞれの取り組みを進めているのかな。

表3　日本をおとずれた外国人旅行者が旅行中に困《こま》ったこと

○情報通信かん境が十分でない。
○クレジットカード支はらいが利用できない場所がある。
○多言語対応が不十分である。
・し設等のスタッフとコミュニケーションがとれない。（英語が通じないなど）
・表示が少ない。分かりにくい。（観光案内板など）
・多言語の地図やパンフレットの入手場所が少ない。
・公共交通の利用方法が分からない。（乗りかえ方法など）
・外国の通貨を円に両がえできる場所が分からない。

（観光庁「訪日《ほうにち》外国人旅行者の国内における受入環境《うけいれかんきょう》整備に関するアンケート結果」平成29年より作成）

〔問題2〕　松本市、高山市、白浜町の三つの地域から一つを選び、その地域で外国人旅行者の延べ宿はく者数がここ数年で大はばに増えているのは、観光資源があることの他にどのような理由が考えられるか、**表2**と**表3**をふまえてあなたの考えを書きなさい。

花　子： 外国人旅行者のためのパンフレットやガイドブックには、具体的にどのような工夫《くふう》がされているのかな。

太　郎： 東京駅では日本語と日本語以外の言語で書かれている駅構内・周辺案内図があって、もらってきたので日本語の案内図と比べてみようよ。

花　子： 案内図（**図5**、**図6**）には、いろいろなマークがたくさんかいてあるね。

太　郎： このマークは案内用図記号というそうだよ。

花　子： この案内図の中の「インフォメーションセンター（案内所）」、「エレベーター」、「郵便《ゆうびん》ポスト」、「バスのりば」を表すマーク（**図7**）は、今までに見かけたことがあるよ。

図5　日本語の東京駅構内・周辺案内図の一部

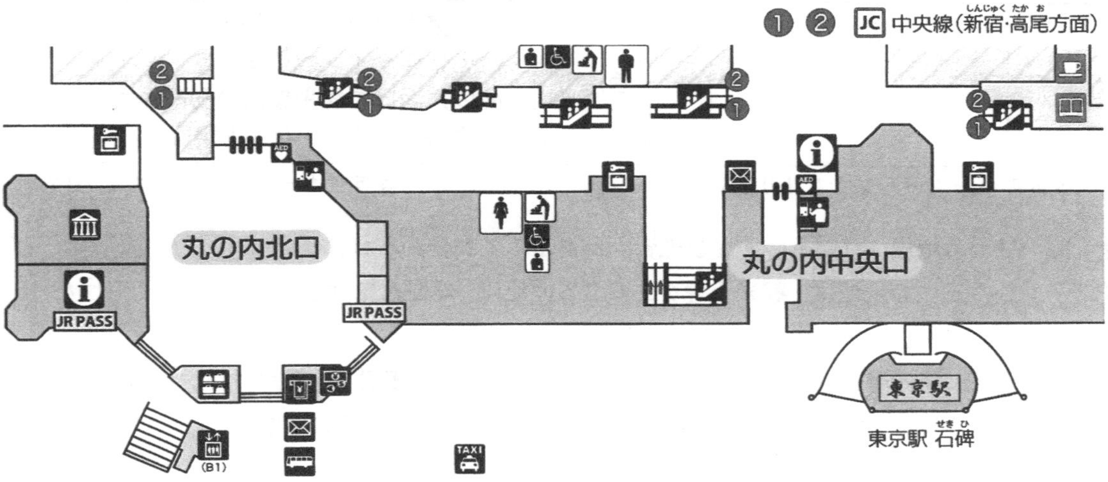

（東京ステーションシティー運営協議会「東京駅構内・周辺案内マップ」より作成）

図6　英語の東京駅構内・周辺案内図の一部

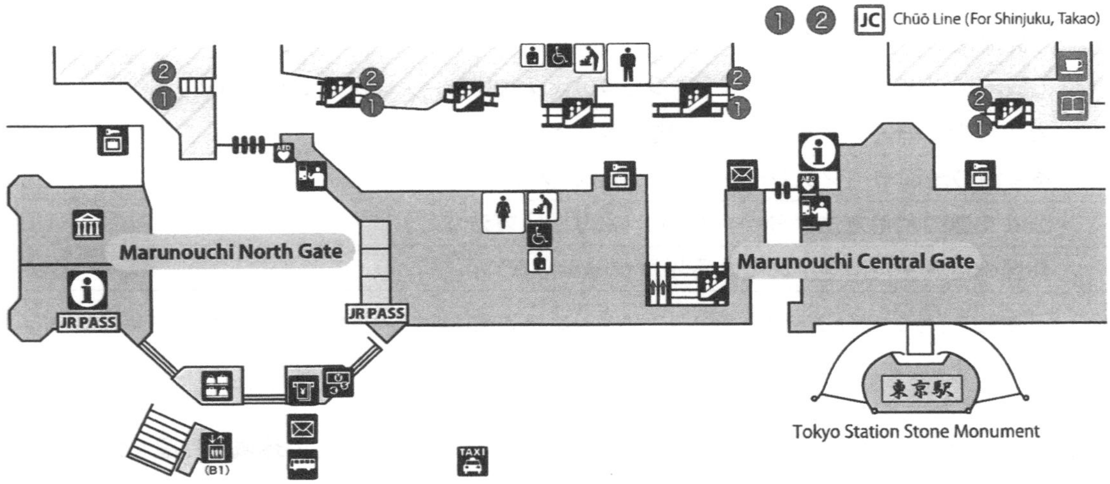

（東京ステーションシティー運営協議会「東京駅構内・周辺案内マップ」より作成）

図7　花子さんが今までに見かけたことがあるマーク

太　郎： このようなマークは外国人旅行者もふくめて、子供《こども》から高れい者まで、さまざまな人に役立っているようだね。

〔問題３〕　太郎さんは「さまざまな人に役立っているようだね。」と言っていますが、案内用図記号にはどのような役割《やくわり》があるか、あなたの考えを二つ説明しなさい。答えは、解答らんの役割１、役割２に分けて書きなさい。

このページには問題は印刷されていません。

3 **太郎《たろう》**さん、**花子**さん、**先生**が先日の校外学習について話をしています。

太　郎：校外学習の紙すき体験で、和紙は水をよく吸《す》うと教えてもらったね。
花　子：和紙と比べて、プリント用の紙、新聞紙、工作用紙などのふだん使っている紙は、水の吸いやすさにちがいがありそうだね。和紙と比べてみよう。

二人は先生のアドバイスを受けながら、和紙、プリント用の紙、新聞紙、工作用紙について、**実験１**をしました。

実験１　水の吸《す》いやすさを調べる実験

1　実験で使う紙の面積と重さをはかる。
2　容器に水を入れ、水の入った容器全体の重さを電子てんびんではかる。
3　この容器の中の水に紙を１分間ひたす。
4　紙をピンセットで容器の上に持ち上げ、３０秒間水を落とした後に取り除《のぞ》く。
5　残った水の入った容器全体の重さを電子てんびんではかる。
6　２の重さと５の重さの差を求め、容器から減った水の重さを求める。

太　郎：実験１の結果を**表１**のようにまとめたよ。
花　子：容器から減った水の重さが多いほど、水を吸いやすい紙といえるのかな。
太　郎：実験で使った紙は、面積も重さもそろっていないから、水の吸いやすさを比べるにはどちらか一方を基準にしたほうがいいよね。
花　子：紙の面積と紙の重さのどちらを基準にしても、水の吸いやすさについて、比べることができるね。

表１　実験１の結果

	和紙	プリント用の紙	新聞紙	工作用紙
紙の面積（cm^2）	４０	８０	２００	５０
紙の重さ（g）	０.２	０.５	０.８	１.６
減った水の重さ（g）	０.８	０.７	２.１	２

〔問題１〕　和紙の水の吸いやすさについて、あなたが比べたい紙をプリント用の紙、新聞紙、工作用紙のうちから一つ選びなさい。さらに、紙の面積と紙の重さのどちらを基準にするかを書き、あなたが比べたい紙に対して、和紙は水を何倍吸うかを**表１**から求め、小数で答えなさい。ただし、答えが割《わ》りきれない場合、答えは小数第二位を四捨五入《ししゃごにゅう》して小数第一位までの数で表すこととする。

花　子：紙すき体験では、あみを和紙の原料が入った液に入れて、手であみを前後左右に動かしながら原料をすくったね。

太　郎：和紙の原料は、コウゾやミツマタなどの植物のせんいだったよ。

花　子：**図1**を見ると、和紙は、せんいの向きがあまりそろっていないことが分かるね。

図1　和紙のせんいの拡大写真《かくだいしゃしん》

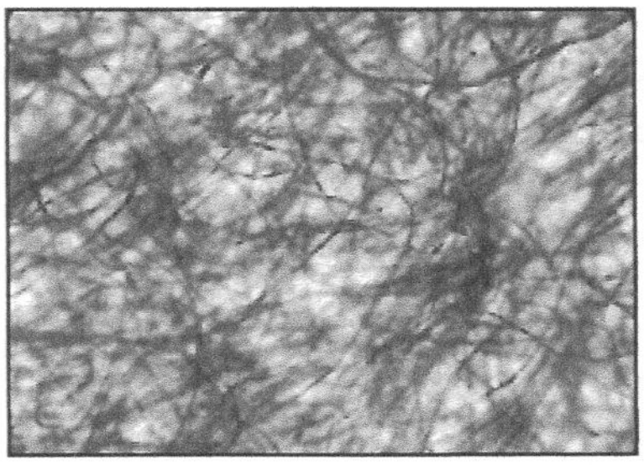

太　郎：ふだん使っている紙は、和紙とどのようにちがうのですか。

先　生：学校でふだん使っている紙の主な原料は、和紙とは別の植物のせんいです。また、機械を使って、あみを同じ向きに動かし、そこに原料をふきつけて紙を作っています。だから、和紙と比べると、より多くのせんいの向きがそろっています。

花　子：ふだん使っている紙のせんいの向きを調べてみたいです。

先生は、プリント用の紙、新聞紙、工作用紙のそれぞれについて、一つの角を選び、**A**方向・**B**方向と名前をつけて、**図2**のように示しました。

図2　方向の名前のつけ方

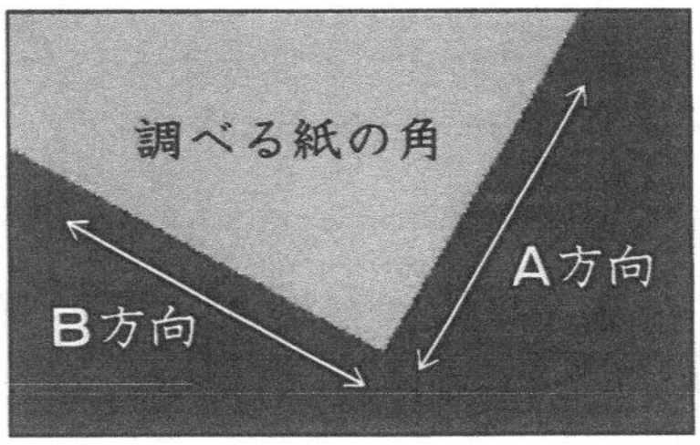

太　郎：それぞれの紙について、せんいの向きが**A**方向と**B**方向のどちらなのかを調べるには、どのような実験をしたらよいですか。

先　生：**実験2**と**実験3**があります。**実験2**は、紙の一方の面だけを水にぬらした時の紙の曲がり方を調べます。ぬらした時に曲がらない紙もありますが、曲がる紙については、曲がらない方向がせんいの向きです。

花　子：それぞれの紙について、先生が選んだ一つの角を使って同じ大きさの正方形に切り取り、**実験2**をやってみます。

実験2の結果は、**図3**のようになりました。

図3　**実験2**の結果

プリント用の紙	新聞紙	工作用紙
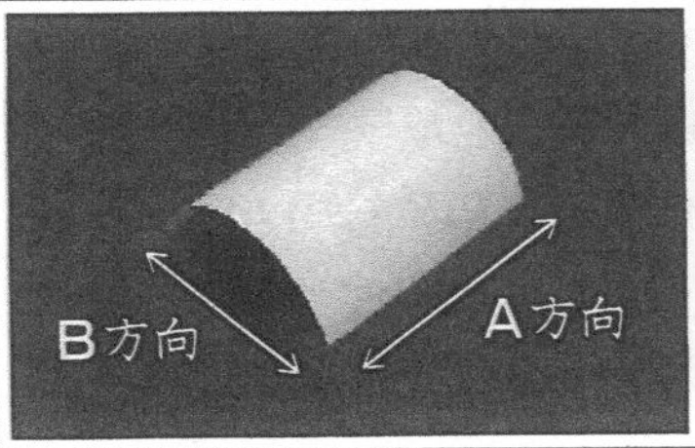	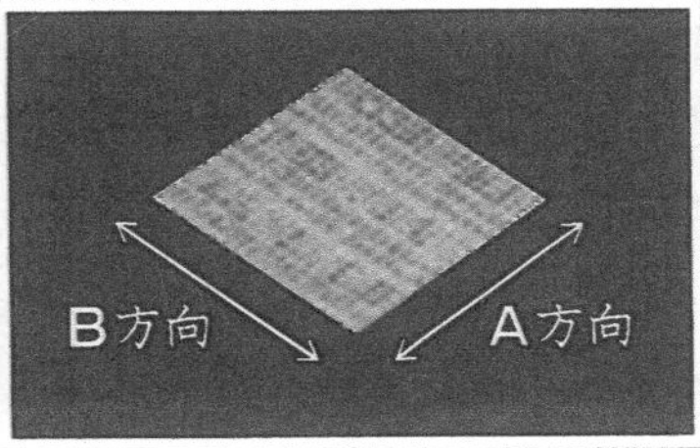	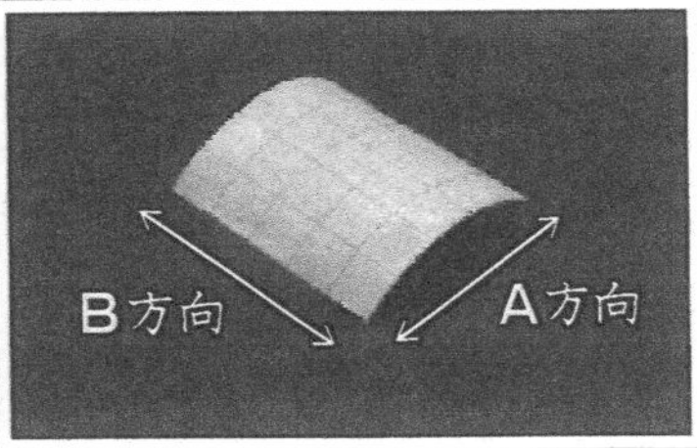

花　子：**実験3**はどのようなものですか。

先　生：短冊《たんざく》の形に切った紙の垂《た》れ下がり方のちがいを調べます。紙には、せんいの向きに沿《そ》って長く切られた短冊の方が垂れ下がりにくくなる性質がありますが、ちがいが分からない紙もあります。

太　郎：短冊は、同じ大きさにそろえた方がいいよね。

花　子：A方向とB方向は、紙を裏返《うらがえ》さずに**図2**で示された方向と同じにしないといけないね。

二人は、**図2**で先生が方向を示した紙について、**図4**のようにA方向に長い短冊Aと、B方向に長い短冊Bを切り取りました。そして、それぞれの紙について**実験3**を行いました。その結果は、**図5**のようになりました。

図4　短冊《たんざく》の切り取り方

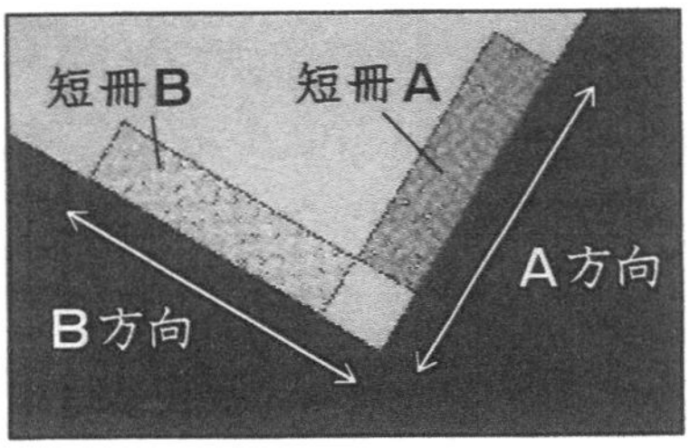

図5　**実験3**の結果

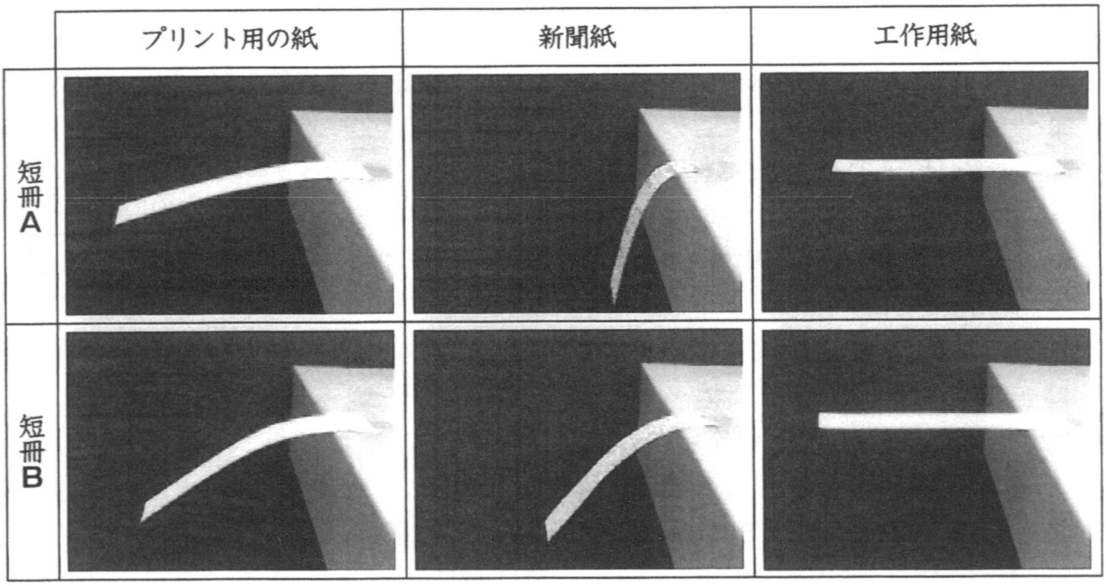

太　郎：**実験2**と**実験3**の結果を合わせれば、プリント用の紙、新聞紙、工作用紙のせんいの向きが分かりそうですね。

〔問題2〕　プリント用の紙、新聞紙、工作用紙のうちから一つ選び、選んだ紙のせんいの向きは、**図2**で示されたA方向とB方向のどちらなのか答えなさい。また、そのように答えた理由を**実験2**の結果と**実験3**の結果にそれぞれふれて説明しなさい。

太　郎：私《わたし》たちが校外学習ですいた和紙を画用紙にはって、ろう下のかべに展示《てんじ》しようよ。

先　生：昔から使われているのりと同じようなのりを使うといいですよ。

花　子：どのようなのりを使っていたのですか。

先　生：でんぷんの粉と水で作られたのりです。それをはけでぬって使っていました。次のような手順でのりを作ることができます。

〔のりの作り方〕

1　紙コップに２gのでんぷんの粉を入れ、水を加える。

2　割《わ》りばしでよく混ぜて、紙コップを電子レンジに入れて２０秒間加熱する。

3　電子レンジの中から紙コップを取り出す。

4　ふっとうするまで２と３をくり返し、３のときにふっとうしていたら、冷ます。

太　郎：加える水の重さは決まっていないのですか。

先　生：加える水の重さによって、紙をはりつけたときのはがれにくさが変わります。

花　子：なるべく紙がはがれにくくなるのりを作るために加える水の重さを調べたいです。

先　生：そのためには、加える水の重さを変えてできたのりを使って、**実験４**を行うといいです。

太　郎：どのような実験ですか。

先　生：**実験４**は、和紙をのりで画用紙にはってから１日おいた後、**図６**のようにつけたおもりの数を調べる実験です。同じ重さのおもりを一つずつ増やし、和紙が画用紙からはがれたときのおもりの数を記録します。

花　子：おもりの数が多いほど、はがれにくいということですね。

先　生：その通りです。ここに実験をするためのでんぷんの粉が５回分ありますよ。はけでぬるためには、加える水の重さは１回あたり５０g以上は必要です。また、紙コップからふきこぼれないように、１５０g以下にしておきましょう。

太　郎：のりしろは５回とも同じがいいですね。

図６　実験４のようす
（横からの図）

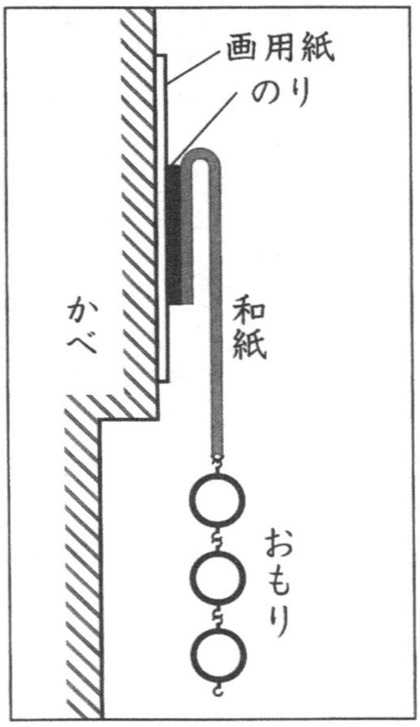

二人は、１回めとして、加える水の重さを５０gにしてできたのりを使って、**実験４**を行いました。そして、２回めと３回めとして、加える水の重さをそれぞれ６０gと７０gにしてできたのりを使って、**実験４**を行いました。その結果は、**表２**のようになりました。

表2　1回めから3回めまでの**実験4**の結果

	1回め	2回め	3回め
加える水の重さ（g）	50	60	70
おもりの数（個）	44	46	53

花　子：さらに加える水を増やしたら、どうなるのかな。たくさん実験したいけれども、でんぷんの粉はあと2回分しか残っていないよ。

先　生：では、あと2回の実験で、なるべく紙がはがれにくくなるのりを作るために加える水の重さを何gにすればよいか調べてみましょう。のりを作る手順は今までと同じにして、4回めと5回めの**実験4**の計画を立ててみてください。

太　郎：では、4回めは、加える水の重さを100gにしてやってみようよ。

花　子：5回めは、加える水の重さを何gにしたらいいかな。

太　郎：それは、4回めの結果をふまえて考える必要があると思うよ。

花　子：なるほど。4回めで、もし、おもりの数が **（あ）** だとすると、次の5回めは、加える水の重さを **（い）** にするといいね。

先　生：なるべく紙がはがれにくくなるのりを作るために、見通しをもった実験の計画を立てることが大切ですね。

〔問題3〕（1）　5回めの**実験4**に使うのりを作るときに加える水の重さを考えます。あなたの考えにもっとも近い **（あ）** と **（い）** の組み合わせを、次の**A**～**D**のうちから一つ選び、記号で書きなさい。

A　**（あ）** 35個　**（い）** 80g
B　**（あ）** 45個　**（い）** 110g
C　**（あ）** 60個　**（い）** 90g
D　**（あ）** 70個　**（い）** 130g

（2）　あなたが（1）で選んだ組み合わせで実験を行うと、なぜ、なるべく紙がはがれにくくなるのりを作るために加える水の重さを調べることができるのですか。3回めの**実験4**の結果と関連付けて、理由を説明しなさい。

お詫び

著作権上の都合により、文章は掲載しておりません。
ご不便をおかけし、誠に申し訳ございません。

お詫び

著作権上の都合により、文章は掲載しておりません。
ご不便をおかけし、誠に申し訳ございません。

（かこさとし［談］・林公代［聞き手］「科学の本の作り方」による）

お詫び

著作権上の都合により、文章は掲載しておりません。
ご不便をおかけし、誠に申し訳ございません。

お詫び

著作権上の都合により、文章は掲載しておりません。
ご不便をおかけし、誠に申し訳ございません。

1 次の **文章1** は、絵本作家のかこさとしさんと、聞き手である林《はやし》公代《きみよ》さんとの対話です。（――は林さんの発言を表します。）これと、あとに続く **文章2** を読んで、あとの問題に答えなさい。（＊印の付いている言葉には、本文のあとに〔注〕があります。）

文章1

お詫び
著作権上の都合により、文章は掲載しておりません。
ご不便をおかけし、誠に申し訳ございません。

お詫び
著作権上の都合により、文章は掲載しておりません。
ご不便をおかけし、誠に申し訳ございません。

問題は次のページからです。

適性検査Ⅰ

☆

注意

1　問題は 1 のみで、**8ページ**にわたって印刷してあります。
2　検査時間は**四十五分**で、終わりは**午前九時四十五分**です。
3　声を出して読んではいけません。
4　答えは全て解答用紙に明確に記入し、**解答用紙だけを提出しなさい。**
5　答えを直すときは、きれいに消してから、新しい答えを書きなさい。
6　**受検番号**を解答用紙の決められたらんに記入しなさい。

東京都立大泉高等学校附属中学校

㉛

2019(H31) 大泉高等学校附属中
教英出版

〈問題1〉　㋐藤丸《ふじまる》、㋑藤丸さん　というように、同一の人物について、書き分けがされていますが、その理由について、四十五字程度で分かりやすくまとめなさい。

〈問題2〉　㋒いろんないきものの生き方をたくさん勉強するといいと思う。とありますが、筆者がそう思うのは、どのようなものの見方ができるようになるからでしょうか。**文章1**の表現を用いて、解答らんに合うよう四十字程度で答えなさい。

〈問題3〉　次に示すのは、**文章1**と**文章2**についての、**ひかる**さんと**かおる**さんのやりとりです。このやりとりを読んだ上で、あなたの考えを四百字以上四百四十字以内で書きなさい。ただし、下の条件と〈**きまり**〉にしたがうこと。

> **ひかる**――**文章1**を読んで、「ちがい」ということについて、いろいろと考えさせられました。
>
> **かおる**――「ちがい」という言葉が直接使われてはいませんが、**文章2**にもそういったことが書いてあると思います。
>
> **ひかる**――わたしも、みんなはそれぞれちがっていると感じるときがあります。
>
> **かおる**――学校生活のなかでも、「ちがい」を生かしていった方がよい場面がありそうですね。

条件　次の三段落構成《さんだんらくこうせい》にまとめて書くこと

①第一段落では、**文章1**、**文章2**それぞれの、「ちがい」に対する向き合い方について、まとめる。

②第二段落では、「ちがい」がなく、みなが全く同じになってしまった場合、どのような問題が起こると思うか、考えを書く。

③第三段落では、①と②の内容に関連づけて、これからの学校生活のなかで「ちがい」を生かして活動していくとしたら、あなたはどのような場面で、どのような言動をとるか、考えを書く。

〈**きまり**〉

○題名は書きません。

○最初の行から書き始めます。

○各段落《だんらく》の最初の字は一字下げて書きます。

○行をかえるのは、段落をかえるときだけとします。

○、や。や」などもそれぞれ字数に数えます。これらの記号が行の先頭に来るときには、前の行の最後の字と同じますめに書きます。（ますめの下に書いてもかまいません。）

○。と」が続く場合には、同じますめに書いてもかまいません。この場合、。」で一字と数えます。

○段落をかえたときの残りのますめは、字数として数えます。

○最後の段落の残りのますめは、字数として数えません。

ただそれは少し説明を省略したいい方で、ほんとうは、あらゆるいきものにはそれぞれに生きる理由があるからだと思っている。

理由がわかって何の役に立つ、といわれれば、別に何の役にも立ちませんよ、というほかない。しかし役に立てるためだったら、こんな格好をしていないほうがいいというものがたくさんある。

人間も、今こういう格好をしているが、それが優《すぐ》れた形かどうかはわからない。これでも生きていけるという説明はつくけれども。

だからこそ動物学では、海の底のいきものも人間も、どちらが進化していてどちらが上、という発想をしない。

㋒いろんないきものの生き方をたくさん勉強するといいと思う。ぼくはそれでとてもおもしろかったし、そうすることで、不思議に広く深く、静かなものの見方ができるようになるだろう。

いきものは全部、いろいろあるんだな、あっていいんだな、ということになる。つまりそれが、生物多様性ということなのだと思う。

（日高敏隆《ひだかとしたか》「世界を、こんなふうに見てごらん」による）

〔注〕

思考実験――（起こりにくいことが）もし実際に起こったらどうなるか、考えてみること。

エポフィルス――カメムシの仲間。水中に住みながら空気呼吸《こきゅう》をする。

節足動物――ガやクモなど、足にたくさんの節をもつ動物。

体節を連ねる外骨格《がいこっかく》の動物――体のじくに沿《そ》って連なった、からやこうでおおわれている動物。

腔腸動物《こうちょうどうぶつ》――クラゲやサンゴなど、口から体内までの空所をもつ、かさやつつのような形をした水中の動物。

生物多様性――いろいろなちがった種類の生物が存在《そんざい》すること。

生態系《せいたいけい》――生物とまわりの環境《かんきょう》とから成り立つ、たがいにつながりのある全体。

文章2

ぼくは昔からガという虫が好きだ。そもそも、なぜ昼間飛ばないで夜飛ぶのだろうというところに興味がある。

昼間飛んだらいいじゃないか。暗いと敵がいなくて安全だというが、夜に出てきてエサを探《さが》す敵もいる。暗ければ安全とは決していえないだろう。

実際に、昼間飛ぶガもいる。それは夜飛ぶガの苦労はしていないはずだ。それでも夜飛ぶなら、昼間飛ぶよりどこがいいのだろう、などと考えているとますますなぜ夜飛ぶのか、わからなくなってくる。

それぞれに、それぞれの生き方があるのだ、といういいかげんな答えしか残らない。

それなりに苦労しているんだ、としかいいようがない。

しかし、それなりに、どういう苦労をしているのだろうということを、いろいろ考えてみるのがおもしろい。それは哲学的《てつがくてき》な*思考実験に似ている。

*エポフィルスにせよ、ガにせよ、苦労するには苦労するだけの原因があり、仕組みがある。それは何かということを探《さぐ》るのだ。

たとえば*節足動物は、なぜ節足動物になってしまったか、ということから考える。たまたま祖先がそうだったから、彼《かれ》らは*体節を連ねる外骨格《がいこっかく》の動物になっていった。

すると体の構造上、頭の中を食道が通《とお》り抜《ぬ》けることになり、脳《のう》を発達させると食道にしわ寄せがいくようになった。ではどうしたらいいか。

樹液《じゅえき》や体液、血液といった液状のエサを採ることにした。それが、その形で何とか生《い》き延《の》びる方法だった。節足動物というものは、そういう苦労をしている。

動物学では、現在の動物の形が必ずしも最善《さいぜん》とは考えない。

そうならざるをえない原因があり、その形で何とか生きているのだと考える。

なぜそういう格好をして生きているのか、その結果、どういう生き方をしているのか。そういった根本の問題を追究するのが動物学という学問なのだと思う。

いろいろないきものを見ていくと、こんな生き方もできるんだなあ、そのためにはこういう仕組みがあって、こういう苦労があるのか、なるほど、それでやっと生きていられるのか、ということが、それぞれにわかる。

わかってみると感激《かんげき》する。その形でしか生きていけない理由を、たくさん知れば知るほど感心する。

その感激は、原始的といわれるクラゲのような*腔腸動物《こうちょうどうぶつ》でも、高等といわれるほ乳類《にゅうるい》でもまったく同じだ。

このごろ、よく、*生物多様性はなぜ大事なのですかと聞かれる。ぼくは、簡単《かんたん》に説明するときはこんなふうにいう。

*生態系《せいたいけい》の豊かさが失われると人間の食べものもなくなります。食べものも、もとは全部いきもので、人間がそれを一から作れるわけではないのですから、いろんなものがいなければいけないのです、と。

適 性 検 査 Ⅱ

注　　意

1　問題は［1］から［3］までで、１７ページにわたって印刷してあります。

2　検査時間は**４５分**で、終わりは**午前１１時００分**です。

3　声を出して読んではいけません。

4　計算が必要なときは、この問題用紙の余白を利用しなさい。

5　答えは全て解答用紙に明確に記入し、**解答用紙だけを提出しなさい。**

6　答えを直すときは、きれいに消してから、新しい答えを書きなさい。

7　**受検番号**を解答用紙の決められたらんに記入しなさい。

東京都立大泉高等学校附属中学校

1　**先生**、**花子**さん、**太郎**《たろう》さんが、校内の６年生と４年生との交流会に向けて話をしています。

先　生：今度、学校で４年生との交流会が開かれます。６年生５９人は、制作した作品を展示《てんじ》して見てもらいます。また、４年生といっしょにゲームをします。

花　子：楽しそうですね。私《わたし》たち６年生は、この交流会に向けて一人１枚《まい》画用紙に動物の絵をかいたので、それを見てもらうのですね。絵を展示する計画を立てましょう。

先　生：みんなが絵をかいたときに使った画用紙の辺の長さは、短い方が４０ｃｍ、長い方が５０ｃｍです。画用紙を横向きに使って絵をかいたものを横向きの画用紙、画用紙を縦向《たてむ》きに使って絵をかいたものを縦向きの画用紙とよぶことにします。

太　郎：**図１**の横向きの画用紙と、**図２**の縦向きの画用紙は、それぞれ何枚《なんまい》ずつあるか数えてみよう。

花　子：横向きの画用紙は３８枚あります。縦向きの画用紙は２１枚です。全部で５９枚ですね。

太　郎：先生、画用紙はどこにはればよいですか。

先　生：学校に、**図３**のような縦《たて》２ｍ、横１．４ｍのパネルがあるので、そこにはります。
絵はパネルの両面にはることができます。

花　子：分かりました。ところで、画用紙をはるときの約束はどうしますか。

先　生：作品が見やすいように、画用紙をはることができるとよいですね。昨年は、次の〔**約束**〕にしたがってはりました。

図１　横向きの画用紙

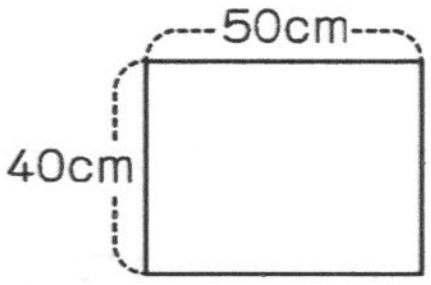

図２　縦向《たてむ》きの画用紙

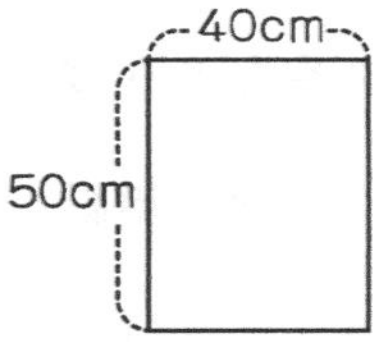

図３　パネル

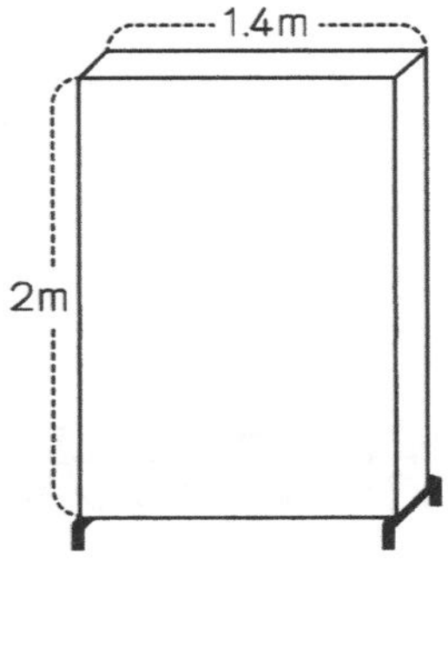

〔約束〕

（1）　**図4**のように、画用紙はパネルの外にはみ出さないように、まっすぐにはる。

（2）　パネルの一つの面について、どの行（横のならび）にも同じ枚数《まいすう》の画用紙をはる。また、どの列（縦《たて》のならび）にも同じ枚数の画用紙をはる。

（3）　１台のパネルに、はる面は２面ある。
一つの面には、横向きの画用紙と縦向きの画用紙を混ぜてはらないようにする。

（4）　パネルの左右のはしと画用紙の間の長さを①、左の画用紙と右の画用紙の間の長さを②、パネルの上下のはしと画用紙の間の長さを③、上の画用紙と下の画用紙の間の長さを④とする。

（5）　長さ①どうし、長さ②どうし、長さ③どうし、長さ④どうしはそれぞれ同じ長さとする。

（6）　長さ①～④はどれも５ｃｍ以上で、５の倍数の長さ（ｃｍ）とする。

（7）　長さ①～④は、面によって変えてもよい。

（8）　一つの面にはる画用紙の枚数は、面によって変えてもよい。

図4　画用紙のはり方

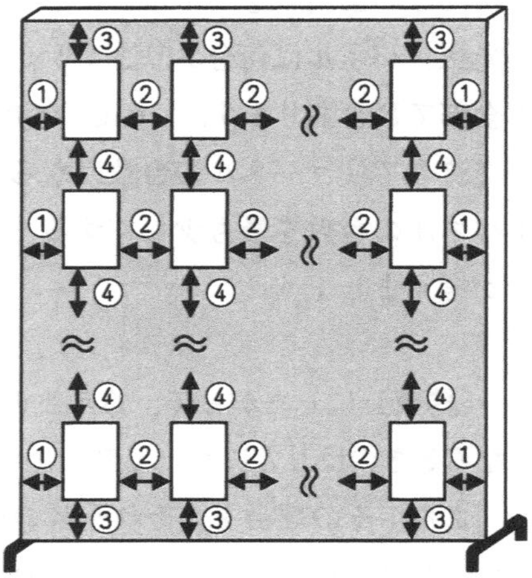

花　子：今年も、昨年の〔約束〕と同じように、パネルにはることにしましょう。

太　郎：そうだね。例えば、**図2**の縦向きの画用紙６枚を、パネルの一つの面にはってみよう。いろいろなはり方がありそうですね。

〔問題１〕〔約束〕にしたがって、**図3**のパネルの一つの面に、**図2**で示した縦向《たてむ》きの画用紙６枚《まい》をはるとき、あなたなら、はるときの長さ①～④をそれぞれ何ｃｍにしますか。

花　子：次に、６年生の作品の、横向きの画用紙３８枚と、縦向きの画用紙２１枚のはり方を考えていきましょう。

太　郎：横向きの画用紙をパネルにはるときも、**〔約束〕**にしたがってはればよいですね。

花　子：先生、パネルは何台ありますか。

先　生：全部で８台あります。しかし、交流会のときと同じ時期に、５年生もパネルを使うので、交流会で使うパネルの台数はなるべく少ないほうがよいですね。

太　郎：パネルの台数を最も少なくするために、パネルの面にどのように画用紙をはればよいか考えましょう。

〔問題２〕**〔約束〕**にしたがって、６年生の作品５９枚をはるとき、パネルの台数が最も少なくなるときのはり方について考えます。そのときのパネルの台数を答えなさい。

　また、その理由を、それぞれのパネルの面に、どの向きの画用紙を何枚ずつはるか具体的に示し、文章で説明しなさい。なお、長さ①～④については説明しなくてよい。

先　生：次は４年生といっしょに取り組むゲームを考えていきましょう。何かアイデアはありますか。

花　子：はい。図画工作の授業で、**図５**のような玉に竹ひごをさした立体を作りました。

この立体を使って、何かゲームができるとよいですね。

太　郎：授業のあと、この立体を使ったゲームを考えていたのですが、しょうかいしてもいいですか。

図５　玉に竹ひごをさした立体

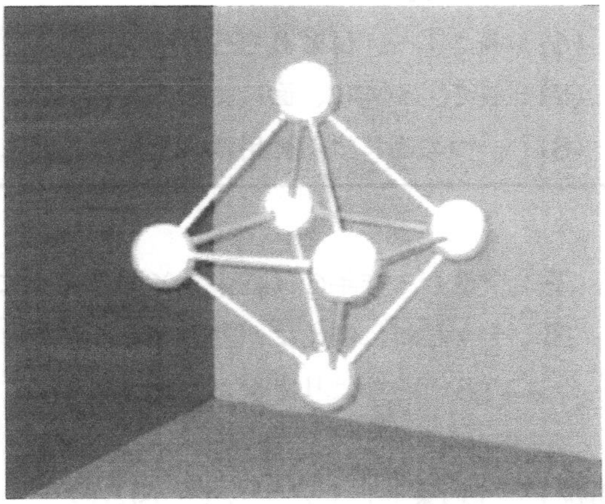

花　子：太郎さんは、どんなゲームを考えたのですか。

太　郎：**図6**のように、６個の玉に、**あ**から**か**まで一つずつ記号を書きます。また、１２本の竹ひごに、０、１、２、３の数を書きます。**あ**からスタートして、サイコロをふって出た目の数によって進んでいくゲームです。

花　子：サイコロには**1**、**2**、**3**、**4**、**5**、**6** の目がありますが、竹ひごに書いた数は０、１、２、３です。どのように進むのですか。

太　郎：それでは、ゲームの〔**ルール**〕を説明します。

図6　記号と数を書いた立体

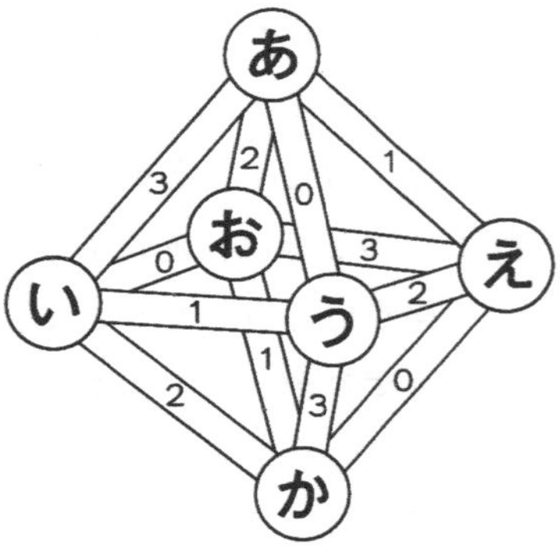

〔**ルール**〕

(1)　**あ**をスタート地点とする。

(2)　六つある面に、**1**～**6**の目があるサイコロを１回ふる。

(3)　(2)で出た目の数に２０を足し、その数を４で割《わ》ったときの余りの数を求める。

(4)　(3)で求めた余りの数が書かれている竹ひごを通り、次の玉へ進む。また、竹ひごに書かれた数を記録する。

(5)　(2)～(4)をくり返し、**か**に着いたらゲームは終わる。
ただし、一度通った玉にもどるような目が出たときには、先に進まずに、その時点でゲームは終わる。

(6)　ゲームが終わるまでに記録した数の合計が得点となる。

太　郎：例えば、サイコロをふって出た目が**1**、**3** の順のとき、**あ→え→お**と進みます。その次に出た目が**5**のときは、**か**に進み、ゲームは終わります。そのときの得点は５点となります。

花　子：**5**ではなく、**6**の目が出たときはどうなるのですか。

太　郎：そのときは、**あ**にもどることになるので、先に進まずに、**お**でゲームは終わります。得点は４点となります。それでは、３人でやってみましょう。
まず私がやってみます。サイコロをふって出た目は、**1**、**3**、**4**、**5**、**3** の順だったので、サイコロを５回ふって、ゲームは終わりました。得点は８点でした。

先　生：私がサイコロをふって出た目は、**1**、**2**、**5**、**1** の順だったので、サイコロを４回ふって、ゲームは終わりました。得点は ア 点でした。

花　子：最後に私がやってみます。
サイコロをふって出た目は、 イ、ウ、エ、オ の順だったので、サイコロを４回ふって、ゲームは終わりました。得点は７点でした。３人のうちでは、太郎さんの得点が一番高くなりますね。

先　生：では、これを交流会のゲームにしましょうか。

花　子：はい。太郎さんがしょうかいしたゲームがよいと思います。

太　郎：ありがとうございます。交流会では、４年生と６年生で協力してできるとよいですね。４年生が楽しめるように、準備していきましょう。

〔問題３〕**〔ルール〕**と会話から考えられる ア に入る数を答えなさい。また、 イ、ウ、エ、オ にあてはまるものとして考えられるサイコロの目の数を答えなさい。

2 **花子**さんと**太郎《たろう》**さんは、図書室でバスについて**先生**と話をしています。

花　子：昨日、バスに乗ってとなりの駅に行ったとき、たくさんのバスが行き来していましたよ。
太　郎：たくさんのバスがあるということは、行き先がちがっていたり、バスの種類もいろいろあったりするのでしょうか。バスの種類や台数はどれぐらいあるのでしょう。
花　子：バスのことについて、調べてみましょう。

花子さんと太郎さんは、次の資料（**図1**、**図2**、**表1**）を見つけました。

図1　日本国内の乗合《のりあい》バスの合計台数の移り変わり

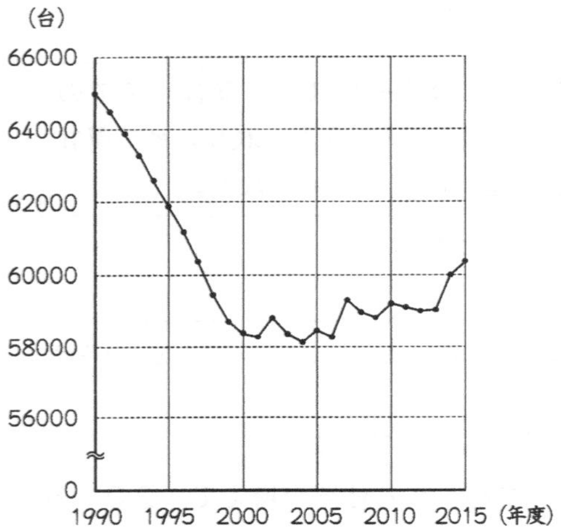

図2　日本国内の乗合バスが１年間に実際に走行したきょりの移り変わり

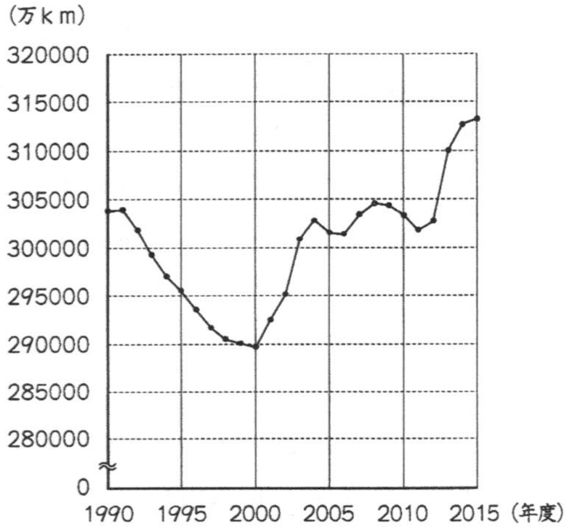

（公益社団法人日本バス協会「２０１８年度版（平成３０年度）日本のバス事業」より作成）

太　郎：資料に書いてある乗合《のりあい》バスとは、どんなバスのことですか。
先　生：バスの種類は大きく分けて、乗合バスと、貸切《かしきり》バスがあります。決められた経路を時刻表《じこくひょう》に従《したが》って走るバスは、乗客の一人一人が料金をはらいます。このようなバスを乗合バスといいます。６年生の校外学習などでは、学校でいらいをしたバスで見学コースをまわってもらいましたね。このようなバスを貸切バスといいます。

表1　乗合《のりあい》バスに関する主な出来事

	主な出来事
１９９５ （平成７）年度	●　東京都武蔵野市《むさしのし》で、地域《ちいき》の人たちの多様な願いにこまやかに応えるため、新しいバスサービス「コミュニティバス」の運行を開始した。
１９９６ （平成８）年度	●　都営バスなどがノンステップバスの導入を開始した。
１９９７ （平成９）年度	●　国がオムニバスタウン事業を開始した。（オムニバスタウン事業とは、全国から１４都市を指定し、バス交通を活用して、安全で豊かな暮《く》らしやすいまちづくりを国が支えんする制度のこと。）
２００１ （平成１３）年度	●　バスの営業を新たに開始したり、新たな路線を開設したりしやすくするなど、国の制度が改められた。また、利用そく進等のため、割引運賃《わりびきうんちん》の導入などのサービス改善《かいぜん》がはかられた。
２００６ （平成１８）年度	●　貸切《かしきり》バスで運行していた市町村のバスのサービスを、乗合《のりあい》バスでの運行と認《みと》めることや、コミュニティバスでは地域の意見を取り入れて運賃の設定ができるようにすることなど、国の制度が改められた。
２０１２ （平成２４）年度	●　都営バスの全車両がノンステップバスとなった。

（「国土交通白書」や「都営バスホームページ」などより作成）

花　子：コミュニティバスは小型のバスで、私《わたし》たちの地域《ちいき》でも走っていますね。

先　生：１９９５（平成７）年度以降《いこう》、コミュニティバスを導入する地域が増えて、２０１６（平成２８）年度には、全国の約８０％の市町村で、コミュニティバスが運行されているという報告もあります。小型のコミュニティバスは、せまい道路を走ることができるという長所があります。

太　郎：ノンステップバスとは、出入口に段差《だんさ》がないバスのことですね。

先　生：**図１**や**図２**の資料からどんなことが分かりますか。

花　子：１９９０年度から２０００年度までは、どちらの資料も減少を示していますね。

太　郎：２００１年度以降の変化も考えてみましょう。

〔問題１〕　１９９０年度から２０００年度までにかけて減少していた乗合バスの合計台数や１年間に実際に走行したきょりと比べて、２００１年度から２０１５年度にかけてどのような移り変わりの様子がみられるか、**図１**と**図２**のどちらかを選び、その図から分かる移り変わりの様子について、**表１**と関連付けて、あなたの考えを書きなさい。

太　郎：先日、祖父が最近のバスは乗りやすくなったと言っていたのだけれども、最近のバスは何か変化があるのでしょうか。

先　生：２０１２（平成２４）年度に都営バスの全車両がノンステップバスになったように、日本全国でもノンステップバスの車両が増えてきています。

花　子：私が昨日乗ったのもノンステップバスでした。

太　郎：**図３**の資料を見ると、車内に手すりがたくさんあるようですね。

先　生：ノンステップバスが増えてきた理由について、**表２**の資料をもとに考えてみましょう。

図３　乗合バスの様子

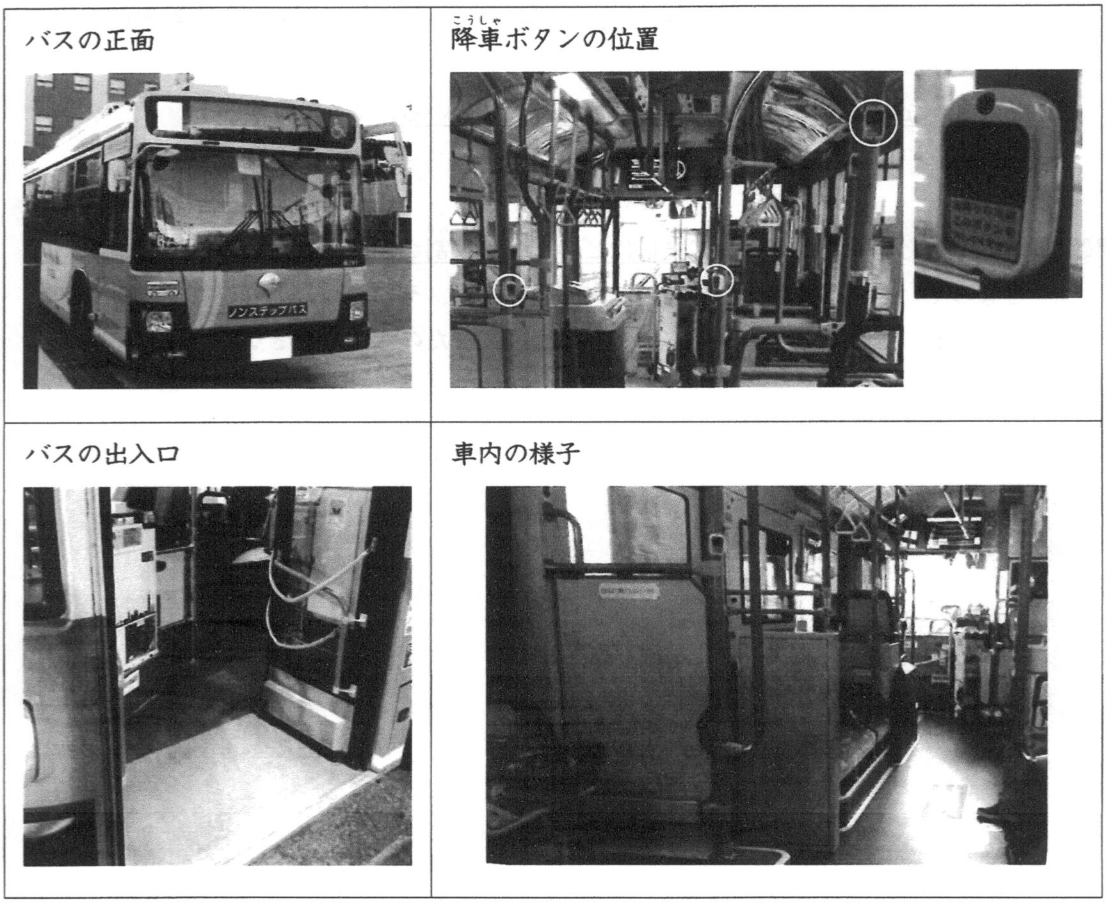

表2　２０１５（平成２７）年度以降《いこう》のノンステップバスの標準的な設計の工夫《くふう》の一部

・出入口の高さ	・車いすスペースの設置
・手すりの素材	・フリースペースの設置
・ゆかの素材	・固定ベルトの設置
・降車《こうしゃ》ボタンの位置	・優先席《ゆうせんせき》の配置

（公益社団法人日本バス協会「２０１８年度版（平成３０年度）日本のバス事業」より作成）

花　子：ノンステップバスは、いろいろな人が利用しやすいように、設計が工夫《くふう》されているようですね。

太　郎：このような工夫にはどのような役割《やくわり》が期待されているのでしょうか。

〔問題２〕　太郎さんが「このような工夫にはどのような役割《やくわり》が期待されているのでしょうか。」と言っています。**表2**から設計の工夫を二つ選び、その二つの工夫に共通する役割として、どのようなことが期待されているか、あなたの考えを書きなさい。

適性検査Ⅲ

注　　意

1　問題は **1** から **2** までで、１０ページにわたって印刷してあります。

2　検査時間は４５分で、終わりは**午後０時１５分**です。

3　声を出して読んではいけません。

4　計算が必要なときは、この問題用紙の余白を利用しなさい。

5　答えは全て解答用紙に明確に記入し、**解答用紙だけを提出しなさい。**

6　答えを直すときは、きれいに消してから、新しい答えを書きなさい。

7　**受検番号**を解答用紙の決められたらんに記入しなさい。

東京都立大泉高等学校附属中学校

1　**よしのり**さんと**たかあき**さんが放課後の理科クラブが始まる前に話をしています。

よしのり：アルキメデスの話を知ってるかな。

たかあき：うん。てこの研究をした人で、話の一つに「もし私《わたし》に足場を用意してくれたら、てこを使い地球を持ち上げることができる。」というものがあると聞いたことがあるよ。

よしのり：そうだよ。その話の中に「金のかんむり」というものがあるよ。

たかあき：どのような話なの。

よしのり：王様から、金のかんむりが本当に金だけでできているか調べるように言われ、みごとに、金だけでできていることを確認《かくにん》した話だよ。

たかあき：どのようにして調べたのだろう。

よしのり：体積と重さをはかって調べたみたいだよ。同じ種類の物体では、体積１ｃｍ^{3}あたりのものの重さは決まっているから、このことを利用して、金とかんむりを比べればいいよ。

たかあき：なるほど。本で見ると金は、体積１ｃｍ^{3}あたりのものの重さが１９．３ｇになっているよ。かんむりが、このとおりになっていれば、金でできていることが分かるね。本にはいろいろな物体についてのっていたよ（**表１**）。

表１

	２０℃における体積１ｃｍ^{3}あたりのものの重さ
鉄	７．９ｇ
金	１９．３ｇ
アルミニウム	２．７ｇ
銅	８．９ｇ
銀	１０．５ｇ
ガラス	２．５ｇ
木	０．４９ｇ
水	１ｇ

よしのり：そのころは、高価な金だけでつくるのではなく、銅などを混ぜて、金を少なくすることがあったみたいだよ。銅が混ざると、体積１ｃｍ^{3}あたりの重さが１９．３ｇより少なくなるから、重さをはかれば分かるよ。また、体積をはかるときに、かんむりを水にしずめてその増えた水のかさを読み取り、体積を求めたこともおどろきだね。

たかあき：そうか。そうすれば、どのような形のものでも体積をはかることができるね。

よしのり：かんむりについて本で調べてみると、**図１**のようなかんむりがあったよ。上の部分が金で、下の部分が銅でできているみたいだよ。

図１

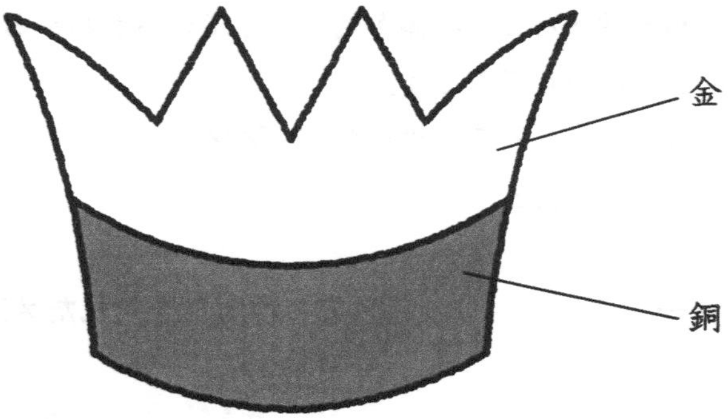

たかあき：切りはなさずに、かんむりの金の部分の体積と銅の部分の体積の割合《わりあい》を調べる方法はないかな。

よしのり：このような考え方はどうかな。かんむりの金の部分の体積と銅の部分の体積が全体の半分ずつだったとしよう。そうすると、かんむりをしずめてはかると、体積１ｃｍ^{3}あたりの重さが１４．１ｇになると思うんだ。

たかあき：どうして、そう思うの。

よしのり：体積１ｃｍ^{3}あたりの重さについては、金が１９．３ｇ、銅が８．９ｇだよね。それぞれを半分ずつにして加えると、１４．１ｇになると思うんだ。この考え方をすると、このかんむりについても調べることができそうだね。

〔問題１〕 **図１**のかんむりの重さと体積をはかったとき、体積１ｃｍ^{3}あたりのものの重さが１６．７ｇだとします。**よしのり**さんの考え方をもとに、このかんむりの金の部分の体積と銅の部分の体積の割合《わりあい》について、下の空らん（　①　）、（　②　）にあてはまるものを解答らんから選び、○をつけなさい。また、（　③　）には、あてはまる数字を書きなさい。

このかんむりの（　①　）の部分の体積は、（　②　）の部分の体積の、（　③　）倍です。

たかあき：物体の重さと体積を調べると、物体が何でできているかわかるね。

よしのり：実際にこのねんどでためしてみよう。

たかあき：体積をはかるメスシリンダーを用意したよ（**図2**）。

よしのり：さっそくやってみよう（**図3**）。

図2　メスシリンダー

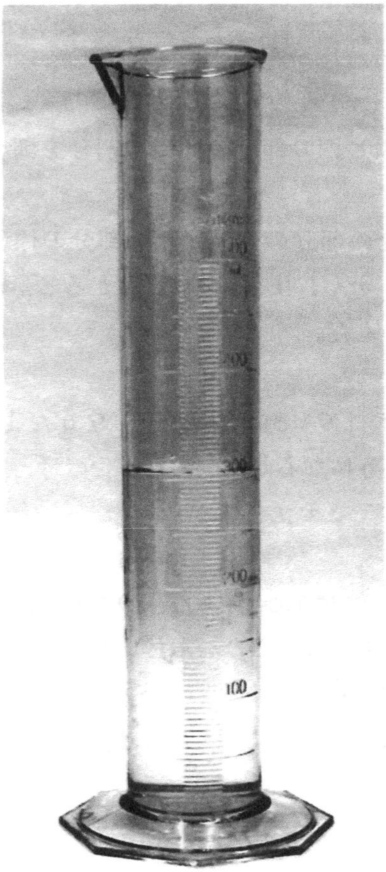

図3　ねんどを入れたメスシリンダー

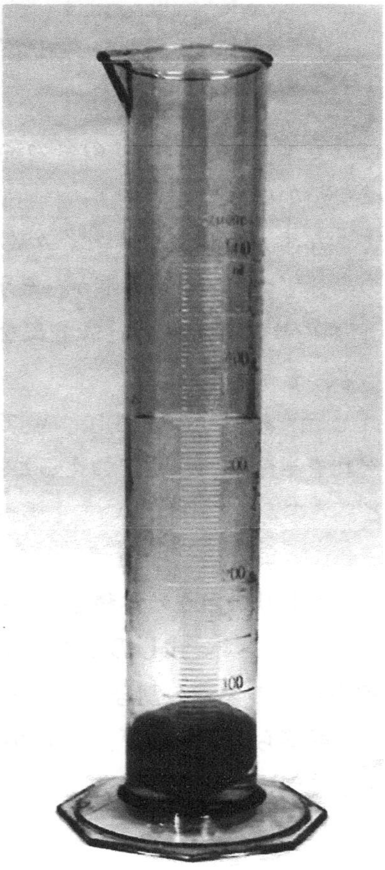

たかあき：なるほど。ねんどを入れる前と、しずんだときのメスシリンダーのめもりを読んで比べればいいね。

よしのり：そのとおり。増えた分が、ねんどの体積を表しているよ。

たかあき：おもしろそうだね。では、この木のおもちゃでも調べてみよう。あれ、うまくいかないな（**図4**）。

図4　木のおもちゃを入れたメスシリンダー

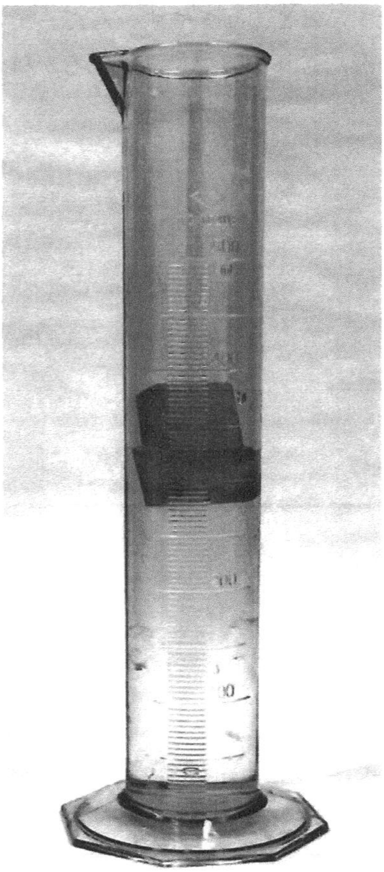

よしのり：どうしたの。
たかあき：木のおもちゃだと、水にしずまないね。これでは、体積をはかることができないよ。
よしのり：どうしたらよいのかな。
たかあき：そうだ。木のおもちゃを水の中におしこんでみたらどうだろう。
よしのり：水面がゆれて、めもりを読むことができないよ。
たかあき：どうしようかな。
よしのり：さっきのねんどを使って、木のおもちゃの体積をはかることはできないかな。

〔問題２〕　ねんどを使って、木のおもちゃの体積を数《すう》値《ち》でわかるようにする方法を説明しなさい。ただし、**図２**の道具と、木のおもちゃ、ねんどを使用し、ほかの実験器具は使用することができません。ねんどはたくさんあるものとし、水は何度も入れかえることができることとします。

説明は解答らんに合うように１００字以内で書きなさい。（、や。も字数に数えます。）

たかあき：木でできたものは水にうかぶね。

よしのり：同じ重さでも体積が大きいほど、うきやすいんだ。思いついたのだけど、このような装置《そうち》（**図5**）でも、かんむりが何でできているか確かめることができそうだね。

図5

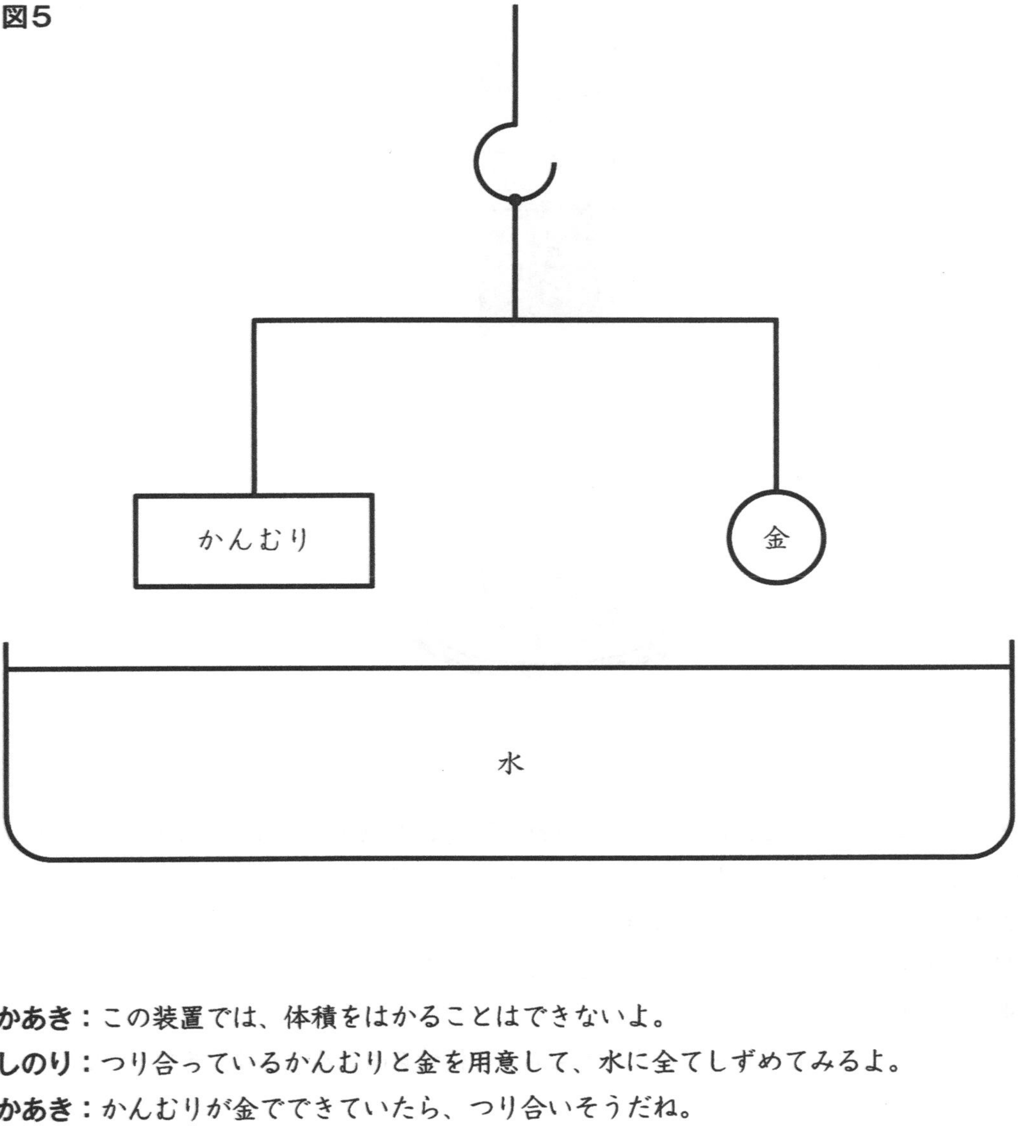

たかあき：この装置では、体積をはかることはできないよ。

よしのり：つり合っているかんむりと金を用意して、水に全てしずめてみるよ。

たかあき：かんむりが金でできていたら、つり合いそうだね。

よしのり：うん。同じものでできているからね。

たかあき：かんむりが金と銅でつくられたものだったらどうかな。

よしのり：本に書かれていた**表1**の資料から、金と銅についてぬきだしてみたよ（**表2**）。これを見て、考えてみよう。

解答用紙　適性検査Ⅰ

1

〔問題1〕

45

50

40　20

10点

※

〔問題2〕

45

ものの見方。

40　20

20点

※

〔問題3〕

20

70点

※

※

※100点満点

受検番号

得点
※

※のらんには何も記入しないこと。

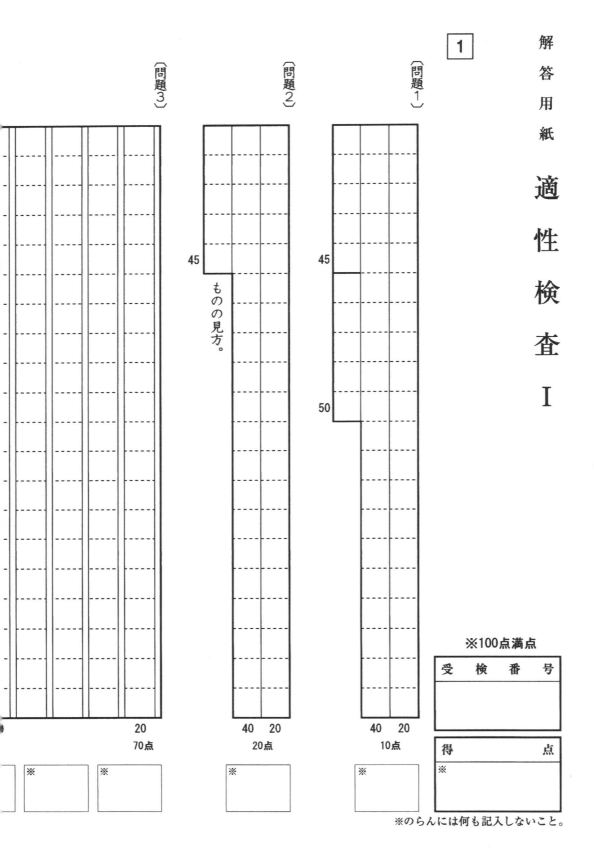

3

〔問題１〕　6点

〔選んだプロペラ〕	
〔示す値《あたい》のちがい〕	g

※

〔問題２〕　14点

（１）〔モーター〕	〔プロペラ〕	
（２）〔選んだ予想〕	の予想	
〔予想が正しくなる場合〕	あります　・　ありません	
〔理由〕		

※

〔問題３〕　10点

（１）
（２）

※

1

〔問題１〕　10点

①	②	③	④
ｃｍ	ｃｍ	ｃｍ	ｃｍ

※

〔問題２〕　14点

〔必要なパネルの台数〕

台

〔説明〕

※

〔問題３〕　16点

〔 ア に入る数〕

点

〔 イ に入る数〕	〔 ウ に入る数〕	〔 エ に入る数〕	〔 オ に入る数〕

※

〔問題３〕　20点

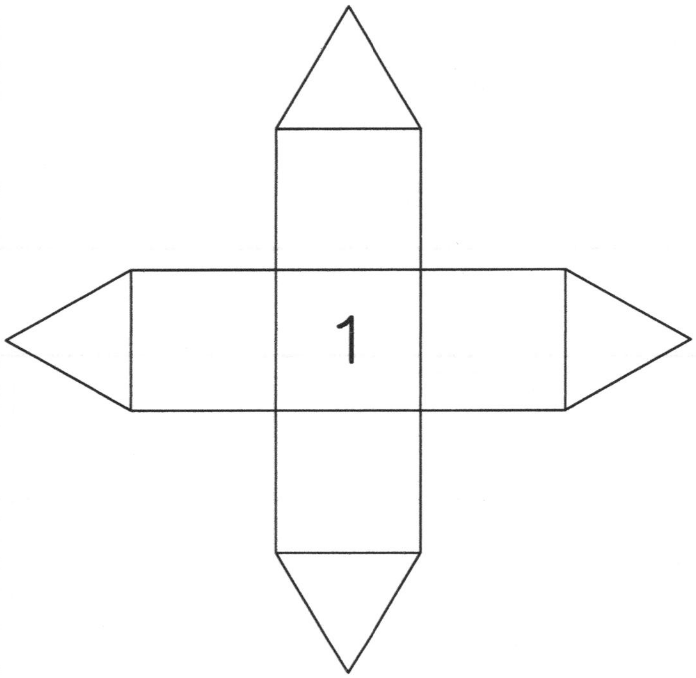

※

1

〔問題1〕　10点

（①）　金　・　銅

（②）　金　・　銅

（③）　（　　　　　）倍

※

〔問題2〕　20点

ねんどを、

※

〔問題3〕　20点

かんむりが下にかたむく・金が下にかたむく・つり合ったまま

理由

※

2

〔問題１〕 15点

先に数を言う人　・　後に数を言う人

理由

１０を言わないようにするためには、

※

〔問題２〕 15点

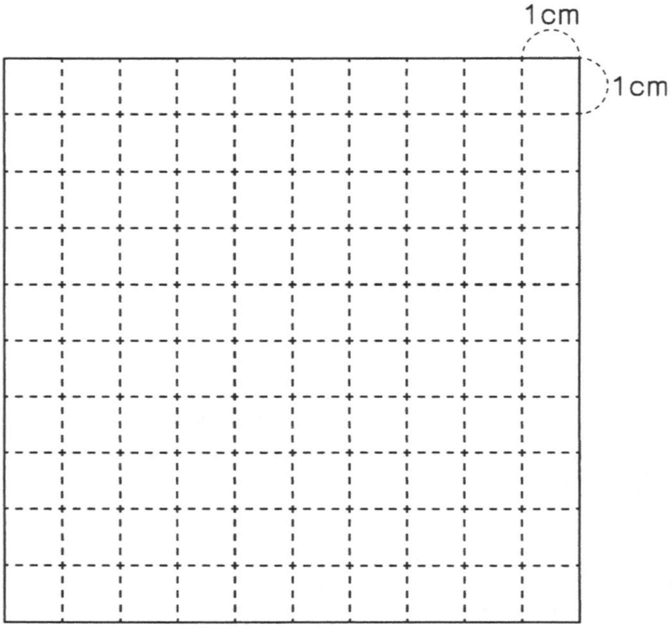

※

解答用紙　適性検査Ⅲ

※100点満点

受検番号

得点
※

※のらんには、記入しないこと

2

〔問題１〕 10点

〔選んだ図〕

〔あなたの考え〕

※

〔問題２〕 8点

〔設計の工夫《くふう》〕（選んだ二つをそれぞれ ◯ で囲みなさい。）

出入口の高さ　　手すりの素材　　ゆかの素材　　降車《こうしゃ》ボタンの位置

車いすスペースの設置　　フリースペースの設置　　固定ベルトの設置

優先席《ゆうせんせき》の配置

〔期待されている役割《やくわり》〕

※

〔問題３〕 12点

〔課題〕

〔あなたの考え〕

※

解答用紙　適性検査Ⅱ

※100点満点

受検番号	得点
	※

※のらんには、記入しないこと

（2　大泉）

440 400 300 200

※

表2

	２０℃における体積１ｃｍ^{3}あたりのものの重さ
金	１９．３ｇ
銅	８．９ｇ

〔問題３〕　このあとの会話で、**よしのり**さんは**たかあき**さんの「かんむりが金と銅でつくられたものだったらどうかな。」という疑問《ぎもん》に答えます。２人の会話と**表２**をもとに、かんむりと金のどちらが下にかたむくか、もしくはつり合ったままかを選び、○をつけなさい。また、そのように考えた理由を説明しなさい。

たかあき： 考えると、さまざまなアイデアがうかんでくるね。さあ、今日の理科クラブを始めよう。

問題を解くときに、問題用紙や解答用紙、ティッシュペーパーなどを実際に折ったり切ったりしてはいけません。

2 **ゆい**さんと**さき**さんが放課後の算数クラブが始まる前に話をしています。

ゆい：算数クラブの前に、数遊びをしよう。

さき：それはいいね。

ゆい：１から１０までの数を１から順に、交ごに言っていき、１０を言ってはいけない数遊びだよ。

さき：細かいルールを教えてもらってもいいかな。

ゆい：このようなルールだよ。

ルール

①１から１０までの数を１から順に、二人で交ごに言う。

②数は連続で二つまで言うことができる。

③１０の数を言ってはいけない。

ゆい：やってみよう。**さき**さんが先ね。私《わたし》が後ね。

さき：わかった。では始めるね。１、２。

ゆい：３、４。

さき：５、６。

ゆい：７。

さき：８、９。

ゆい：私が１０を言うことになったね。もう一回やってみよう。

さき：そうだね。では始めるね。１、２。

ゆい：３、４。

さき：５。

ゆい：このまま続けると、**さき**さんが１０を言うね。

さき：どうしてゲームが終りょうしていないのに私が１０を言うと思ったのかな。

ゆい：私が６と言って、**さき**さんが７、８と言った場合は、私が９と言えば、**さき**さんが１０を言うことになるね。私が６と言って、**さき**さんが７と言った場合も、私が８、９と言えば**さき**さんが１０を言うことになるよ。

さき：本当だ。

〔問題１〕　この数遊びで１０を言わないようにするためには、先に数を言う人と、後に数を言う人のどちらになる必要があるか答えなさい。また、選んだ理由を説明しなさい。

解答らんの先に数を言う人と、後に数を言う人のどちらかに〇をつけ、説明は解答らんに合うように１００字以内で書きなさい。（、や。も字数に数えます。）

先生が来て、算数クラブが始まりました。

先生：今日は始めに、一辺の長さが１０ｃｍの正方形を同じ形に４等分してみましょう。
さき：できました（**図１**）。

図１

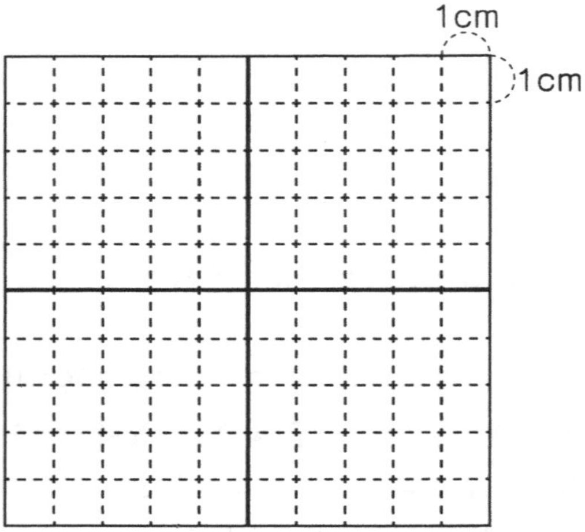

先生：では、次に面積が等しくない五つの形に分けてみましょう。ただし、五つの形は長方形または正方形とし、その長方形や正方形の一辺の長さは必ず整数になるものとします。
ゆい：やってみます。
さき：難《むずか》しいですね。
先生：少しだけヒントを出しましょう。五つの長方形や正方形のそれぞれの面積は、「１５ｃｍ^2」「１６ｃｍ^2」「２０ｃｍ^2」「２４ｃｍ^2」「２５ｃｍ^2」です。

〔問題２〕　一辺の長さが１０ｃｍの正方形を、**先生**が示した面積で五つの長方形や正方形に分けるとき、その分け方を答えなさい。ただし、解答用紙の一マスは、一辺の長さが１ｃｍの正方形とする。

先生：次はそれぞれの面に数字が書かれた立方体を用意しました（**図2**）。

図2

さき：立方体に書かれている数字には、どのような意味があるのですか。

先生：一つの頂点《ちょうてん》を作っている三つの面には異《こと》なる数字が書かれています。**図2**の立方体と同じ数字が書かれた立方体の展開《てんかい》図《ず》も用意しました（**図3**）。

図3

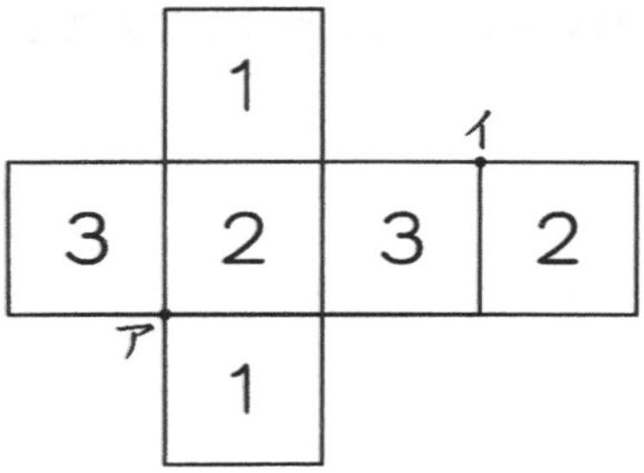

ゆい：本当ですね。頂点アを作る三つの面に書かれた数字は、それぞれ１と２と３で全て異なります。

さき：頂点イを作る三つの面に書かれた数字も、それぞれ１と２と３で全て異なりますね。

先生：そうですね。では、全て長さが等しい辺からできる、**図4**のような展開図を組み立てたとき、頂点を作る面に書かれた数字が全て異なるようにするためには、どのように記入すればよいでしょうか。最初の数字は記入しておきました。

図4

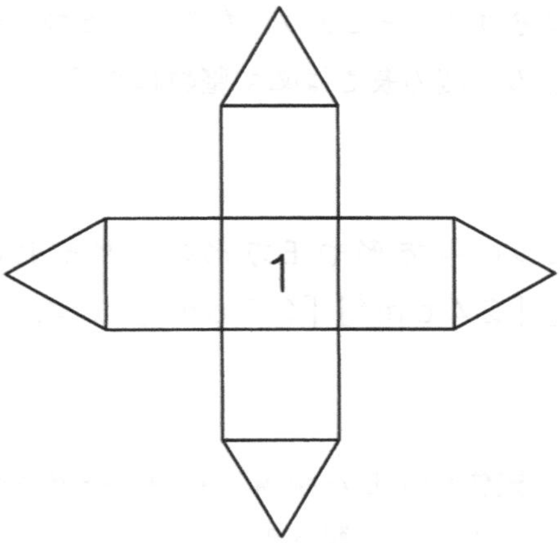

〔問題３〕 **図４**の展開図《てんかいず》を組み立てたとき、頂点《ちょうてん》と接している面の数字が全て異《こと》なるようにするためには、どのように数字を記入すればよいか、以下のルールに従《したが》って答えなさい。

> ルール
>
> ①記入する数字の向きを考える必要はない。
> ②使用する数字は１以上の整数を小さい方から順番に使うこととする。
> ③同じ数字を使ってもよいが、使う数字の種類は最も少なくなるようにする。

太　郎：バスの車両は、いろいろな人が利用しやすいように、工夫したつくりになっていることが分かりました。バスの車両以外にも、何か工夫があるのでしょうか。

花　子：私は、路面に「バス優先《ゆうせん》」と書かれた道路を見たことがあります。２車線の道路のうち、一方の道路には「バス優先」と書かれていました。

先　生：一般《いっぱん》の自動車も通行できますが、乗合バスが接近してきたときには、「バス優先」と書かれた車線から出て、道をゆずらなければいけないというきまりがあります。バス以外の一般の自動車の運転手の協力が必要ですね。

太　郎：**図４**のような資料がありました。この資料の説明には、「このシステムがある場所では、乗合バスからの信号を受信する通信機が設置されています。この通信機が乗合バスからの信号を感知すると、乗合バスの通過する時刻《じこく》を予測して、バスの進行方向の青信号が点灯している時間を長くしたり、赤信号の点灯している時間を短くしたりするなど、乗合バスが通過しやすくしています。」と書いてあります。この仕組みのことを「公共車両優先システム」というそうです。

図４　公共車両優先《ゆうせん》システム

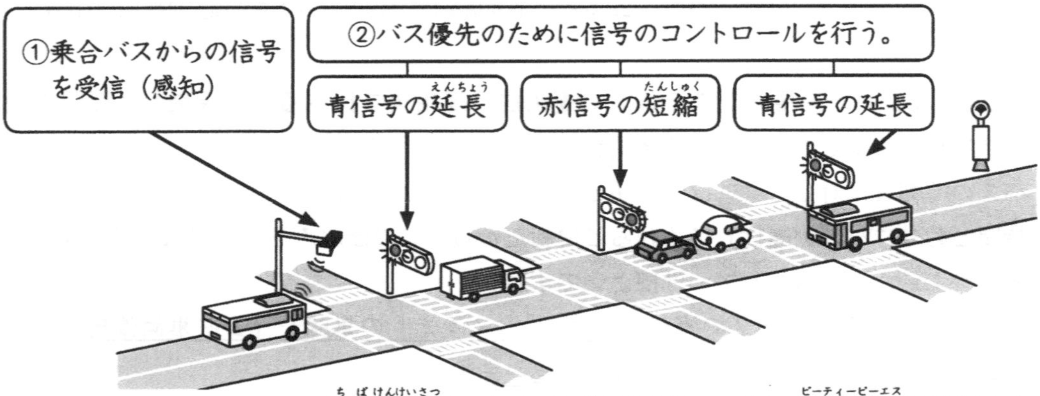

（千葉県警察《ちばけんけいさつ》ホームページ「新交通管理システム・ＰＴＰＳ《ピーティーピーエス》調査報告」より作成）

先　生：「公共車両優先システム」は、乗合バスを常に青信号で通過させるための仕組みではありませんが、バスの信号待ちの時間を短くする効果があります。また、花子さんが見た「バス優先」の車線とあわせて利用されている場所もあるようです。

花　子：この仕組みがある場所では、バスが通過するときと、通過しないときとでは、青信号や赤信号の点灯時間が変わるというのはおもしろいですね。この仕組みがある場所では、実際にどのような変化がみられたのでしょうか。

先　生：ここに、**図５**、**図６**、**図７**の三つの資料があります。

図５　公共車両優先システムが導入された区間

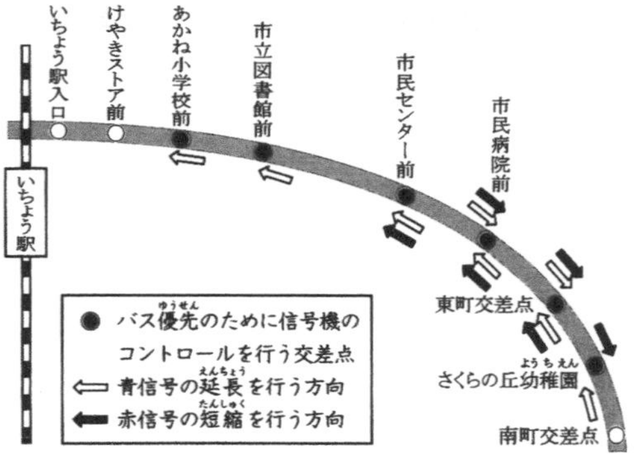

（千葉県警察ホームページ「新交通管理システム・ＰＴＰＳ調査報告」より作成）

図６　調査した区間のバスの平均運行時間

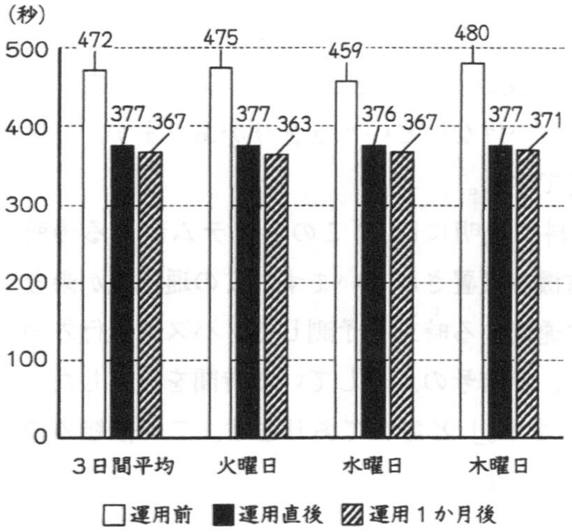

図７　時刻表《じこくひょう》に対するバスの運行状きょう
（７分間の所要時間の経路を８分以内で運行した割合《わりあい》）

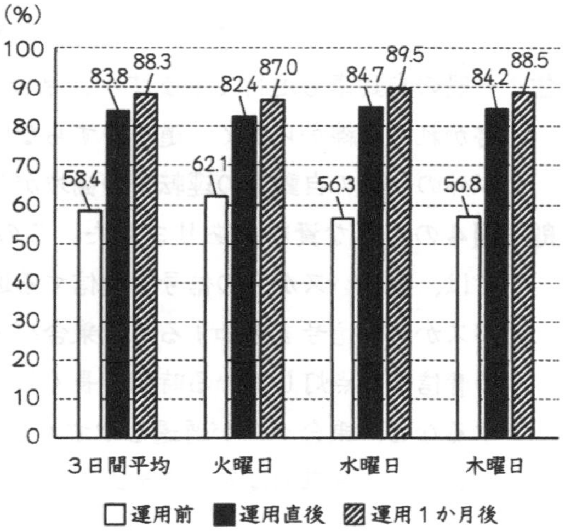

（千葉県警察ホームページ「新交通管理システム・ＰＴＰＳ調査報告」より作成）

太　郎：**図６**で、「公共車両優先システム」の運用前と運用後を比べると、調査した区間をバスで移動するときに、かかる時間が短縮《たんしゅく》されたようですね。

花　子：バスの時刻表に対しても、ほぼ時間どおりに運行しているようです。

太　郎：時間どおりにバスが運行してくれると便利だから、この仕組みをまだ導入していない地域があったら、導入していけばよいですね。

花　子：先生の話や、**図４～図７**の資料からは、「バス優先」の車線や「公共車両優先システム」がこのままでよいとはいえないと思います。

〔問題３〕　花子さんは、「先生の話や、**図４～図７**の資料からは、「バス優先」の車線や「公共車両優先システム」がこのままでよいとはいえないと思います。」と言っています。あなたは、「バス優先」の車線や「公共車両優先システム」にどのような課題があると考えますか。また、その課題をどのように解決すればよいか、あなたの考えを書きなさい。

3　**花子**さん、**太郎**《たろう》さん、**先生**が車の模型《もけい》について話をしています。

花　子：モーターで走る車の模型を作りたいな。

太　郎：プロペラを使って車の模型を作ることができますか。

先　生：プロペラとモーターとかん電池を組み合わせて、**図１**のように風を起こして走る車の模型を作ることができます。

花　子：どのようなプロペラがよく風を起こしているのかな。

太　郎：それについて調べる実験はありますか。

先　生：電子てんびんを使って、**実験１**で調べることができます。

花　子：**実験１**は、どのようなものですか。

先　生：まず、**図２**のように台に固定したモーターを用意します。それを電子てんびんではかります。

太　郎：はかったら、５４．１gになりました。

先　生：次に、**図３**のようにスイッチがついたかん電池ボックスにかん電池を入れます。それを電子てんびんではかります。

花　子：これは、４８．６gでした。

先　生：さらに、プロペラを**図２**の台に固定したモーターにつけ、そのモーターに**図３**のボックスに入ったかん電池をつなげます。それらを電子てんびんではかります。その後、電子てんびんにのせたままの状態でスイッチを入れると、プロペラが回り、電子てんびんの示す値《あたい》が変わります。ちがいが大きいほど、風を多く起こしているといえます。

太　郎：**表１**の**Ａ**～**Ｄ**の４種類のプロペラを使って、**実験１**をやってみましょう。

図１　風を起こして走る車の模型《もけい》

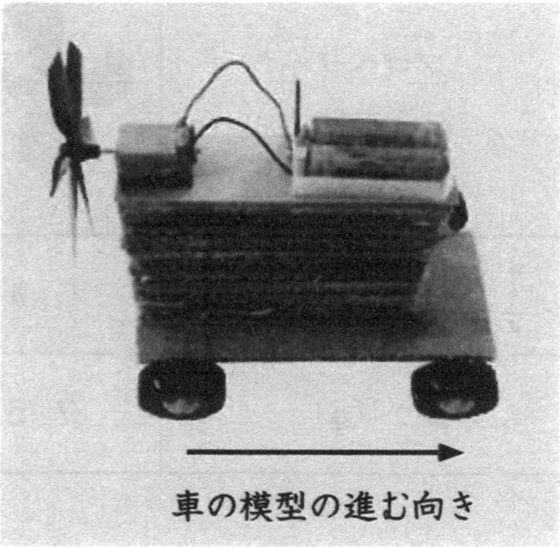

図２　台に固定したモーター

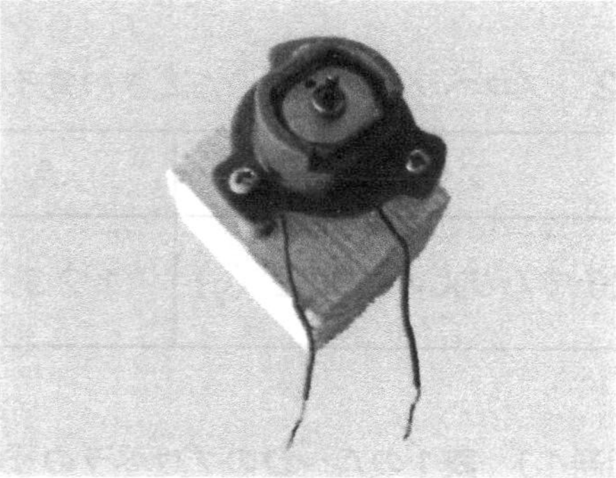

図３　ボックスに入ったかん電池

表1　４種類のプロペラ

	A	B	C	D
プロペラ				
中心から羽根のはしまでの長さ（cm）	5.4	4.9	4.2	2.9
重さ（g）	7.5	2.7	3.3	4.2

　スイッチを入れてプロペラが回っていたときの電子てんびんの示す値は、**表2**のようになりました。

表2　プロペラが回っていたときの電子てんびんの示す値《あたい》

プロペラ	A	B	C	D
電子てんびんの示す値《あたい》（g）	123.5	123.2	120.9	111.8

〔問題１〕 **表1のA～D**のプロペラのうちから一つ選び、そのプロペラが止まっていたときに比べて、回っていたときの電子てんびんの示す値《あたい》は何gちがうか求めなさい。

花　子：図１の車の模型から、モーターの種類やプロペラの種類の組み合わせをかえて、図４のような車の模型を作ると、速さはどうなるのかな。

太　郎：どのようなプロペラを使っても、①モーターが軽くなればなるほど、速く走ると思うよ。

花　子：どのようなモーターを使っても、②プロペラの中心から羽根のはしまでの長さが長くなればなるほど、速く走ると思うよ。

図４　車の模型

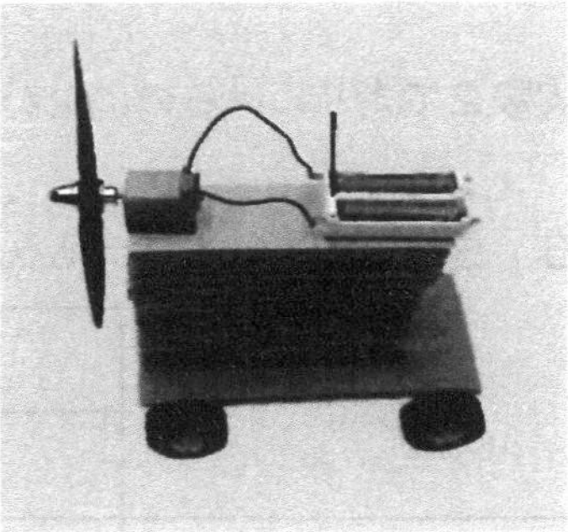

太　郎：どのように調べたらよいですか。

先　生：**表３**の**ア**～**エ**の４種類のモーターと、**表４**の**E**～**H**の４種類のプロペラを用意して、次のような**実験２**を行います。まず、モーターとプロペラを一つずつ選び、**図４**のような車の模型を作ります。そして、それを体育館で走らせ、走り始めてから、５m地点と１０m地点の間を走りぬけるのにかかる時間をストップウォッチではかります。

表３　４種類のモーター

	ア	イ	ウ	エ
モーター	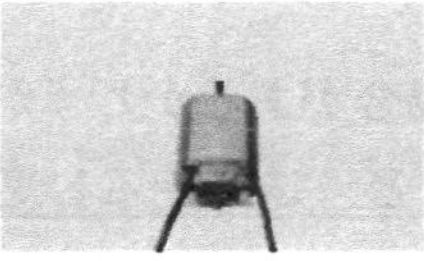			
重さ（g）	１８	２１	３０	４４

表４　４種類のプロペラ

	E	F	G	H
プロペラ	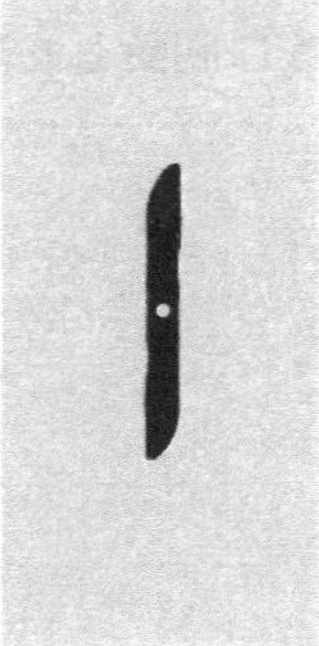	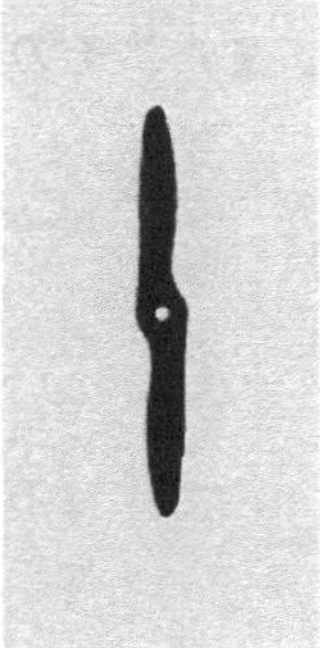	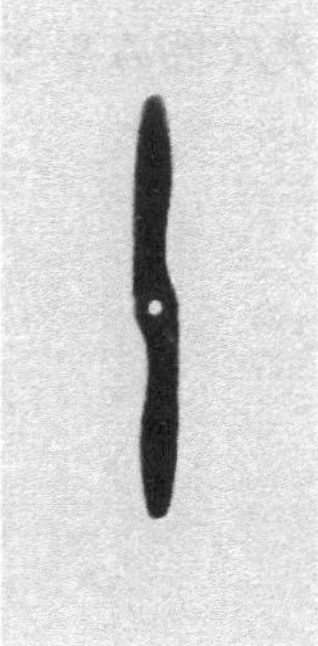	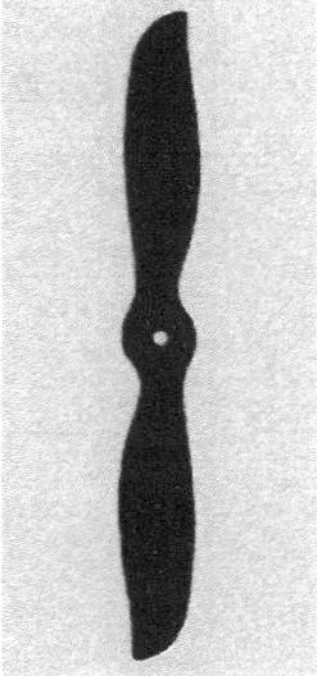
中心から羽根のはしまでの長さ（cm）	４．０	５．３	５．８	９．０

花　子：モーターとプロペラの組み合わせをいろいろかえて、**実験２**をやってみましょう。

実験２で走りぬけるのにかかった時間は、**表５**のようになりました。

表５　５ｍ地点から１０ｍ地点まで走りぬけるのにかかった時間（秒）

		モーター			
		ア	**イ**	**ウ**	**エ**
プロペラ	**E**	３.８	３.１	３.６	７.５
	F	３.３	２.９	３.２	５.２
	G	３.８	３.１	３.１	３.９
	H	４.８	４.０	２.８	４.８

〔問題２〕（１）　**表５**において、車の模型が最も速かったときのモーターとプロペラの組み合わせを書きなさい。

（２）　**表５**から、①の予想か②の予想が正しくなる場合があるかどうかを考えます。

太郎さんは、「①モーターが軽くなればなるほど、速く走ると思うよ。」と予想しました。①の予想が正しくなるプロペラは**E**～**H**の中にありますか。

花子さんは、「②プロペラの中心から羽根のはしまでの長さが長くなればなるほど、速く走ると思うよ。」と予想しました。②の予想が正しくなるモーターは**ア**～**エ**の中にありますか。

①の予想と②の予想のどちらかを選んで解答らんに書き、その予想が正しくなる場合があるかどうか、解答らんの「あります」か「ありません」のどちらかを丸で囲みなさい。また、そのように判断した理由を説明しなさい。

太　郎：モーターとプロペラを使わずに、ほを立てた車に風を当てると、動くよね。

花　子：風を車のななめ前から当てたときでも、車が前に動くことはないのかな。調べる方法は何かありますか。

先　生：図5のようにレールと車輪を使い、長方形の車の土台を動きやすくします。そして、**図6**のように、ほとして使う三角柱を用意します。次に、車の土台の上に**図6**の三角柱を立てて、**図7**のようにドライヤーの冷風を当てると、車の動きを調べることができます。

太　郎：車の動きを調べてみましょう。

二人は先生のアドバイスを受けながら、次のような１～４の手順で**実験３**をしました。

１　工作用紙で**図６**の三角柱を作る。その三角柱の側面が車の土台と垂直《すいちょく》になるように底面を固定し、車を作る。そして、車をレールにのせる。

２　**図８**のように、三角柱の底面の最も長い辺のある方を車の後ろとする。また、真上から見て、車の土台の長い辺に対してドライヤーの風を当てる角度を(あ)とする。さらに、車の土台の短い辺と、三角柱の底面の最も長い辺との間の角度を(い)とする。

３　(あ)が２０°になるようにドライヤーを固定し、(い)を１０°から７０°まで１０°ずつ変え、三角柱に風を当てたときの車の動きを調べる。

４　(あ)を３０°から８０°まで１０°ごとに固定し、(い)を手順３のように変えて車の動きを調べる。

実験３の結果を、車が前に動いたときには○、後ろに動いたときには×、３秒間風を当てても動かなかったときには△という記号を用いてまとめると、**表６**のようになりました。

図５　レールと車輪と車の土台

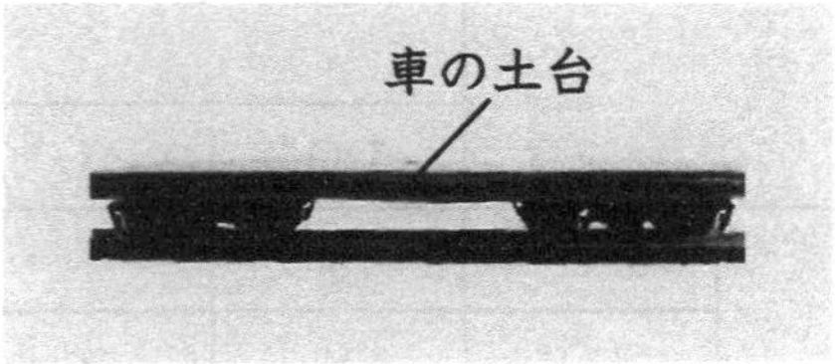

図６　ほとして使う三角柱

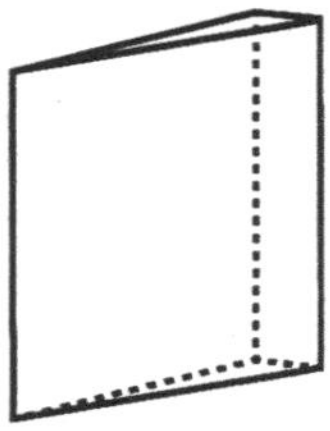

図７　車とドライヤー

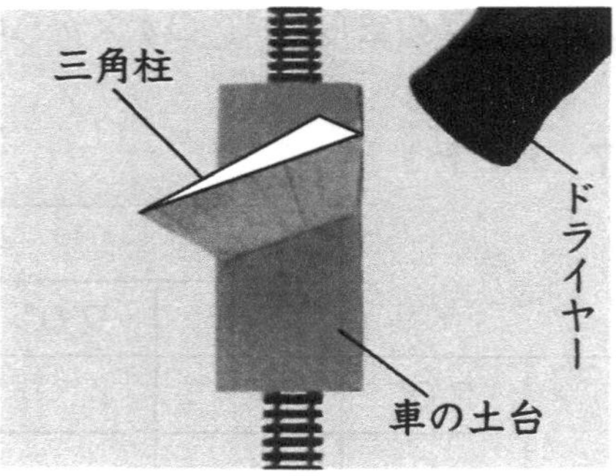

図８　**実験３**を真上から表した図

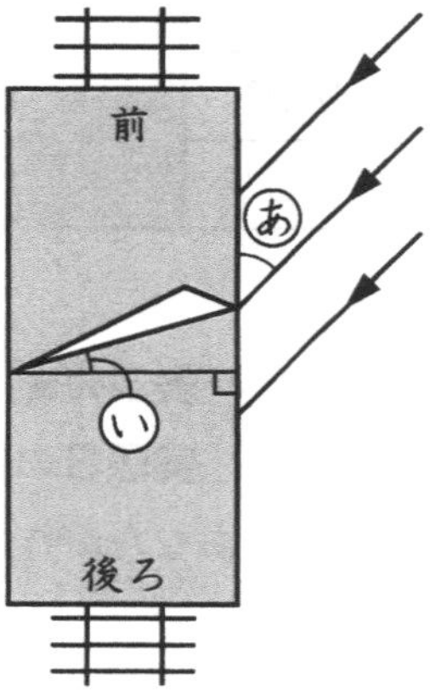

表6　実験3の結果

		㋑						
		10°	20°	30°	40°	50°	60°	70°
㋐	20°	×	×	×	×	×	×	×
	30°	×	×	×	×	×	×	×
	40°	×	×	×	×	△	△	△
	50°	×	×	×	△	○	○	○
	60°	×	×	△	○	○	○	○
	70°	×	△	○	○	○	○	○
	80°	△	○	○	○	○	○	○

花　子：風をななめ前から当てたときでも、車が前に動く場合があったね。

太　郎：車が前に動く条件は、どのようなことに注目したら分かりますか。

先　生：㋐と㋑の和に注目するとよいです。

花　子：表7の空らんに、○か×か△のいずれかの記号を入れてまとめてみよう。

表7　車の動き

		㋐と㋑の和					
		60°	70°	80°	90°	100°	110°
㋐	20°						
	30°						
	40°						
	50°						
	60°		★				
	70°						
	80°						

〔問題3〕（1）　**表7**の★に当てはまる記号を○か×か△の中から一つ選び、書きなさい。

（2）　**実験3**の結果から、風をななめ前から当てたときに車が前に動く条件を、あなたが作成した**表7**をふまえて説明しなさい。

「常識」が通じない世界を生きている。けれど、同じ地球上で進化してきた生き物だから、当然ながら共通する点も多々《たた》あるのだ。

　自分の理解が及《およ》ばないもの、自分とは異《こと》なる部分があるものを、すぐに「気味が悪い」「なんだかこわい」と締《し》めだし遠ざけようとしてしまうのは、私《わたし》の悪いところだ。ううん、人類全般《ぜんぱん》に通じる、悪いところかもしれない。本村はまたも反省した。人間に感情と思考があるからこそ生じる悪癖《あくへき》だと言えるが、「気味が悪い」「なんだかこわい」という気持ちを乗《の》り越《こ》えて、相手を真に理解するために必要なのもまた、感情と思考だろう。どうして「私」と「あなた」はちがうのか、分析《ぶんせき》し受け入れるためには理性と知性が要求される。ちがいを認《みと》めあうためには、相手を思いやる感情が不可欠だ。

　植物みたいに、脳も愛もない生き物になれれば、一番面倒《めんどう》がなくて気楽なんだけど。本村はため息をつく。思考も感情もないはずの植物が、人間よりも他者を受容し、*飄々《ひょうひょう》と生きているように見えるのはなんとも皮肉だ。

　それにしても、藤丸さんはすごい。と本村は思った。私がうだうだ考えているそばで、藤丸さんはサツマイモの葉っぱをあるがまま受け止め、イモの皮の色がそこに映《うつ》しだされていることを発見した。なんてのびやかで、でも鋭《するど》い観察眼なんだろう。きっと㋑藤丸さんは、だれかを、なにかを、「気味悪い」なんて思わないはずだ。一瞬《いっしゅん》そう感じることがあったとしても、「いやいや、待てよ」と熱心に観察し、いろいろ考えて、最終的には相手をそのまま受け止めるのだろう。おおらかで優《やさ》しいひとだから。

　*感嘆《かんたん》をこめて藤丸を見ていると、視線《しせん》に気づいた藤丸が顔を上げ、照れたように笑った。

（三浦《みうら》しをん「愛なき世界」による）

〔注〕

葉柄《ようへい》――葉の一部。柄《え》のように細くなったところ。（図1）

擬人化《ぎじんか》して――人間以外のものを人間と同じに見立てて。

隔絶《かくぜつ》した――かけはなれた。

微塵《みじん》も――すこしも。

葉脈――葉の根もとからこまかく分かれ出て、水分や養分の通路となっている筋《すじ》。（図2）

最前――さきほど。さっき。

飄々《ひょうひょう》と――こだわりをもたず、自分のペースで。

感嘆《かんたん》をこめて――感心し、ほめたたえたいような気持ちになって。

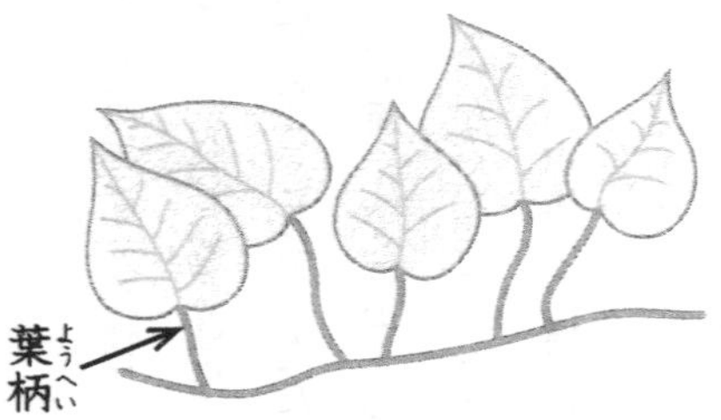

図1

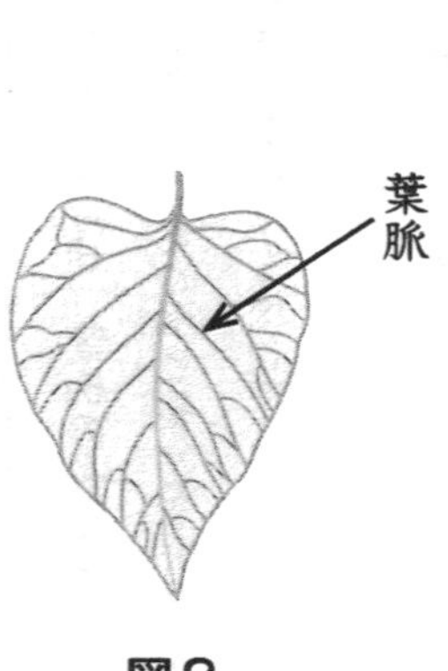

図2

1 次の **文章1** と **文章2** とを読み、あとの問題に答えなさい。
（＊印の付いている言葉には、本文のあとに〔注〕があります。）

文章1

T大学で植物学の研究をしている本村紗英《もとむらさえ》は、研究室の仲間や出入りの洋食店店員である藤丸陽太《ふじまるようた》とともに、構内の植え込《こ》みの一角に植えられているサツマイモの収穫《しゅうかく》を手伝うことになった。自分もこれまで何度となく目にしていた植え込みにサツマイモが植えられているとは思いもしなかったことに気づき、本村はもっと植物というものに敏感《びんかん》にならなければ、と考える。

反省した本村《もとむら》は、しゃがみこんで植え込《う》みのサツマイモの葉を眺《なが》めた。地表に近い場所で、大小の葉が一生懸命《いっしょうけんめい》に太陽へ顔を向けている。ひしめきあいながらも、互《たが》いの邪魔《じゃま》にならぬようにということなのか、＊葉柄《ようへい》の長さはさまざまだ。長い葉柄を持ち、周囲の葉から飛びだしたもの。葉柄は短いけれど、ほかの葉のあいだからうまく顔を覗《のぞ》かせているもの。

けなげだ、とつい＊擬人化《ぎじんか》して感情移入してしまう。頭がいいなあ、と感心もする。植物に脳《のう》はないから、頭もお尻《しり》もないわけだが、それでもうまく調和して、生存《せいぞん》のための工夫《くふう》をこらす。人間よりもよっぽど頭がいいなと思うことしきりだ。

だが、植物と人間のあいだの断絶も感じる。本村は人間だから、なんとなく人間の理屈《りくつ》や感情に引きつけて、植物を解釈《かいしゃく》しようとする癖《くせ》が抜《ぬ》けない。けれど、脳も感情もない植物は、本村のそんな思惑《おもわく》とはまったく＊隔絶《かくぜつ》したところで、ただ淡々《たんたん》と葉を繁《しげ》らせ、葉柄の長さを互いに調節し、地中深くへと根をのばす。より多く光と水と養分を取りこみ、次代に命をつなぐために。言葉も表情も身振《みぶ》りも使わずに、人間には推《お》し量《はか》りきれない複雑な機構を稼働《かどう》させて。

そう考えると、どれだけ望んでも本村には永遠に理解できない、気味悪く得体《えたい》の知れぬ生き物のように、植物が思われてくるのだった。サツマイモの葉っぱのほうは、本村が「ちょっとこわいな」と思っていることなど、もちろんまるで感知していないだろう。これからイモを掘《ほ》られるとは＊微塵《みじん》も予想せず、この瞬間《しゅんかん》も元気に光合成を行っている様子だ。

本村とは少し距離《きょり》を置き、㋐藤丸《ふじまる》もしゃがんでサツマイモの葉を眺めていた。「うお」と藤丸が小さく声を上げたので、本村は顔をそちらに向けた。

「葉っぱの筋《すじ》がサツマイモの皮の色してる。すげえ」

藤丸は独り言のようにつぶやき、よりいっそう葉に顔を近づけて、何枚《なんまい》かを熱心に見比べている。

本村は手もとの葉を改めて眺めた。言われてみれば、たしかに。ハート型の葉に張りめぐらされた＊葉脈は、ほのかな臙脂色《えんじいろ》だった。「こういう色のイモが、土のなかで育ってますよ」と予告するみたいに。

血管のような葉脈を見ていたら、＊最前感じた気味の悪さは薄《うす》らいだ。たしかに植物は、ひととはまったくちがう仕組みを持っている。人間の

問題は次のページからです。

②

適性検査Ⅰ

注意

1 問題は 1 のみで、**5ページ**にわたって印刷してあります。
2 検査時間は**四十五分**で、終わりは**午前九時四十五分**です。
3 声を出して読んではいけません。
4 答えは全て解答用紙に明確に記入し、**解答用紙だけを提出しなさい。**
5 答えを直すときは、きれいに消してから、新しい答えを書きなさい。
6 **受検番号**を解答用紙の決められたらんに記入しなさい。

東京都立大泉高等学校附属中学校

〈問題1〉　㋐個性　とありますが、これは、**文章2**　ではどのような形で表れていますか。会話文以外の部分から、五字以上十字以内でぬき出しなさい。

〈問題2〉　㋑今度は変な音が出た。　とありますが、それはなぜですか。十五字以上二十字以内で説明しなさい。ただし、**文章1**　の表現も用いること。

〈問題3〉　**文章2**　のお稽古《けいこ》の場面では、**文章1**　の「知る、好む、楽しむ」のどの段階《だんかい》まで表されていると言えるでしょうか。あなたの考えを四百字以上四百四十字以内で書きなさい。ただし、次の条件と下の〈**きまり**〉にしたがうこと。

条件　次の三段落構成《さんだんらくこうせい》にまとめて書くこと

① 第一段落では、「知る」、「好む」、「楽しむ」のどの段階まで表されていると考えるか、自分の意見を明確に示す。

② 第二段落では、「①」の根拠《こんきょ》となる箇所《かしょ》を　**文章2**　から具体的に示し、**文章1**　と関係付けて説明する。

③ 第三段落では、「①」で示したものとはちがう段階だと考える人にも分かってもらえるよう、その人の考え方を想像してそれにふれながら、あなたの考えを筋道《すじみち》立てて説明する。

〈**きまり**〉

○題名は書きません。

○最初の行から書き始めます。

○各段落《だんらく》の最初の字は一字下げて書きます。

○行をかえるのは、段落をかえるときだけとします。

○、や。や」などもそれぞれ字数に数えます。これらの記号が行の先頭に来るときには、前の行の最後の字と同じますめに書きます（ますめの下に書いてもかまいません）。

○。と」が続く場合には、同じますめに書いてもかまいません。この場合、。」で一字と数えます。

○段落をかえたときの残りのますめは、字数として数えます。

○最後の段落の残りのますめは、字数として数えません。

「とても素直な音ですね」

先生の言葉にうれしくなってしまい、もっと鳴らそうと思うと、㋑今度は変な音が出た。

「今度はちょっと欲張《よくば》ってきましたね」

音でなんでもわかってしまうのだなと恥ずかしくなった。

「ありがとうございました」

お稽古《けいこ》の最後に、敬意《けいい》を込《こ》めて先生に深く頭を下げた。お礼の言葉は日常でも使っているが、先生に向かって、「学ばせてくださってありがとうございました」という気持ちを込めて発するその言葉は、普段《ふだん》とは意味合いが違っていた。

その夜はずっと鼓のことを考えていた。ぽーんと気持ちよく鳴った音だけではなく、先生の言葉に込められた「日本らしさ」ということ。鼓を触ったことのない人間が、今日一人減って、それが私だということ。

短い時間だったけれど、私の中に何かが宿った気がした。思った以上に忘《わす》れられない経験として、自分の中に刻まれていた。

鼓から飛んでいった私だけの「音」の感覚が、今も身体に残っている。ぽーん、と響いた、私だけの音。あの音にもう一度会いたいと、東京に戻《もど》った今も、たまに手首をぶらぶらさせながら想《おも》い続けている。

（村田沙耶香《むらたさやか》「となりの脳《のう》世界」朝日新聞出版による）

〔注〕

小鼓《こつづみ》――日本の伝統的な打楽器の一つ。（図1）

謡《うたい》――日本の古典的芸能の一つである能楽の歌詞《かし》をうたうこと。

お能――能楽。室町《むろまち》時代《じだい》に完成した。

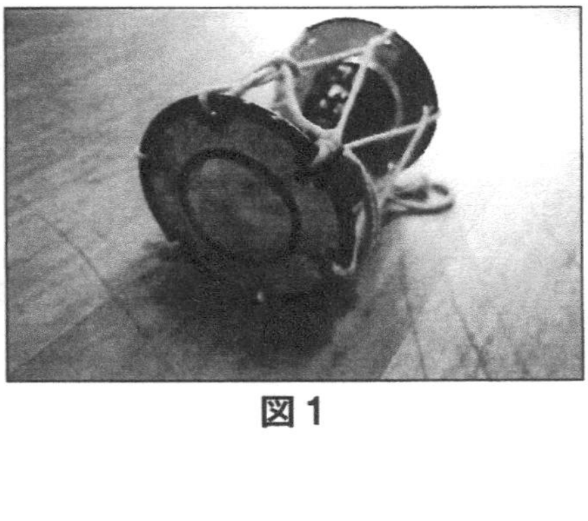

図1

息を吸《す》い込《こ》んで打つと、ぽん、という音がもっと大きくなった。

「村田さんらしい鼓の音というのが必ずあって、同じ道具を打っても人によって違う音が出ます。ここにいらっしゃる方がそれぞれ手に取ったら、それぞれ違う音が出ます」

上手《じょうず》な人はみんな完璧《かんぺき》な音を打っていて、それは同じ音色なのだろうと勝手に想像していたので、驚くと同時に、自分らしい音とはどんな音なのか、と胸《むね》が高鳴った。

「今、村田さんが打った鼓を、何もすることなしに私が打ってみます」

先生が打つと、美しい響《ひび》きに、部屋の空気がびりびりと気持ちよく震えた。凛《りん》とした振動に呼応《こおう》して、部屋の空気が変化して一つの世界として完成された感覚があった。

「鼓には五種類の音があります」

説明をしながら先生が鼓を打つ。さっきまで自分が触っていた鼓から、魔法のように複雑に、いろいろな音が飛び出す。

「今日みたいに湿気《しっけ》がある日は、小鼓にとってはとってもいい日なんです」

たまたま来た日がよく音が出る日だという偶然《ぐうぜん》が、なんだか自分が小鼓とご縁《えん》があったみたいでうれしくなった。

今度は掛《か》け声《ごえ》をかけて鼓を打ってみた。

「掛け声も音の一つです」

少し恥《は》ずかしかったが、自分の身体も楽器の一つだと思うと、少し勇気が出た。先生の*謡《うたい》に合わせて、

「よー」

と掛け声を出し、ぽん、と打った。もっと大きく響かせたいと思っても、なかなかお腹《なか》から力が出なかった。声に気をとられて、鼓の音もまた間抜けになってしまった。

「音が出ないのも楽しさの一つです。少しのアドバイスで音が鳴るようになります、素直《すなお》な人ほどぽんと鳴ります」

先生の言葉に、とにかく素直に！　としっかり心に刻《きざ》み付《つ》けた。

「村田さんが来てくれて一番の喜びは、これで鼓を触ったことがない人が一人減ったということです。日本の楽器なのに、ドレミは知っていても小鼓のことはわからないという人が多い。鼓を触ったことのない人が減っていくというのが、自分の欲《よく》というか野望です」

先生の中にごく自然に宿っている言葉が、何気なくこちらに渡《わた》されてくる。先生の言葉も、鼓と同じように、生徒によって違う音で鳴るのだろうと感じた。

「*お能の世界は非日常の世界なのですけれど、やはり日常に全て通じているんです」

最後にもう一度、鼓を構えて音を鳴らした。

とにかく素直に、素直に、と自分に言い聞かせて、身体の全部を先生の言葉に任せるような感覚で、全身から力を抜いた。

ぽん！

今日、自分ひとりで出した中で一番の大きな音が、鼓からぽーんと飛んでいった。

文章2

以前からあこがれのあった小鼓《こつづみ》を京都で習ってみることになった筆者は、着物をきちんと着付けてもらい、緊張《きんちょう》しながらお稽古《けいこ》の場にのぞんだ。

いよいよ部屋を移動して＊小鼓《こつづみ》に触《さわ》ってみることになった。

「まずは簡単《かんたん》に小鼓について説明します。鼓は馬の皮でできておりまして、表と裏《うら》があります。桜の木でできた胴《どう》という部分があり、麻《あさ》の紐《ひも》を縦《たて》と横に組み合わせただけの打楽器です」

目の前に小鼓を置いていただくと、「本物だあ」という無邪気《むじゃき》な感動があった。

「構えると打撃面《だげきめん》が見えないというのが、小鼓の特徴《とくちょう》です」

打撃面が見えない、というのがどういうことなのか咄嗟《とっさ》には理解できないまま頭の中で必死にメモをとる。

「まずは固定観念なしでいっぺん打っていただきます」

とはいえ、どう持っていいのかもわからない。手をこうやって、親指はこの形にして、くるりとまわして、と言われるままにおそるおそる小鼓を持ち上げて、右肩《みぎかた》に掲《かか》げた。

「イメージ通りに打ってみてください」

勢いよく腕《うで》を振《ふ》って、小鼓を手のひらでばしりと叩《たた》いた。テレビなどでよく見る映像《えいぞう》の真似《まね》っこだ。イメージと勢いに反して、ぺん、という間抜《まぬ》けな音が出た。

「いろいろやってみてください」

何度打っても、ぺん、ぱん、という、机《つくえ》を叩いているような間の抜《ぬ》けた音しか出ない。

打撃面が見えない、という意味が打ってみてわかった。自分の手のひらがどんな動きをしているのか、鼓のどの辺を打っているのか自分ではわからないのだ。

「案外、鳴らないものでしょう」

先生の言葉に、「はい」としみじみ頷《うなず》いた。

じゃあ、と、先生が姿勢《しせい》と持ち方を正してくださった。

「手をぶらぶらにして」

言われた通りに手首から力を抜く。先生が腕をもって一緒《いっしょ》に打ってくださった。

ぽん！　ぽん！

さっきとは比べ物にならない大きな音が出て驚《おどろ》いた。周りの空気がぶるぶる震《ふる》える感じがする。騒音《そうおん》の振動《しんどう》とはまったく違《ちが》う、部屋の空気がびりっと引《ひ》き締まるような震えだ。

「鼓はいかに力を抜くことができるかということが大事です。鼓は、実はこの打った面ではなく、こっちの後ろから音が出ていきます。ちょっと私《わたし》の言うことを聞いていただけると、すぐ鳴るんです」

本当にその通りで、魔法《まほう》みたいだったので、感動して何度も「はい！」と頷いた。

「息を吸《す》ったり吐《は》いたりすると、もっといい音が出ます。吸う、ぽん」

適 性 検 査 Ⅱ

注　　意

1　問題は［1］から［3］までで、**１２ページ**にわたって印刷してあります。

2　検査時間は**４５分**で、終わりは**午前１１時１０分**です。

3　声を出して読んではいけません。

4　計算が必要なときは、この問題用紙の余白を利用しなさい。

5　答えは全て解答用紙に明確に記入し、**解答用紙だけを提出しなさい。**

6　答えを直すときは、きれいに消してから、新しい答えを書きなさい。

7　**受検番号**を解答用紙の決められたらんに記入しなさい。

東京都立大泉高等学校附属中学校

問題は次のページからです。

問題を解くときに、問題用紙や解答用紙、ティッシュペーパーなどを実際に折ったり切ったりしてはいけません。

１　**花子**さん、**太郎《たろう》**さん、**先生**が、２年生のときに習った九九の表を見て話をしています。

花　子：２年生のときに、１の段《だん》から９の段までを何回もくり返して覚えたね。
太　郎：九九の表には、たくさんの数が書かれていて、規則がありそうですね。
先　生：どのような規則がありますか。
花　子：９の段に出てくる数は、一の位と十の位の数の和が必ず９になっています。
太　郎：そうだね。９も十の位の数を０だと考えれば、和が９になっているね。
先　生：ほかには何かありますか。

表１

	1	2	3	4	5	6	7	8	9
1	1	2	3	4	5	6	7	8	9
2	2	4	6	8	10	12	14	16	18
3	3	6	9	12	15	18	21	24	27
4	4	8	12	16	20	24	28	32	36
5	5	10	15	20	25	30	35	40	45
6	6	12	18	24	30	36	42	48	54
7	7	14	21	28	35	42	49	56	63
8	8	16	24	32	40	48	56	64	72
9	9	18	27	36	45	54	63	72	81

太　郎：**表１**のように４個の数を太わくで囲むと、左上の数と右下の数の積と、右上の数と左下の数の積が同じ数になります。
花　子：４×９＝３６、６×６＝３６で、確かに同じ数になっているね。

先　生：では、**表2**のように６個の数を太わくで囲むと、太わくの中の数の和はいくつになるか考えてみましょう。

表2

＼	1	2	3	4	5	6	7	8	9
1	1	2	3	4	5	6	7	8	9
2	2	4	6	8	10	12	14	16	18
3	3	6	9	12	15	18	21	24	27
4	4	8	12	16	20	24	28	32	36
5	5	10	15	20	25	30	35	40	45
6	6	12	18	24	30	36	42	48	54
7	7	14	21	28	35	42	49	56	63
8	8	16	24	32	40	48	56	64	72
9	9	18	27	36	45	54	63	72	81

花　子：６個の数を全て足したら、２７３になりました。

先　生：そのとおりです。では、同じように囲んだとき、６個の数の和が１３５になる場所を見つけることはできますか。

太　郎：６個の数を全て足せば見つかりますが、大変です。何か規則を用いて探《さが》すことはできないかな。

花　子：規則を考えたら、６個の数を全て足さなくても見つけることができました。

〔問題１〕　６個の数の和が１３５になる場所を一つ見つけ、解答らんの太わくの中にその６個の数を書きなさい。

　また、花子さんは「規則を考えたら、６個の数を全て足さなくても見つけることができました。」と言っています。６個の数の和が１３５になる場所をどのような規則を用いて見つけたか、**図１**の**A**から**F**までを全て用いて説明しなさい。

図1

A	B	C
D	E	F

先　生：九九の表（**表3**）は、1から9までの2個の数をかけ算した結果を表にしたものです。ここからは、1けたの数を4個かけて、九九の表にある全ての数を表すことを考えてみましょう。次の**〔ルール〕**にしたがって、考えていきます。

表3　九九の表

	1	2	3	4	5	6	7	8	9
1	1	2	3	4	5	6	7	8	9
2	2	4	6	8	10	12	14	16	18
3	3	6	9	12	15	18	21	24	27
4	4	8	12	16	20	24	28	32	36
5	5	10	15	20	25	30	35	40	45
6	6	12	18	24	30	36	42	48	54
7	7	14	21	28	35	42	49	56	63
8	8	16	24	32	40	48	56	64	72
9	9	18	27	36	45	54	63	72	81

〔ルール〕

(1)　立方体を4個用意する。

(2)　それぞれの立方体から一つの面を選び、「●」を書く。

(3)　**図2**のように全ての立方体を「●」の面を上にして置き、左から順に**ア**、**イ**、**ウ**、**エ**とする。

図2

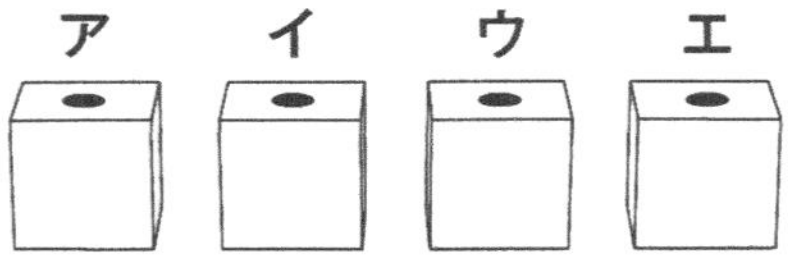

(4)　「●」の面と、「●」の面に平行な面を底面とし、そのほかの4面を側面とする。

(5)　「●」の面に平行な面には何も書かない。

(6)　それぞれの立方体の全ての側面に、1けたの数を1個ずつ書く。
ただし、数を書くときは、**図3**のように数の上下の向きを正しく書く。

図3

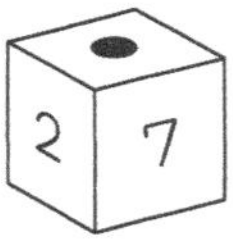

(7)　**ア**から**エ**のそれぞれの立方体から側面を一つずつ選び、そこに書かれた4個の数を全てかけ算する。

先　生：例えば**図4**のように選んだ面に2、1、2、3と書かれている場合は、2×1×2×3＝12を表すことができます。側面の選び方を変えればいろいろな数を表すことができます。4個の数のかけ算で九九の表にある数を全て表すには、どのように数を書けばよいですか。

図4

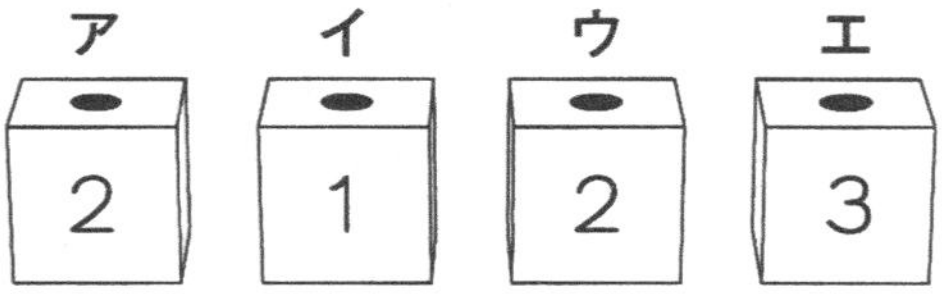

太　郎：４個の立方体の全ての側面に１個ずつ数を書くので、全部で１６個の数を書くことになりますね。

花　子：１けたの数を書くとき、同じ数を何回も書いてよいのですか。

先　生：はい、よいです。それでは、やってみましょう。

太郎さんと花子さんは、立方体に数を書いてかけ算をしてみました。

太　郎：先生、側面の選び方をいろいろ変えてかけ算をしてみたら、九九の表にない数も表せてしまいました。それでもよいですか。

先　生：九九の表にある数を全て表すことができていれば、それ以外の数が表せてもかまいません。

太　郎：それならば、できました。

花　子：私《わたし》もできました。私は、立方体の側面に１から７までの数だけを書きました。

〔問題２〕**〔ルール〕**にしたがって、**ア**から**エ**の立方体の側面に１から７までの数だけを書いて、九九の表にある全ての数を表すとき、側面に書く数の組み合わせを１組、解答らんに書きなさい。ただし、使わない数があってもよい。

　また、**ア**から**エ**の立方体を、**図５**の展開図《てんかいず》のように開いたとき、側面に書かれた４個の数はそれぞれどの位置にくるでしょうか。数の上下の向きも考え、解答らんの展開図に４個の数をそれぞれ書き入れなさい。

図５　展開図《てんかいず》

ア

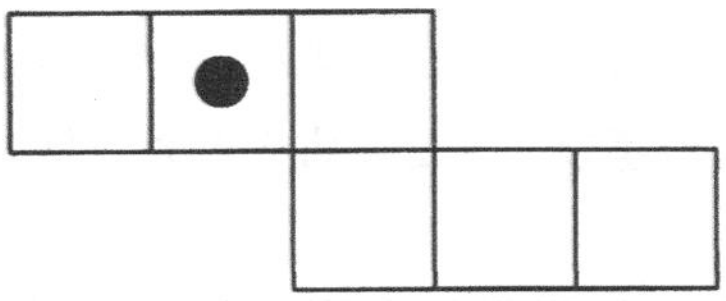

イ

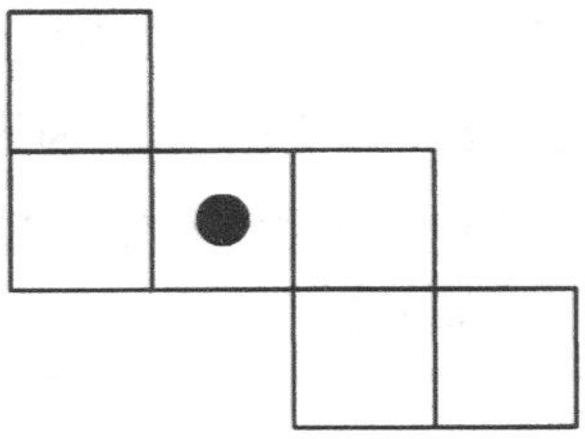

ウ

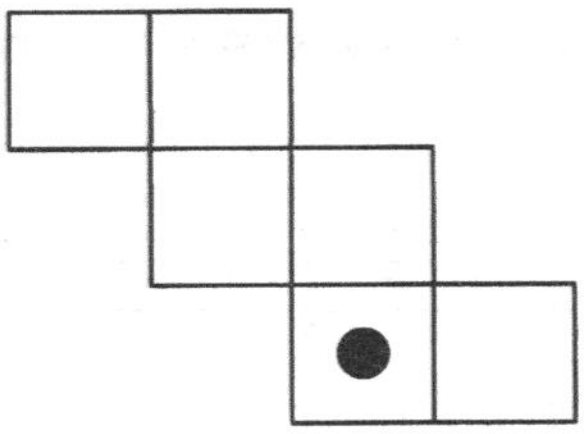

エ

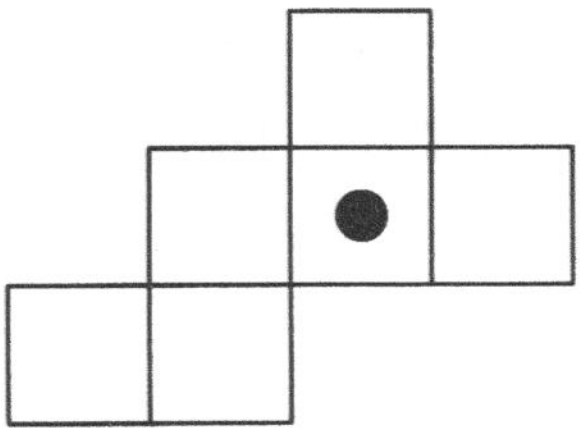

2　**太郎**《たろう》さんと**花子**さんは、木材をテーマにした調べ学習をする中で、**先生**と話をしています。

太　郎：社会科の授業で、森林は、主に天然林と人工林に分かれることを学んだね。

花　子：天然林は自然にできたもので、人工林は人が植林して育てたものだったね。

太　郎：調べてみると、日本の森林面積のうち、天然林が約５５％、人工林が約４０％で、残りは竹林などとなっていることが分かりました。

先　生：人工林が少ないと感じるかもしれませんが、世界の森林面積にしめる人工林の割合《わりあい》は１０％以下ですので、それと比べると、日本の人工林の割合は高いと言えます。

花　子：昔から日本では、生活の中で、木材をいろいろな使い道で利用してきたことと関係があるのですか。

先　生：そうですね。木材は、建築材料をはじめ、日用品や燃料など、重要な資源《しげん》として利用されてきました。日本では、天然林だけでは木材資源を持続的に得ることは難《むずか》しいので、人が森林を育てていくことが必要だったのです。

太　郎：それでは、人工林をどのように育ててきたのでしょうか。

先　生：**図１**は、人工林を育てる森林整備サイクルの例です。

図１　人工林を育てる森林整備サイクルの例

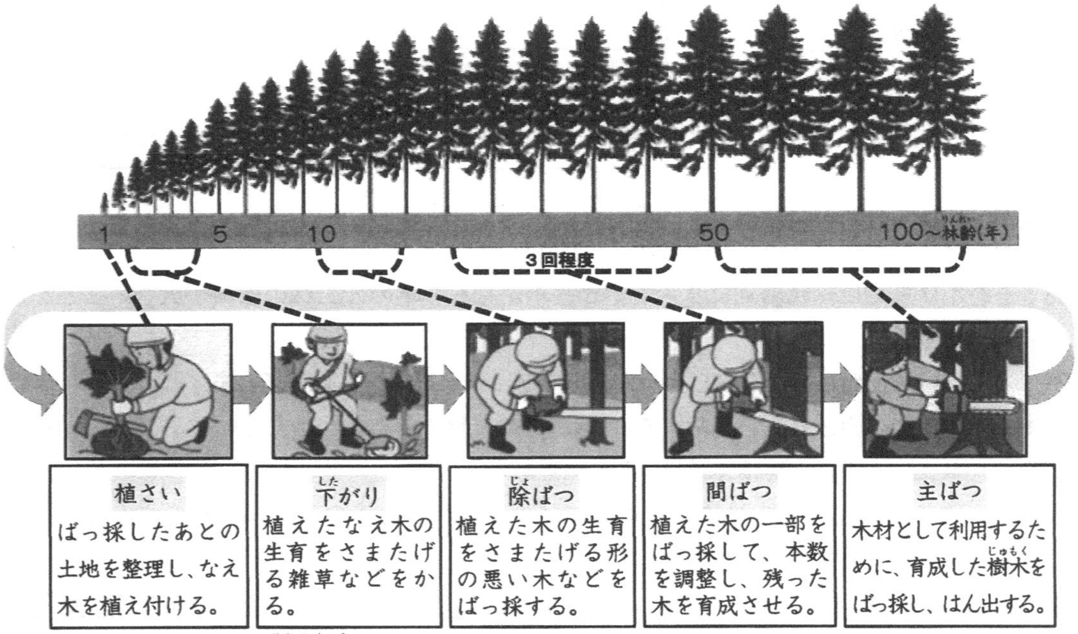

（林野庁《りんやちょう》「森林・林業・木材産業の現状と課題」より作成）

先　生：これを見ると、なえ木の植え付けをしてから、木材として主ばつをするまでの木の成長過程と、植え付けてからの年数、それにともなう仕事の内容が分かりますね。一般的《いっぱんてき》に、森林の年齢《ねんれい》である林齢《りんれい》が、５０年を経過した人工林は、太さも高さも十分に育っているため、主ばつに適していると言われます。

花　子：今年植えたなえ木は、５０年後に使うことを考えて、植えられているのですね。

先　生：人工林を育てるには、長い期間がかかることが分かりましたね。次は、これを見てください。

図2　人工林の林齢《りんれい》別面積の構成

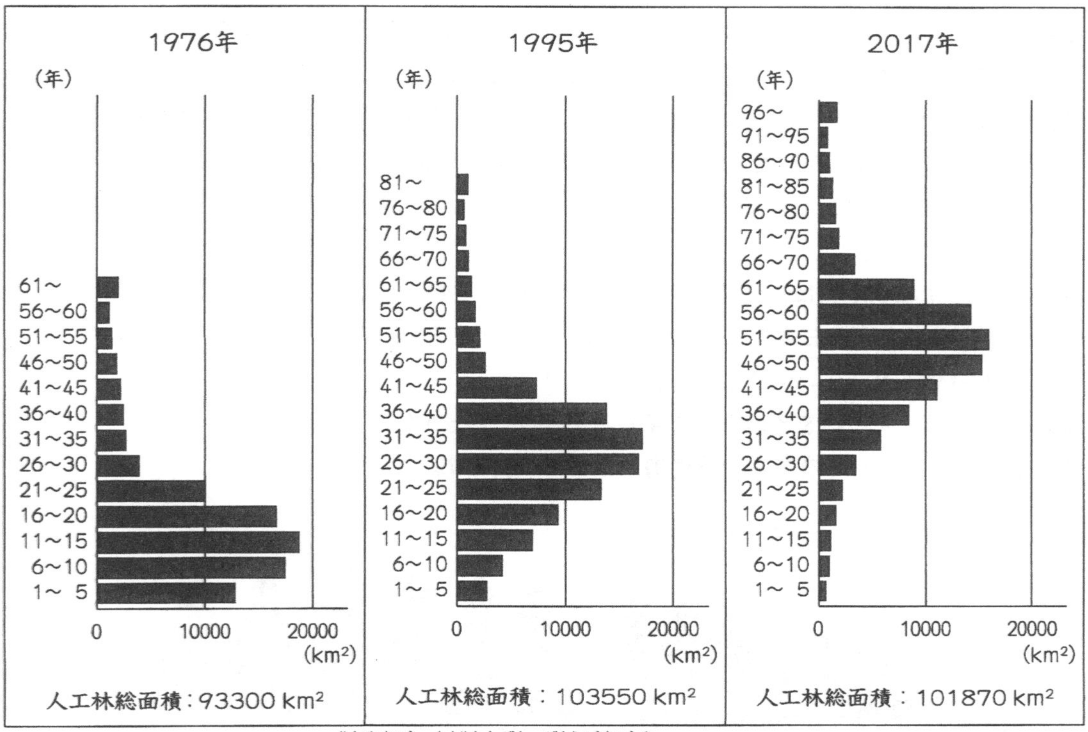

（林野庁《りんやちょう》「森林資源《しんりんしげん》の現況《げんきょう》調査《ちょうさ》」より作成）

先　生：図2は、人工林の林齢別面積の移り変わりを示しています。

太　郎：２０１７年では、林齢別に見ると、４６年から６０年の人工林の面積が大きいことが分かります。

花　子：人工林の総面積は、１９９５年から２０１７年にかけて少し減っていますね。

先　生：日本の国土の約３分の２が森林で、森林以外の土地も都市化が進んでいることなどから、これ以上、人工林の面積を増やすことは難しいのです。

太　郎：そうすると、人工林を維持《いじ》するためには、主ばつした後の土地に植林をする必要があるということですね。

先　生：そのとおりです。では、これらの資料から、<u>２０年後、４０年後といった先を予想してみると、これからも安定して木材を使い続けていく上で、どのような課題があると思いますか。</u>

〔問題１〕　先生は「<u>２０年後、４０年後といった先を予想してみると、これからも安定して木材を使い続けていく上で、どのような課題があると思いますか。</u>」と言っています。持続的に木材を利用する上での課題を、これまでの会話文や**図１**の人工林の林齢と成長に着目し、**図２**から予想される人工林の今後の変化にふれて書きなさい。

適性検査Ⅲ

注　意

1　問題は **1** から **2** までで、**４ページ**にわたって印刷してあります。

2　検査時間は**４５分**で、終わりは**午後０時３５分**です。

3　声を出して読んではいけません。

4　計算が必要なときは、この問題用紙の余白を利用しなさい。

5　答えは全て解答用紙に明確に記入し、**解答用紙だけを提出しなさい。**

6　答えを直すときは、きれいに消してから、新しい答えを書きなさい。

7　**受検番号**を解答用紙の決められたらんに記入しなさい。

東京都立大泉高等学校附属中学校

問題は次のページからです。

1 **こういち**さんと**かつのぶ**さんが話をしています。

図1

こういち：今からカードを作りたいんだけど。
かつのぶ：手伝うよ。どんなカードを作るの。
こういち：１と２と３の数字がそれぞれ一つずつ表《おもて》にだけ書かれた正方形のカードを、それぞれ同じ枚《まい》数だけ作るんだ（**図1**）。
かつのぶ：ここに、書ける線の太さのちがう３本の新しいボールペンを用意したよ。
こういち：「０．３mm」と「０．５mm」と「０．７mm」だね。
かつのぶ：どのボールペンで何枚のカードが作れるかな。
こういち：かつのぶさんが用意した、書ける線の太さのちがうボールペンについて、どれくらいの長さが書けるか分かる表を用意してみたよ（**表1**）。
かつのぶ：それぞれ何m書くと、インクが全体からどれくらい減るのかが分かるようになっているんだね。

表1

書ける線の太さ	書いた長さ	インクの減った割合《わりあい》
０．３mm	２４m	５．９%
０．５mm	３０m	４．４%
０．７mm	１５m	２．４%

かつのぶ：カードに数字の１を書くためには６．５cm、２を書くためには１９．７cm、３を書くためには２５．１cmの長さがそれぞれ必要になるみたいだよ。
こういち：ではボールペンを使って、カードを作ろうかな。
かつのぶ：私《わたし》は、こういちさんとは別の、書ける線の太さがちがうボールペンを使って書こうかな。

〔問題１〕　かつのぶさんが用意したボールペンのうち１本を使って、１と２と３が書かれた正方形のカードをそれぞれ同じ枚《まい》数用意する。このとき、１と２と３の数字が書かれた正方形のカードを合わせて最大で何枚作れるか、「０．３mm」、「０．５mm」、「０．７mm」のうち二つを選び、〇で囲み、それぞれについて答えなさい。

こういち：さっきからカードを作っているのだけれども、どんどん机《つくえ》の上がふさがってきて、書ける場所がなくなってしまったよ。

かつのぶ：仕方ないから、かべにあてて書いてみるしかなさそうだね。

こういち：何とかうまく書けたよ。

かつのぶ：そういえば、ボールペンは上向きにはうまく書けなくなるんだって。

こういち：本当かい。ためしてみよう。

かつのぶ：やっぱり途中《とちゅう》でインクが出なくなって、書けなくなるね。

こういち：どうしてなんだろう。

かつのぶ：一般的《いっぱんてき》なボールペンは、インクが落ちてくる力で、出てくるようになっているんだ。だから、上や横にボールペンを向けるとインクが出づらくなるんだよ。

こういち：それだと、大変なことにならないかな。一つ疑問《ぎもん》があるのだけれど。

かつのぶ：どうしたの、どんな疑問が出てきたのかな。

こういち：下向きなのに、
［　　　　　　　　　　］
理由はなんだろう。

図２

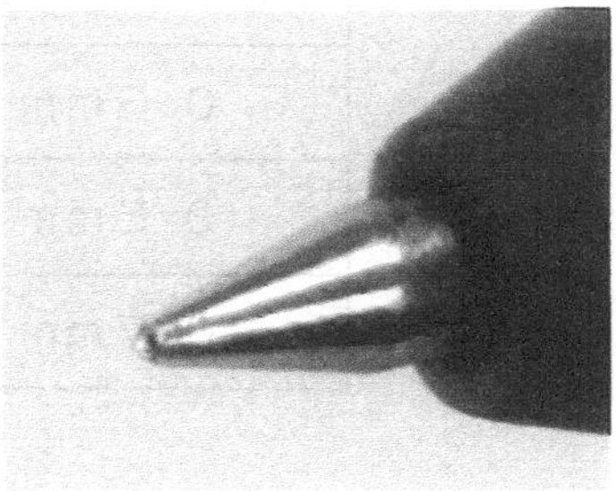

かつのぶ：それは、この写真を見てほしいんだ（**図２**）。この写真を見ると、ボールペンの先にボールがついているのが分かると思うんだ。このボールがあるから大丈夫《だいじょうぶ》なんだよ。

こういち：そうなんだ。すごく小さくて目には見えないくらいだけど、そのようなしくみがあるんだね。

〔問題２〕　こういちさんの疑問としてふさわしい文になるように、［　　　］に当てはまる言葉を１０字以内で答えなさい。ただし、そのあとのかつのぶさんとの会話文に合うようにすること。

かつのぶ：無事に全部書けたね。

こういち：手伝ってくれてありがとう。

解答用紙　適性検査Ⅰ

1

〔問題1〕

10点 ※

〔問題2〕

20点 ※

〔問題3〕

70点 ※

※

※100点満点

受検番号

得点
※

※のらんには、記入しないこと。

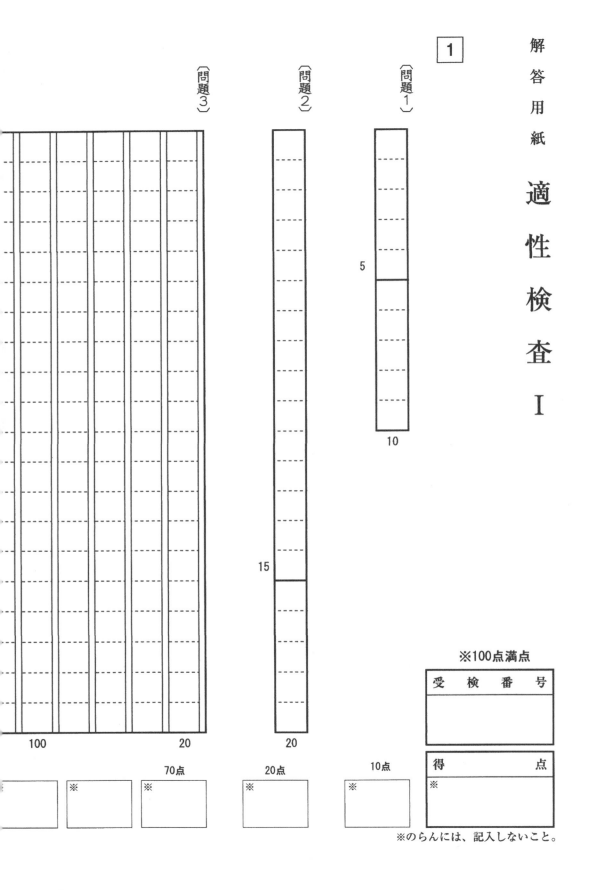

（３　大泉）

解答用紙　適性検査Ⅱ

※100点満点

受検番号

得点
※

※のらんには、記入しないこと

1

〔問題１〕　16点

〔説明〕

※

〔問題２〕　24点

〔アの側面に書く４個の数〕				〔イの側面に書く４個の数〕			

〔ウの側面に書く４個の数〕				〔エの側面に書く４個の数〕			

〔アの展開図《てんかいず》〕

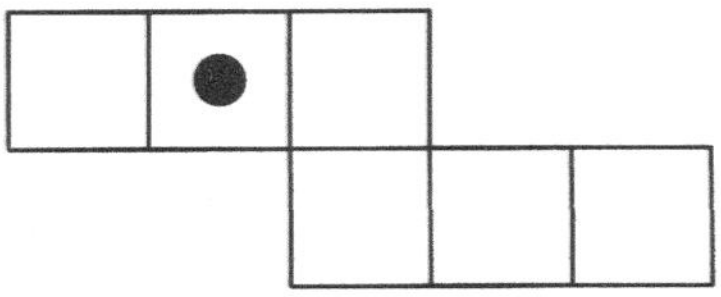

〔イの展開図〕

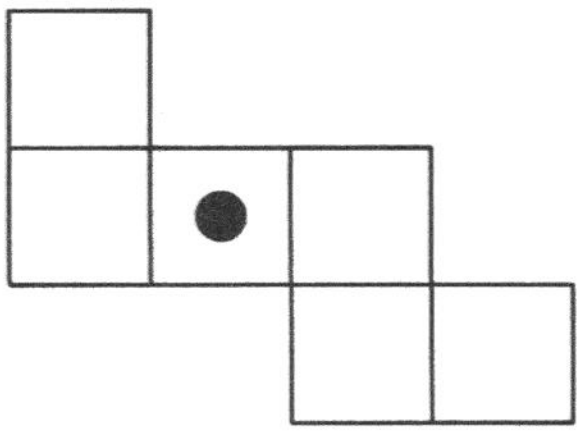

〔ウの展開図〕

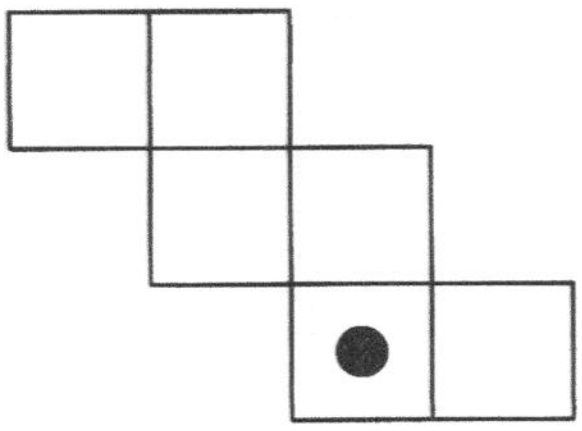

〔エの展開図〕

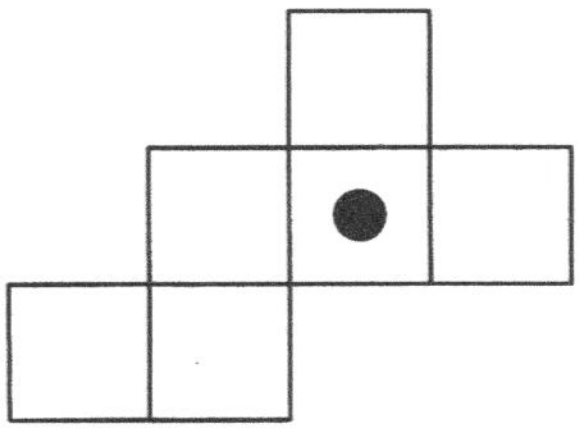

※

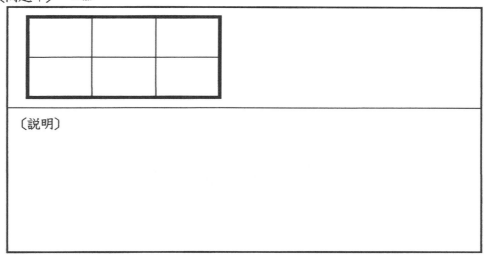

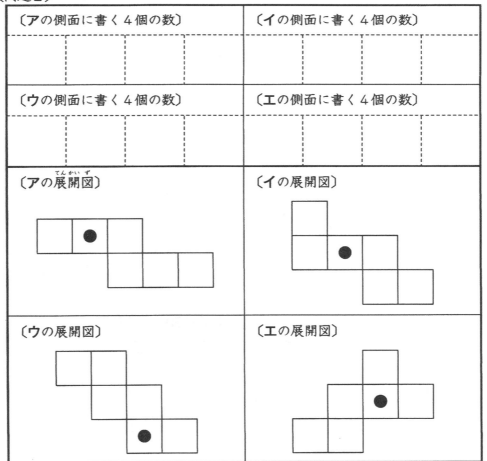

解答用紙　適性検査Ⅲ

※100点満点

受検番号	得点
	※

※のらんには、記入しないこと

1

〔問題１〕　20点

０．３ｍｍ・０．５ｍｍ・０．７ｍｍ	枚《まい》
０．３ｍｍ・０．５ｍｍ・０．７ｍｍ	枚

※

〔問題２〕　20点

下向きなのに、

理由はなんだろう。

※

2

〔問題１〕　20点

理由

※

〔問題２〕　20点

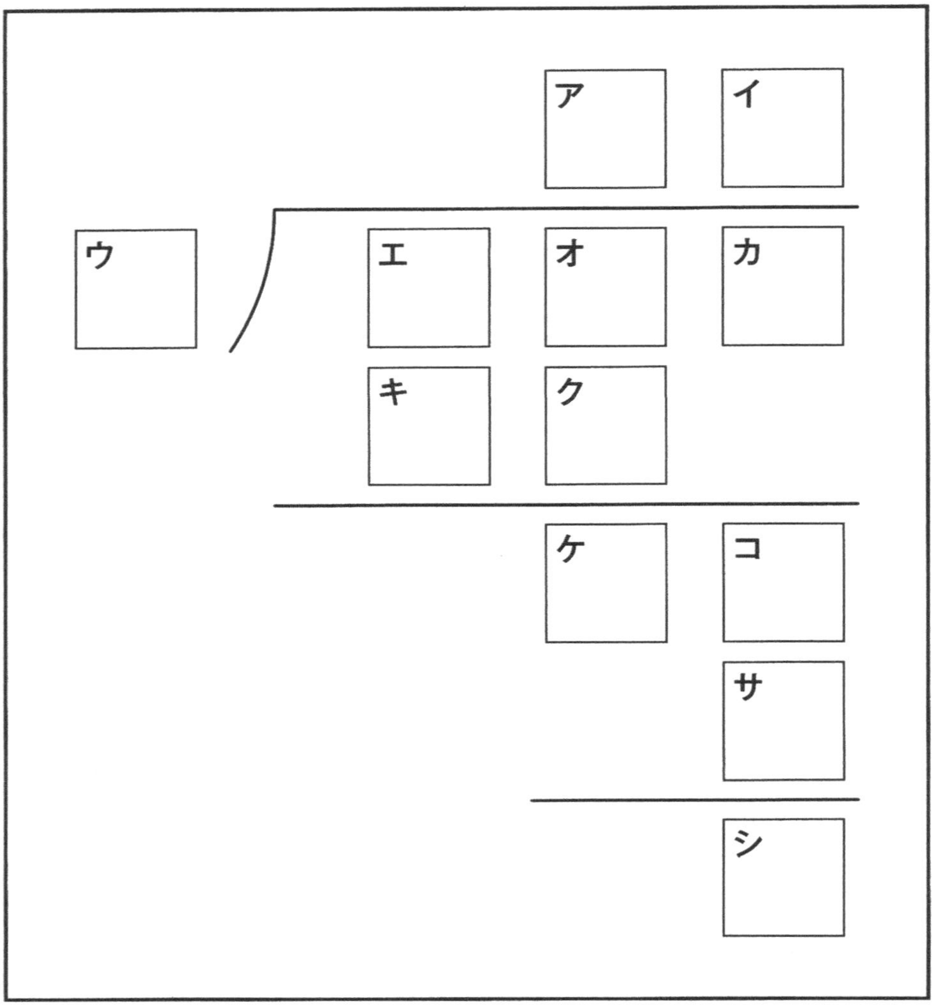

※

〔問題３〕　20点

ゆい（最大）　・　さき（最小）	

※

2

〔問題１〕　15点

※

〔問題２〕　15点

（選んだ二つを○で囲みなさい。）

図3　　**図4**　　**図5**

※

3

〔問題１〕　14点

（１）

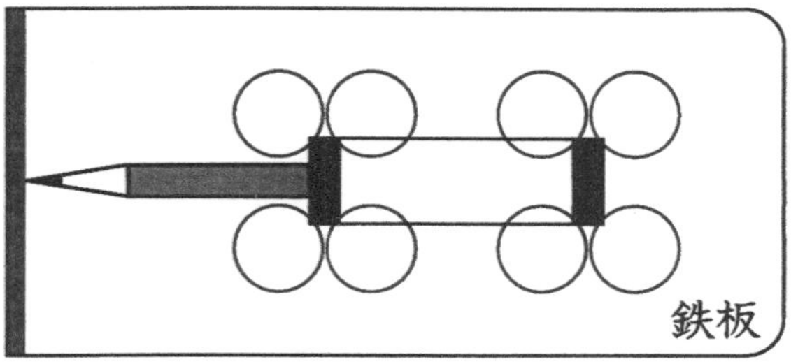

（２）

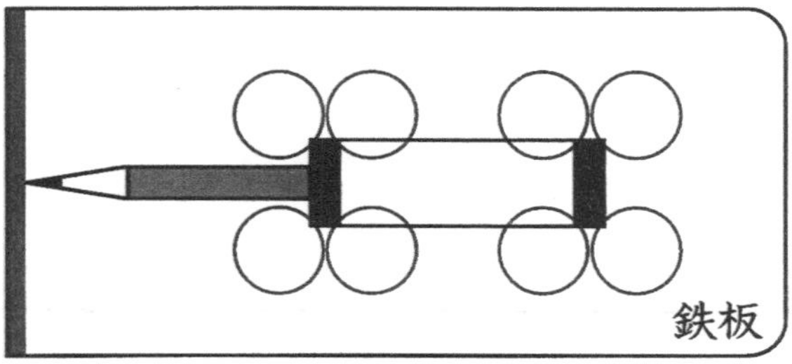

〔理由〕

※

〔問題２〕　16点

（１）　　　　　　　　　　　　個

（２）〔大きい場合〕

〔理由〕

※

（３　大泉）

440　400　300　200

※

問題を解くときに、問題用紙や解答用紙、ティッシュペーパーなどを実際に折ったり切ったりしてはいけません。

2 **ゆい**さんと**さき**さんが家で話をしています。

ゆい：弟に作ってもらった１と２と３の数字がそれぞれ一つずつ書かれた正方形のカードが、たくさん置いてあるよ。

さき：ばらばらに置いてあるね。

ゆい：１と２と３の数字がそれぞれ一つずつ書かれたカードは、それぞれ同じ枚《まい》数がある はずなんだけど、１枚なくしてしまったんだ。

さき：それは困《こま》ったね。でもカードを集めて枚数を数えなくても、どのカードをなくしてしまったか分かる方法があるよ。

ゆい：どうやったら分かるの。

さき：カードに書かれた数字を全て合計すれば分かるんだ。

〔問題１〕　ばらばらに置いてあるカードに書かれた数字を全て合計すると、なくしてしまったカードに書かれた数字が分かる。その理由を、解答らんに合うように６０字以内で書きなさい。

ゆい：この１と２と３の数字がそれぞれ一つずつ書かれたカードで何かできないかな。

さき：１と２と３の数字だけを使って、**図１**のようなわり算のひっ算をしてみよう。

図１

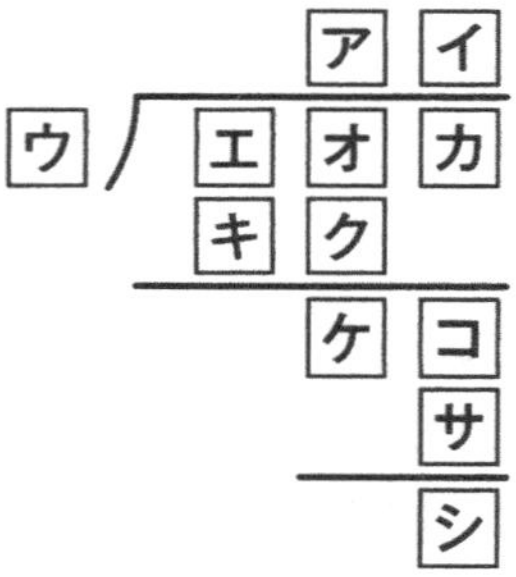

ゆい：なかなかできないね。

さき：あと少しで、できそうなんだけど。

〔問題２〕　**図１**の**ア**から**シ**に１か２か３の数字を当てはめなさい。ただし、２か所だけ当てはまりません。当てはまらない場所には、４から９までの１けたの数字を当てはめなさい。また、１と２と３の数字は何回使ってもよいこととする。

ゆい：他にも１と２と３の数字がそれぞれ一つずつ書かれたカードで何かできないかな。

さき：たくさんあるカードで立方体をいくつか作ってみよう（**図２**）（**図３**）。

図２

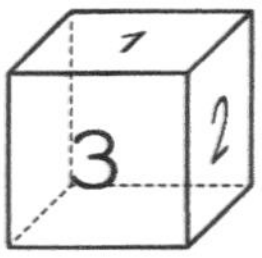

図３　（**図２の展開図《てんかいず》**）

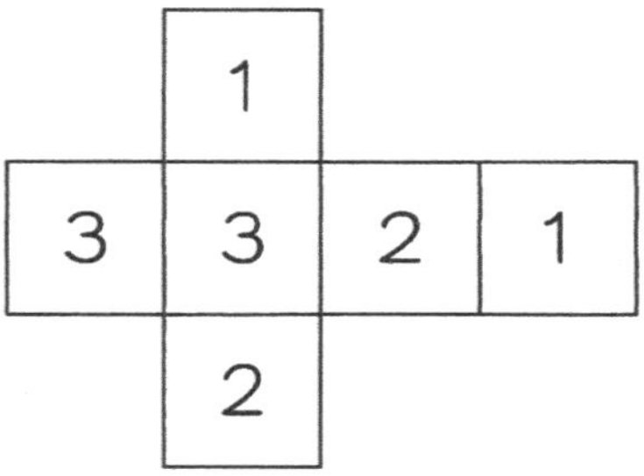

ゆい：図２の立方体を１４個も作ったよ。

さき：次は作った１４個の立方体を全て使って、**図４**のような立体を作るよ。

図４

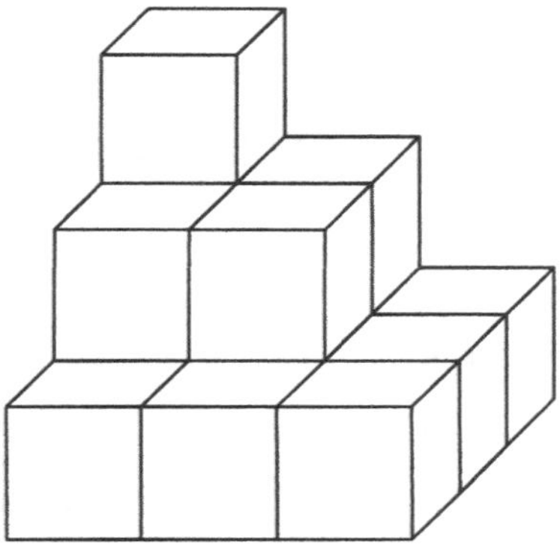

ゆい：立体の表面に書かれている数字の合計が最大になるように、**図４**のような立体を作ってみるね。

さき：では私《わたし》は、**図２**の立方体を１４個作って、立体の表面に書かれている数字の合計が最小になるように、**図４**のような立体を作ってみるね。

さき：できたよ。おたがいの数字を確認《かくにん》してみよう。

〔問題３〕　ゆいさんかさきさんが作った立体のどちらかを選び、○で囲みなさい。また、○で囲んだ人が作った**図４**の立体の表面（下の面も含《ふく》む）に書かれている数字の合計を答えなさい。

ゆい：最大と最小では何か関係性がありそうだね。

さき：おもしろそうだね。もっと考えてみたいな。

花　子：人工林の育成には、森林整備サイクルが欠かせないことが分かりました。**図1**を見ると、林齢が５０年以上の木々を切る主ばつと、それまでに３回程度行われる間ばつがあります。高さや太さが十分な主ばつされた木材と、成長《せいちょう》途中《とちゅう》で間ばつされた木材とでは、用途《ようと》にちがいはあるのですか。

先　生：主ばつされた木材は、大きな建築材として利用できるため、価格も高く売れます。間ばつされた木材である間ばつ材は、そのような利用は難しいですが、うすい板を重ねて作る合板や、紙を作るための原料、燃料などでの利用価値《りようかち》があります。

太　郎：間ばつ材は、多く利用されているのですか。

先　生：いいえ、そうともいえません。間ばつ材は、ばっ採作業や運ぱんに多くのお金がかかる割《わり》に、高く売れないことから、間ばつ材の利用はあまり進んでいないのが現状です。間ばつは、人工林を整備していく上で、必ず行わなければならないことです。間ばつ材と呼《よ》ばれてはいますが、木材であることに変わりはありません。

花　子：そうですね。間ばつ材も、重要な木材資源として活用することが、資源の限られた日本にとって大切なことだと思います。

先　生：図3は、間ばつ材を使った商品の例です。

図3　間ばつ材を使用した商品

かまぼこの板

木製のおもちゃ

太　郎：小さい商品なら、間ばつ材が使えますね。おもちゃは、プラスチック製のものをよく見ますが、間ばつ材を使った木製のものもあるのですね。

花　子：図3で取り上げられたもの以外にも、間ばつ材の利用を進めることにつながるものはないか調べてみよう。

太　郎：私《わたし》も間ばつ材に関する資料を見つけました。

図4　間ばつ材に関する活動

紙コップに印刷された間ばつ材マーク

（全国森林組合連合会　間伐材《かんばつざい》マーク事務局《じむきょく》ホームページより）

小学生向け間ばつ体験

（和歌山県観光連盟《わかやまけんかんこうれんめい》ホームページより）

太　郎：図4の間ばつ材マークは、間ばつ材を利用していると認《みと》められた製品に表示されるマークです。間ばつや、間ばつ材利用の重要性などを広く知ってもらうためにも利用されるそうです。

花　子：図4の間ばつ体験をすることで、実際に林業にたずさわる人から、間ばつの作業や、間ばつ材について聞くこともできるね。私も間ばつ材の利用を進めることに関する資料を見つけました。

図5　林業に関する資料

高性能の林業機械を使った間ばつの様子

(中部森林管理局ホームページより)

間ばつ材の運ぱんの様子

(長野森林組合《ながのしんりんくみあい》ホームページより)

花　子：木材をばっ採し運び出す方法は、以前は、小型の機具を使っていましたが、**図5**のような大型で高性能の林業機械へと変わってきています。

先　生：間ばつ材の運ぱんの様子も、**図5**をみると、大型トラックが大量の木材を運んでいることが分かります。国としても、このような木材を運び出す道の整備を推進《すいしん》しているのですよ。

太　郎：機械化が進み、道が整備されることで、効率的な作業につながりますね。

先　生：これらの資料を見比べてみると、間ばつ材についての見方が広がり、それぞれ関連し合っていることが分かりますね。

花　子：間ばつ材の利用を進めるためには、さまざまな立場から取り組むことが大切だと思いました。

〔問題2〕　花子さんは、「間ばつ材の利用を進めるためには、さまざまな立場から取り組むことが大切だと思いました。」と言っています。「**図3**　間ばつ材を使用した商品」、「**図4**　間ばつ材に関する活動」、「**図5**　林業に関する資料」の三つから二つの図を選択《せんたく》した上で、選択した図がそれぞれどのような立場の取り組みで、その二つの取り組みがどのように関連して、間ばつ材利用の促進《そくしん》につながるのかを説明しなさい。

3 **花子**さん、**太郎《たろう》**さん、**先生**が磁石《じしゃく》について話をしています。

花　子：磁石の力でものを浮《う》かせる技術が考えられているようですね。

太　郎：磁石の力でものを浮かせるには、磁石をどのように使うとよいのですか。

先　生：**図１**のような円柱の形をした磁石を使って考えてみましょう。この磁石は、一方の底面が**Ｎ**極になっていて、もう一方の底面は**Ｓ**極になっています。この磁石をいくつか用いて、ものを浮かせる方法を調べることができます。

図１　円柱の形をした磁石《じしゃく》

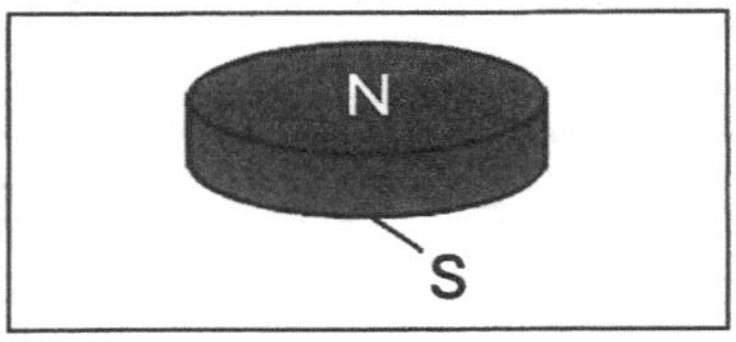

花　子：どのようにしたらものを浮かせることができるか実験してみましょう。

二人は先生のアドバイスを受けながら、次の手順で**実験１**をしました。

実験１

手順１　**図１**のような円柱の形をした同じ大きさと強さの磁石をたくさん用意する。そのうちの１個の磁石の底面に、**図２**のように底面に対して垂直《すいちょく》にえん筆を接着する。

手順２　**図３**のようなえん筆がついたつつを作るために、透明《とうめい》なつつを用意し、その一方の端《はし》に手順１でえん筆を接着した磁石を固定し、もう一方の端に別の磁石を固定する。

手順３　**図４**のように直角に曲げられた鉄板を用意し、一つの面を地面に平行になるように固定し、その鉄板の上に４個の磁石を置く。ただし、磁石の底面が鉄板につくようにする。

手順４　鉄板に置いた４個の磁石の上に、手順２で作ったつつを**図５**のように浮かせるために、えん筆の先を地面に垂直な鉄板の面に当てて、手をはなす。

手順５　鉄板に置いた４個の磁石の表裏《おもてうら》や位置を変えて、つつを浮かせる方法について調べる。ただし、上から見たとき、４個の磁石の中心を結ぶと長方形になるようにする。

図２　磁石とえん筆

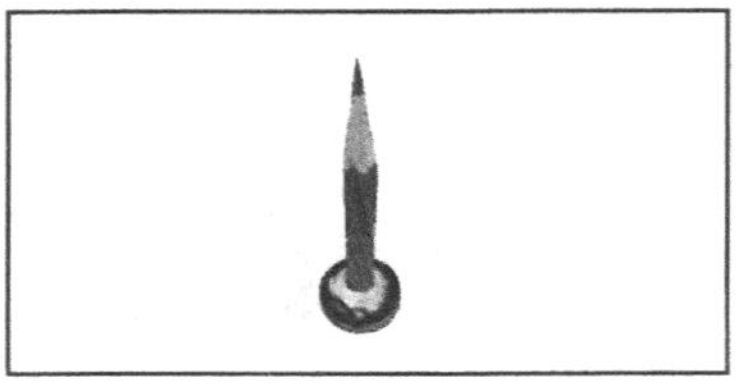

図３　えん筆がついたつつ

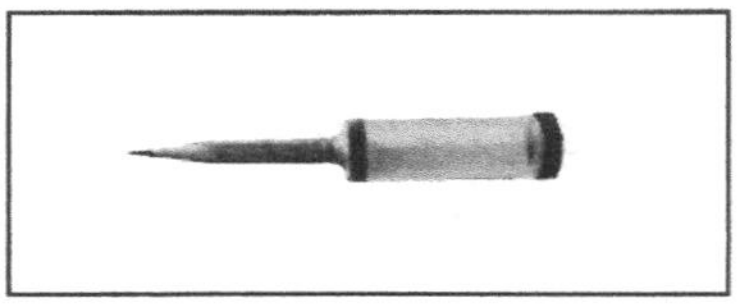

図４　鉄板と磁石４個

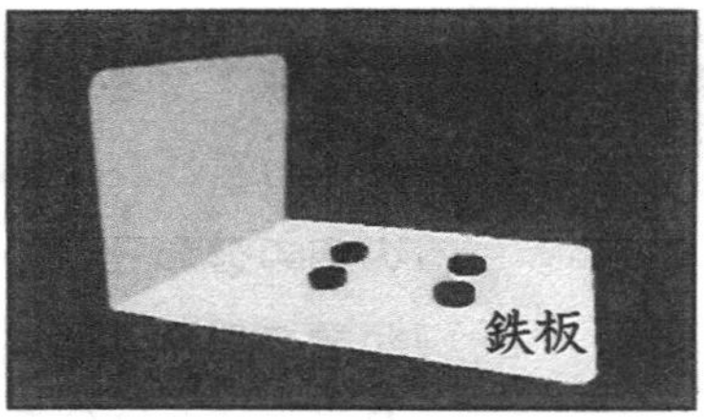

図５　磁石の力で浮《う》かせたつつ

太　郎：つつに使う２個の磁石の**N**極と**S**極の向きを変えると、**図6**のように（あ）～（え）の４種類のえん筆がついたつつをつくることができるね。

図6　４種類のつつ

（あ）のつつ	（い）のつつ	（う）のつつ	（え）のつつ
 N S　N S	 S N　S N	 N S　S N	 S N　N S

花　子：（あ）のつつを浮かせてみましょう。

太　郎：鉄板を上から見たとき、**図7**の**ア**や**イ**のようにすると、**図5**のように（あ）のつつを浮かせることができたよ。

図7　上から見た（あ）のつつと、鉄板に置いた４個の磁石の位置と上側の極

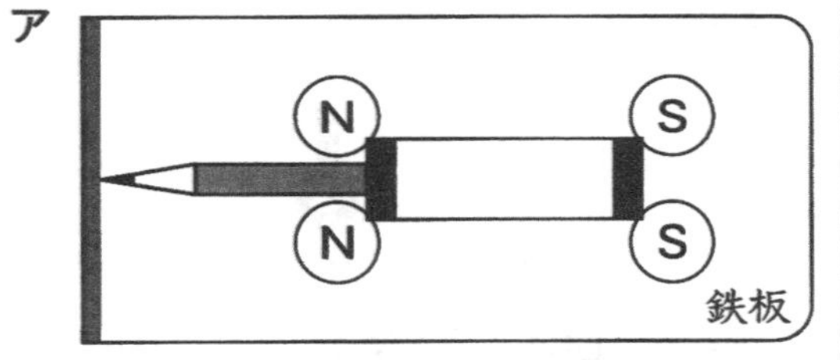

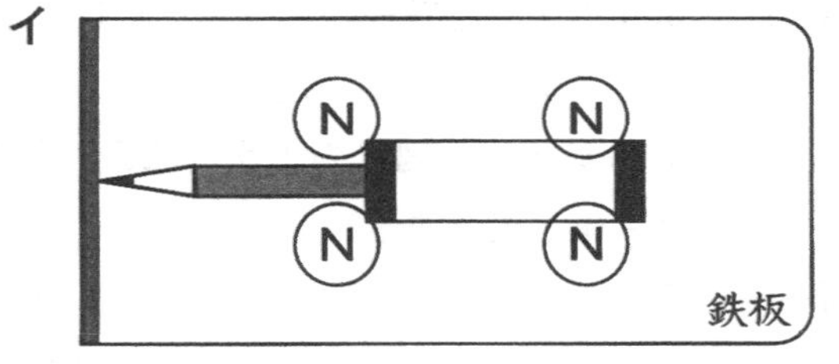

花　子：（あ）のつつを浮かせる方法として、**図7**の**ア**と**イ**の他にも組み合わせがいくつかありそうだね。

太　郎：そうだね。さらに、（い）や（う）、（え）のつつも浮かせてみたいな。

〔問題１〕（１）**実験１**で**図7**の**ア**と**イ**の他に（あ）のつつを浮かせる組み合わせとして、４個の磁石をどの位置に置き、上側をどの極にするとよいですか。そのうちの一つの組み合わせについて、解答らんにかかれている８個の円から、磁石を置く位置の円を４個選び、選んだ円の中に磁石の上側が**N**極の場合は**N**、上側が**S**極の場合は**S**を書き入れなさい。

（２）**実験１**で（え）のつつを浮かせる組み合わせとして、４個の磁石をどの位置に置き、上側をどの極にするとよいですか。そのうちの一つの組み合わせについて、（１）と同じように解答らんに書き入れなさい。また、書き入れた組み合わせによって（え）のつつを浮かせることができる理由を、（あ）のつつとのちがいにふれ、**図7**の**ア**か**イ**をふまえて文章で説明しなさい。

花　子： 黒板に画用紙をつけるとき、**図８**のようなシートを使うことがあるね。

太　郎： そのシートの片面《かためん》は磁石になっていて、黒板につけることができるね。反対の面には接着剤《せっちゃくざい》がぬられていて、画用紙にそのシートを貼《は》ることができるよ。

花　子： 磁石となっている面は、**Ｎ**極と**Ｓ**極のどちらなのですか。

先　生： 磁石となっている面にまんべんなく鉄粉をふりかけていくと、鉄粉は**図９**のように平行なすじを作って並《なら》びます。これは、**図１０**のように**Ｎ**極と**Ｓ**極が並んでいるためです。このすじと平行な方向を、**Ａ**方向としましょう。

太　郎： 接着剤がぬられている面にさまざまな重さのものを貼り、磁石となっている面を黒板につけておくためには、どれぐらいの大きさのシートが必要になるのかな。

花　子： シートの大きさを変えて、**実験２**をやってみましょう。

図８　シートと画用紙

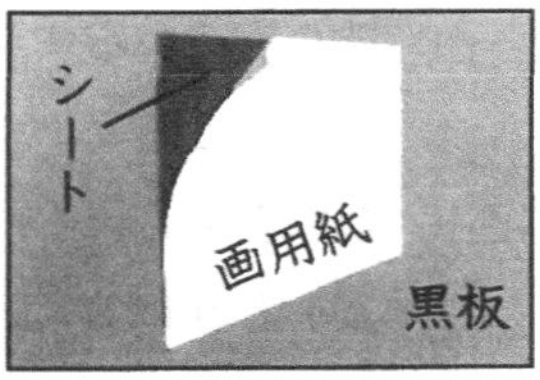

図９　鉄粉の様子

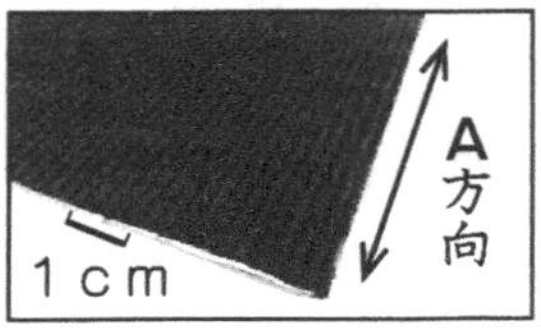

図１０　**Ｎ**極と**Ｓ**極

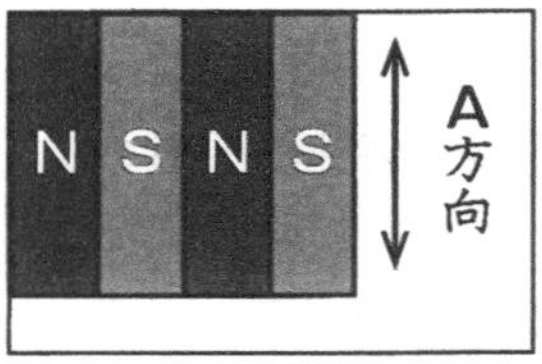

二人は次の手順で**実験２**を行い、その記録は**表１**のようになりました。

実験２

手順１　表面が平らな黒板を用意し、その黒板の面を地面に垂直に固定する。

手順２　シートの一つの辺が**Ａ**方向と同じになるようにして、１辺が１ｃｍ、２ｃｍ、３ｃｍ、４ｃｍ、５ｃｍである正方形に、シートをそれぞれ切り取る。そして、接着剤がぬられている面の中心に、それぞれ１０ｃｍの糸の端《はし》を取り付ける。

手順３　**図１１**のように、１辺が１ｃｍの正方形のシートを、**Ａ**方向が地面に垂直になるように磁石の面を黒板につける。そして糸に１０ｇのおもりを一つずつ増やしてつるしていく。おもりをつるしたシートが動いたら、その時のおもりの個数から一つ少ない個数を記録する。

手順４　シートを**Ａ**方向が地面に平行になるように、磁石の面を黒板につけて、手順３と同じ方法で記録を取る。

手順５　１辺が２ｃｍ、３ｃｍ、４ｃｍ、５ｃｍである正方形のシートについて、手順３と手順４を行う。

図１１　**実験２**の様子

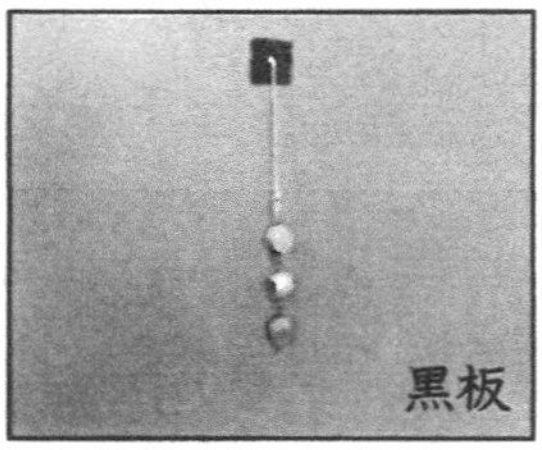

表１　**実験２**の記録

正方形のシートの１辺の長さ（ｃｍ）	１	２	３	４	５
Ａ方向が地面に垂直《すいちょく》なときの記録（個）	０	２	５	１６	２３
Ａ方向が地面に平行なときの記録（個）	０	２	５	１７	２６

太　郎：さらに多くのおもりをつるすためには、どうするとよいのかな。

花　子：おもりをつるすシートとは別に、シートをもう１枚《まい》用意し、磁石の面どうしをつけるとよいと思うよ。

先　生：それを確かめるために、**実験２**で用いたシートとは別に、一つの辺が**A**方向と同じになるようにして、１辺が１ｃｍ、２ｃｍ、３ｃｍ、４ｃｍ、５ｃｍである正方形のシートを用意しましょう。次に、そのシートの接着剤がぬられている面を動かないように黒板に貼って、それに同じ大きさの**実験２**で用いたシートと磁石の面どうしをつけてみましょう。

太　郎：それぞれのシートについて、**A**方向が地面に垂直であるときと、**A**方向が地面に平行であるときを調べてみましょう。

二人は新しくシートを用意しました。そのシートの接着剤がぬられている面を動かないように黒板に貼りました。それに、同じ大きさの**実験２**で用いたシートと磁石の面どうしをつけて、**実験２**の手順３～５のように調べました。その記録は**表２**のようになりました。

表２　磁石の面どうしをつけて調べた記録

正方形のシートの１辺の長さ（ｃｍ）	１	２	３	４	５
A方向が地面に垂直なシートに、 **A**方向が地面に垂直なシートをつけたときの記録（個）	０	３	７	１６	２７
A方向が地面に平行なシートに、 **A**方向が地面に平行なシートをつけたときの記録（個）	１	８	１９	４３	５０
A方向が地面に垂直なシートに、 **A**方向が地面に平行なシートをつけたときの記録（個）	０	０	１	２	３

〔問題２〕（１）　１辺が１ｃｍの正方形のシートについて考えます。**A**方向が地面に平行になるように磁石の面を黒板に直接つけて、**実験２**の手順３について２ｇのおもりを用いて調べるとしたら、記録は何個になると予想しますか。**表１**をもとに、考えられる記録を一つ答えなさい。ただし、糸とシートの重さは考えないこととし、つりさげることができる最大の重さは、１辺が３ｃｍ以下の正方形ではシートの面積に比例するものとします。

（２）　次の①と②の場合の記録について考えます。①と②を比べて、記録が大きいのはどちらであるか、解答らんに①か②のどちらかを書きなさい。また、①と②のそれぞれの場合について**A**方向とシートの面の**N**極や**S**極にふれて、記録の大きさにちがいがでる理由を説明しなさい。

①　**A**方向が地面に垂直なシートに、**A**方向が地面に平行なシートをつける。

②　**A**方向が地面に平行なシートに、**A**方向が地面に平行なシートをつける。

〈注〉

孔子《こうし》――古代中国の思想家。

桑原武夫《くわばらたけお》先生の『論語《ろんご》』――フランス文学者である桑原武夫氏による『論語』の解説書。

『論語』――中国の古典。

言行録――言ったことや行《おこな》ったことを書き記したもの。

道学者――道徳を説く人。

雍也《ようや》第六 二十――『論語』の章の一つ。

「子曰《いわ》く、之《こ》れを知る者は之れを好む者に如《し》かず、之れを好む者は之れを楽しむ者に如かず」――孔子が言う、知るということだけでは、まだ、これを愛好することに及《およ》ばない。愛好するということは、これを楽しむことには及ばない。

端的《たんてき》――遠回しでなく、はっきりと表すさま。

私《わたし》はカウンセリングのときに――筆者はカウンセリングを仕事としている。

客体――はたらきかけるさいの、目的となるもの。対象。

1 次の **文章1** と **文章2** とを読み、あとの問題に答えなさい。
（*印の付いている言葉には、本文のあとに〔注〕があります。）

文章1

中国を最近、訪問《ほうもん》した。中国の人たちと話し合っていて、*孔子《こうし》の教えが今も生きていることが感じられた。それにつけても思い出したのは、*桑原武夫《くわばらたけお》先生の『論語《ろんご》』である。桑原先生の名解説で、*『論語』が「孔子とその一門とのいきいきとした*言行録」として捉《とら》えられ、いわゆる*道学者としてではなく、人間、孔子の姿《すがた》を生き生きと浮《う》かびあがらせてくる書物であることが示される。

いろいろ好きな言葉があるが、ここに掲《かか》げたのは、*雍也《ようや》第六 二十の*「子曰《いわ》く、之《こ》れを知る者は之れを好む者に如《し》かず、之れを好む者は之れを楽しむ者に如かず」の後半である。ここには、知る、好む、楽しむ、という三つの動詞《どうし》があげられており、その重みが異《こと》なることを*端的《たんてき》に示している。

最近は情報化社会という表現がもてはやされて、誰《だれ》もが新しい情報をできるだけ多く、そして早くキャッチすることに力をつくしている。確かに「知る」ことは大切だ。しかし、そのことに心を使いすぎると、それに疲《つか》れてしまったり、情報量の多さに押《お》し潰《つぶ》されてしまって、それに主体的にかかわっていく力がなくなってしまう。

「好む」者は、つまり「やる気」をもっているので、積極性がある。情報は与《あた》えられてくるので、人を受動的にする。人間の個性というものは、何が好きかというその人の積極的な姿勢《しせい》のなかに現れやすい。*私《わたし》はカウンセリングのときに、何か好きなものがあるかを問うことがよくある。好きなことを中心に、その人の㋐個性が開花してくる。

孔子は、「好む」の上に「楽しむ」があるという。これはなかなか味わいのある言葉である。桑原先生の解説によれば、「『楽』は*客体の中に入ってあるいはそれと一体化して安住することであろう。最初の二つの段階《だんかい》を経て、第三段階の安らぎの理想像に達するとする」ということになる。

「好む」は積極的だが、下手《へた》をすると気負いすぎになる。それは「近《きん》所迷惑《じょめいわく》」を引き起こすことさえある。「楽しむ」はそれを超《こ》え、あくまで積極性を失ってはいないが安らぎがある。これはまさに「理想像」である。これを提示するのに、「知」、「好」の段階を置いたところに孔子の知恵《ちえ》が感じられる。

（河合《かわい》隼雄《はやお》「『出会い』の不思議」による）

問題は次のページからです。

③

適性検査Ⅰ

注意

1　問題は 1 のみで、**6ページ**にわたって印刷してあります。
2　検査時間は**四十五分**で、終わりは**午前九時四十五分**です。
3　声を出して読んではいけません。
4　答えは全て解答用紙に明確に記入し、**解答用紙だけを提出しなさい。**
5　答えを直すときは、きれいに消してから、新しい答えを書きなさい。
6　**受検番号**を解答用紙の決められたらんに記入しなさい。

東京都立大泉高等学校附属中学校

〈問題1〉　心《こころ》躍《おど》る景色とありますが、これは **文章1** ではどのように表現されていますか。解答らんに書きなさい。

〈問題2〉　**文章1**・**文章2** で筆者は、いずれも生き物を研究対象にしています。研究に対する筆者の姿勢《しせい》に共通するのはどのような点ですか。解答らんに書きなさい。

〈問題3〉　あなたは、これからの六年間をどのように過ごしたいですか。**文章1**・**文章2** のいずれかの、筆者の研究や学問への向き合い方をふまえ、どちらをふまえたかを明らかにして自分の考えを書きなさい。なお、内容のまとまりやつながりを考えて段落《だんらく》に分け、四百字以上四百四十字以内で述べなさい。ただし、下の〈**きまり**〉にしたがうこと。

〈**きまり**〉

○題名は書きません。
○最初の行から書き始めます。
○各段落《だんらく》の最初の字は一字下げて書きます。
○行をかえるのは、段落をかえるときだけとします。
○、や。や」などもそれぞれ字数に数えます。これらの記号が行の先頭に来るときには、前の行の最後の字と同じますめに書きます。（ますめの下に書いてもかまいません。）
○。と」が続く場合には、同じますめに書いてもかまいません。この場合、。」で一字と数えます。
○段落をかえたときの残りのますめは、字数として数えます。
○最後の段落の残りのますめは、字数として数えません。

時でも、「本当にカラスいないのかな？」と疑《うたが》った場合には、失敗覚《かく》悟《ご》で、自分の声で鳴き真似してみることはあった。とにかく何か刺激《しげき》を与《あた》えてカラスを鳴かせるか飛ばせるかすれば、データは得られるからである。

　すると、思ったよりカラスは鳴くのである。こちらの鳴き真似からだいたい五分以内だ。しかも鳴き真似に合わせるように、鳴き方を調整しているように思えることが度々《たびたび》ある。こちらが四声鳴けば向こうも四声鳴き、「カー、カー、カアカア」と鳴けば向こうも「カー、カー、カアカアカア」などと途中《とちゅう》で調子を変えて鳴く。もし発声が完全に自発的なものならば、発声の頻度《ひんど》はこちらの鳴き真似とは無関係なものとなり、「鳴き真似の後、数分以内の音声が多い」という結果にはならないであろう。そして、単に「おかしな声が聞こえて驚《おどろ》いたので鳴いただけ」なら、こちらの鳴き真似の特徴《とくちょう》と高い確率で一致《いっち》するのは妙《みょう》だ。カラスはこちらの音声を認識した上で、その音声に反応している――つまり、私の鳴き真似に対して返事をしているのではないか。

　この不思議な二重唱がどんな生物学的基盤《せいぶつがくてききばん》をもつのか、鳴き真似を本当にカラスの声だと勘違《かんちが》いしているのか、そういった点はまだわからないが、カラスは人間に対して鳴き返してくることが確かにあるのだ、とは言えそうである。

　直感から研究を始めなければならない場合は、確かにある。一方で科学者は、状況《じょうきょう》を説明しうる仮説を公平に捉《とら》え、自分に都合の良い結果さえも疑わなくてはならない。しかし、そうやって疑った先に、思いがけず心躍《こころおど》る景色が広がることもある。

　今、改めて動物学者として言おう。三〇年以上前のあの日、カラスは私に向かって応えたかもしれないのだ。

（松原《まつばら》　始《はじめ》「科学者の目、科学の芽」
岩波科学ライブラリーによる）

〔注〕
ドリトル先生――児童文学作品の主人公である動物医師。
シートン――アメリカの動物文学作家。
大学院――大学卒業後に専門《せんもん》分野の学習と研究を行う機関。
錯誤《さくご》――あやまり。
タイムラグ――時間のずれ。
音声プレイバック法――鳥の鳴き声を流し、これに反応《はんのう》して鳴き返してきた声で生息を確認《かくにん》する方法。
繁殖《はんしょく》個体――巣をつくり、卵《たまご》を産んで、ひなを育てているカラス。

文章2

夕暮《ゆうぐ》れの迫《せま》る空を、南から北に向かって、カラスは次々《つぎつぎ》と飛んで行った。そして、口々《くちぐち》に「カア」「カア」「カア、カア、カア」と鳴いていた。北の方にある森からは時折、カラスの集団が一斉《いっせい》に鳴き始める声が、遠い波音のように聞こえていた。口々に鳴く声は、まるで言葉を交《か》わしているかのようだ。それなら、これだけたくさんのカラスがいるのだから、呼《よ》べば応えるカラスもいるかもしれないと思った。そこで、なるべくカラスっぽい声で「かー、かー」と鳴いてみた。

「カア」

「カア」

「カア」

カラスが上空から鳴き返してきた。次々と飛び過ぎる「友人たち」を見送りながら、私《わたし》は、自分が*ドリトル先生か*シートンになったかのような気分を味わっていた。この経験が忘《わす》れられなくてカラスを研究しようと決心した、とまでは言わないけれども、何の影響《えいきょう》もなかったとも決して言わない。

さて。*大学院に入り、それなりにカラスを研究した後、研究者の目で見返してみて、かつての自分の解釈《かいしゃく》は重大な*錯誤《さくご》を含《ふく》んでいる可能性に気づいた。それは、「カラスは果たして私の鳴き真似《まね》に応えたのか」ということだ。

「応える」とは何か。応えたと言うからには、ある個体が他個体の音声を認識《にんしき》し、その音声に対して反応《はんのう》した、という証拠《しょうこ》がいる。だが自発的な行動と、他個体への反応をどのように区別するか。まして一〇〇羽《わ》を超《こ》えるカラスが、あるものは自発的に、あるものは返事として鳴いていたかもしれない場合、一体どのように判断すればよかったのか。

これは今から遡《さかのぼ》って検証することはできない。だが、当時の自分には「自発的に鳴いた場合と返事をした場合を区別する」という発想すらなかった。人間同士ならば返事をしたと感じられる程度の*タイムラグでカラスの一羽か二羽が鳴いた、という事実を、「自分に対して返事をした」と解釈しただけである。人間同士ならば、その解釈でもよいかもしれない。だが全く別種の生物を相手に、このような予断をもった判断をしてはいけない。

今なら自分にこう問い返すだろう。「普段《ふだん》からカアカア鳴き続けている相手がたまたまその時も鳴いたからって、自分に返事したとなぜ言えるの？」

動物学者として言おう。あのカラスの声が返事であったとしても、それは他のカラスの音声への反応だったろう。私の鳴き真似に返事をしたと考える積極的な根拠《こんきょ》はない。

そして、さらに一五年あまり。私は山の中でカラスの分布を調べるため、*音声プレイバック法を用いてカラスを探《さが》す、という調査を行っている。カラスの声をスピーカーから流すと、縄張りを持った*繁殖《はんしょく》個体は侵入者《しんにゅうしゃ》だと思って大声で鳴きながら飛んでくるからだ。

調査を始めた頃《ころ》は適切な装備《そうび》も方法もよくわからなかったので、機材がうまく動かないことや、機材を持っていないこともあった。そんな

適性検査Ⅱ

注　意

1　問題は 1 から 3 までで、１２ページにわたって印刷してあります。

2　検査時間は**４５分**で、終わりは**午前１１時１０分**です。

3　声を出して読んではいけません。

4　計算が必要なときは、この問題用紙の余白を利用しなさい。

5　答えは全て解答用紙に明確に記入し、**解答用紙だけを提出しなさい。**

6　答えを直すときは、きれいに消してから、新しい答えを書きなさい。

7　**受検番号**を解答用紙の決められたらんに記入しなさい。

東京都立大泉高等学校附属中学校

問題は次のページからです。

1 来週はクラス内でお楽しみ会をします。係である**花子**さんと**太郎**《たろう》さんは、お楽しみ会で渡《わた》すプレゼントの準備をしています。

花　子：プレゼントのお花のかざりができたよ。
太　郎：すてきだね。次は何を作ろうか。
花　子：モールで図形を作って、それを台紙にはったカードをいくつか作ろうよ。
太　郎：いいアイデアだね。カードのデザインはどうしようか。
花　子：わくわくするものがいいね。
太　郎：それならロケットはどうかな。デザインを考えてみるよ。

太郎さんは、**図1**のようなカードのデザインを考えました。花子さんと太郎さんは、モールを使って、**図2**のような図形を作り、それらを組み合わせて台紙にはり、**図3**のようなロケットのカードを作ることにしました。

図2

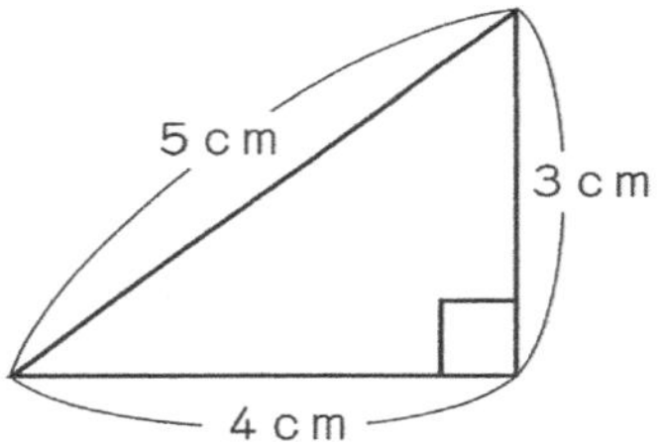

直角三角形

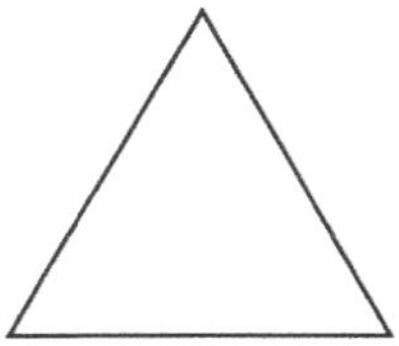

正三角形（1辺3cm）

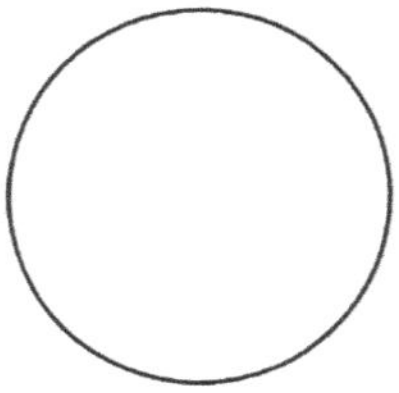

円（直径3cm）

図1　カードのデザイン

図3　カードのイメージ

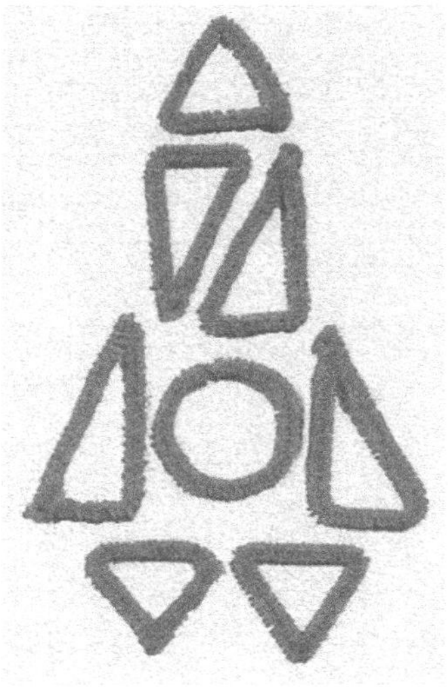

花　子：１ｍの長さのモールが６本あるね。

太　郎：私《わたし》は１本のモールを切って、直角三角形を作るよ。

花　子：できるだけ多く作ってね。

太　郎：直角三角形が８個作れたよ。箱に入れておくね。

花　子：私は別の１本のモールを切って、正三角形をできるだけ多く作ったよ。できた正三角形も同じ箱に入れておくね。

太　郎：次は、円をできるだけ多く作ってみようかな。

花　子：でも１枚《まい》のカードを作るのに、円は１個しか使わないよ。

太　郎：それなら１本のモールから、直角三角形と正三角形と円を作ってみようかな。それぞれ３個ずつ作れそうだね。

花　子：それぞれ３個ずつ作る切り方だとモールの余りがもったいないよ。できるだけ余りの長さが短くなるような切り方にしよう。

太　郎：そうだね。残りのモール４本を切る前に、カードは何枚作れるか考えよう。

〔問題１〕　１ｍのモールが４本と箱の中の図形があります。４本のモールで**図２**の直角三角形と正三角形と円を作り、箱の中の図形と組み合わせて**図３**のカードを作ります。モールの余りをつなげて図形を作ることはできないこととします。できるだけ多く**図３**のカードを作るとき、以下の問いに答えなさい。

ただし、円周率は３．１４とし、モールの太さは考えないこととします。

（１）　４本のモールの余りの長さの合計を求めなさい。

（２）　箱の中の図形のほかに、直角三角形と正三角形と円はそれぞれ何個ずつ必要か求めなさい。そのとき、それぞれのモールからどの図形を何個ずつ切るか、文章で説明しなさい。

花子さんと太郎さんは、お花のかざりや**図3**のロケットのカードをふくめて６種類のプレゼントを作りました。

花　子：プレゼントをどのように選んでもらおうか。

太　郎：６種類あるから、さいころを使って決めてもらったらどうかな。

花　子：それはいいね。でも、さいころは別のゲームでも使うから、ちがう立体を使おうよ。

太　郎：正三角形を６個組み合わせてみたら、こんな立体ができたよ。それぞれの面に数字を書いてみるね。

太郎さんは**図4**のような立体を画用紙で作り、**1**から**6**までの数字をそれぞれの面に１個ずつ書きました。

図4　３方向から見た立体

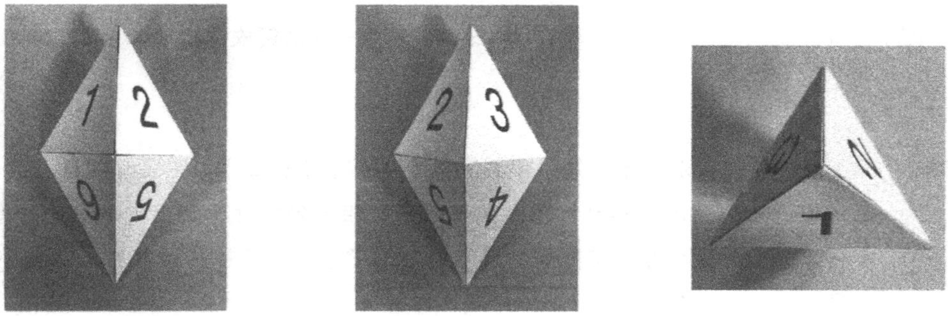

花　子：この立体を机《つくえ》の上で転がしてみよう。

太　郎：机に接する面は一つに決まるね。

花　子：転がし方が分かるように、画用紙に立体の面と同じ大きさの正三角形のマスをたくさん書いて、その上を転がしてみよう。

太郎さんは画用紙に**図5**のような正三角形のマスを書き、**図4**の立体の面が正三角形のマスと接するように置きました。置いた面の正三角形の１辺が動かないように立体を転がしてみると、あることに気づきました。

図5

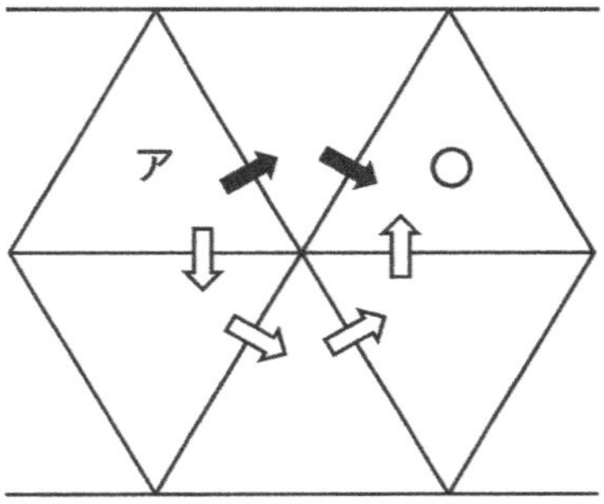

➡ は花子さんの転がし方
⇨ は太郎さんの転がし方

太　郎：立体の**1**の面が、**ア**のマスに数字と文字が同じ向きで接するように置いたよ。転がして**ア**から**○**のマスまで移動させてみよう。

花　子：私は２回転《ころ》がして**○**のマスまで移動させたよ。**○**のマスに接する面が**4**になったよ。

太　郎：私は４回転《ころ》がして移動させてみたけど、**○**のマスに接する面は**4**ではなかったよ。

花　子：転がし方を変えると同じマスへの移動でも、接する面の数字が変わるんだね。

太郎さんは画用紙に**図6**のような正三角形のマスを書きました。花子さんと太郎さんは、**図4**の立体を**イ**のマスから●のマスまでどのように転がすことができるか考えました。

図6

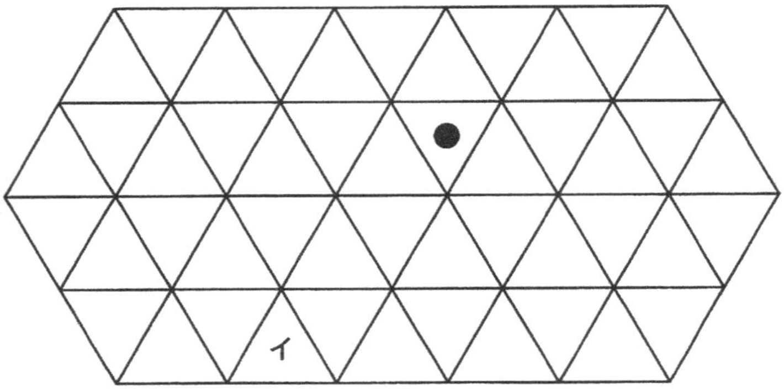

花　子：転がしているとき、一つ前のマスにはもどれないことにしよう。

太　郎：５回転《ころ》がすと、**イ**のマスから●のマスまで移動させることができたよ。

花　子：でも６回転《ころ》がして、**イ**のマスから●のマスまで移動させることはできなかったよ。

太　郎：けれど７回転《ころ》がしたら、**イ**のマスから●のマスまで移動させることができたよ。

花　子：５回の転がし方は１通りだけど、７回の転がし方は何通りかあるね。

太　郎：７回転《ころ》がしたら、●のマスに接する面の数字も何種類かありそうだから、●のマスに接する面の数字に応じて、プレゼントを決められるね。

花　子：でも、**イ**のマスに**1**の面を置いたとき、どのように転がしても●のマスに接しない面があるね。

太　郎：全ての面が●のマスに接するようにするには、くふうが必要だね。

〔問題２〕　**図4**の立体の**1**の面を、**図6**の**イ**のマスに数字と文字が同じ向きで接するように置きます。**図4**の立体を７回転《ころ》がして、**イ**のマスから●のマスまで移動させます。ただし、転がしているとき、一つ前のマスにはもどれないこととします。以下の問いに答えなさい。

（１）　転がし方はいくつかありますが、そのうちの１通りについて、マスに接する面の数字を順に書きなさい。

（２）　**図4**の立体を７回転《ころ》がして、**イ**のマスから●のマスまで移動させたときに、●のマスに接する面の数字を全て書きなさい。

2 **花子**さんと**太郎**《たろう》さんは、休み時間に、給食の献立表《こんだてひょう》を見ながら話をしています。

花　子：今日の給食は何だろう。
太　郎：いわしのつみれ汁《じる》だよ。千葉県の郷土料理《きょうどりょうり》だね。郷土料理とは、それぞれの地域《ちいき》で、昔から親しまれてきた料理のことだと書いてあるよ。
花　子：千葉県の海沿《うみぞ》いでは、魚を使った郷土料理が食べられているんだね。日本は周囲を海に囲まれている国だから、他の地域でも、魚を使った郷土料理が食べられてきたのかな。
太　郎：そうかもしれないね。でも、毎日魚がとれたわけではないだろうし、大量にとれた日もあるだろうから、魚を保存《ほぞん》する必要があっただろうね。
花　子：それに、今とちがって冷蔵庫《れいぞうこ》や冷凍庫《れいとうこ》がなかったから、魚を保存するのに大変苦労したのではないかな。
太　郎：次の家庭科の時間に、日本の伝統的な食文化を調べることになっているから、さまざまな地域で、昔から親しまれてきた魚を使った料理と保存方法を調べてみよう。

花子さんと**太郎**さんは、家庭科の時間に、三つの地域の魚を使った料理と保存方法を調べ、**図1**にまとめました。

図1　花子さんと太郎《たろう》さんが調べた魚を使った料理と保存《ほぞん》方法の資料

①北海道小樽《おたる》市　料理名：サケのルイベ

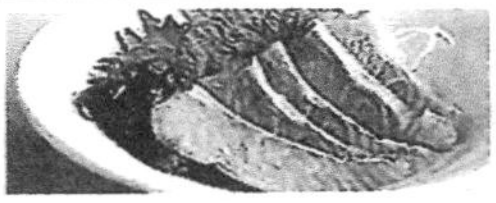

サケのルイベ

サケ

材　　料：サケ
保存方法：内臓《ないぞう》をとり除《のぞ》いたサケを、切り身にして雪にうめた。サケを雪にうめて、こおらせることで、低い温度に保ち、傷《いた》みが進まないようにした。

②神奈川県小田原《おだわら》市　料理名：マアジのひもの

マアジのひもの

マアジ

材　　料：マアジ
保存方法：地元でとれるマアジを開き、空気がかわいた時期に、日光に当てて干《ほ》した。マアジを干すことで水分が少なくなり、傷みが進まないようにした。

③石川県金沢《かなざわ》市　料理名：ブリのかぶらずし

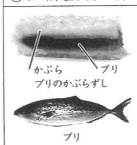

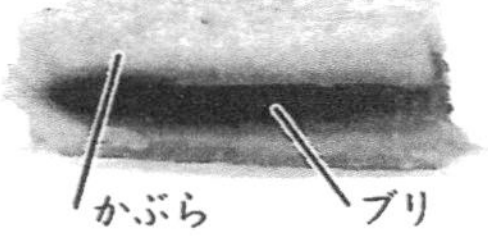

ブリのかぶらずし

ブリ

材　　料：ブリ、かぶら（かぶ）、＊1 甘酒《あまざけ》など
保存方法：かぶら（かぶ）でブリをはさみ、甘酒につけた。空気が冷たく、しめった時期に、甘酒につけることで＊2 発酵《はっこう》をうながし、傷みが進まないようにした。

＊の付いた言葉の説明
＊１ 甘酒《あまざけ》：米にこうじをまぜてつくる甘《あま》い飲み物。
＊２ 発酵《はっこう》：細菌《さいきん》などの働きで物質が変化すること。発酵は、気温０度以下では進みにくくなる。

（農林水産省《のうりんすいさんしょう》ホームページなどより作成）

適性検査Ⅲ

注　　意

1　問題は **1** から **2** までで、１２ページにわたって印刷してあります。

2　検査時間は**４５分**で、終わりは**午後０時３５分**です。

3　声を出して読んではいけません。

4　計算が必要なときは、この問題用紙の余白を利用しなさい。

5　答えは全て解答用紙に明確に記入し、**解答用紙だけを提出しなさい。**

6　答えを直すときは、きれいに消してから、新しい答えを書きなさい。

7　**受検番号**を解答用紙の決められたらんに記入しなさい。

東京都立大泉高等学校附属中学校

1　**まさと**さんと**よしこ**さんは電車に乗って出かけようと学園駅まで歩いてきました。改札口の近くで**まさと**さんは**よしこ**さんに話しかけました。

まさと：ＩＣカードを忘《わす》れてしまったのできっぷを買って入るね。
よしこ：前から思っている疑問《ぎもん》があるのだけれど、きっぷを自動改札に通すと、どうして行き先や金額が分かるのかな。
まさと：その理由を知っているよ。
よしこ：裏《うら》を見ても真っ黒だよ。何が書いてあるの。
まさと：字は書かれていないけれど、黒い裏面《りめん》に磁気情報《じきじょうほう》が記録されているようだね。
よしこ：磁気情報って見ることができるのかな。
まさと：それでは明日、学校で実験をしてみよう。

次の日、**まさと**さんと**よしこ**さんは実験のためにきっぷを買って学校に持ってきました。また、実験をするために細かい鉄粉を準備しました。理科の**先生**にお願いをして、理科室を借りました。

先　生：こんにちは。どんな実験をするのですか。気をつけて実験してくださいね。
まさと：ありがとうございます。きっぷの磁気情報を読み取る実験です。
よしこ：さっそく、実験の質問ですが、**まさと**さん、細かい鉄粉をどうするのですか。
まさと：細かい鉄粉をきっぷ（**図１**）の裏面にふりかけます。きっぷの裏面の情報は磁気が記録されているので、細かい鉄粉をふりかけると鉄粉が付く場所と付かない場所で模様《もよう》が現れるはずです。では、鉄粉をふりかけてみます。

図１

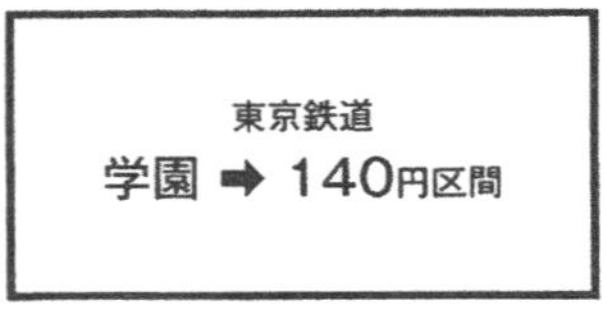

図２

図３

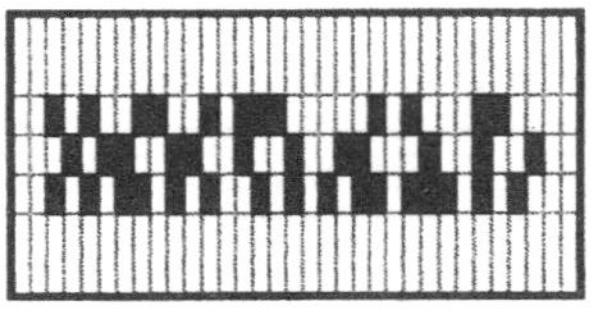

よしこ：本当ですね。きっぷの裏面に何かの模様が見えます（**図２**）。
まさと：この鉄粉を見やすいように白い紙に付けて補助線《ほじょせん》を入れました（**図３**）。
よしこ：すごく見やすくなりました。３段《だん》にしま模様が見えますが、これは何ですか。

まさと：これが磁気情報ですが、実はよく知らないのです。先生、くわしく教えてください。

先　生：分かりました。このしま模様がとても重要です。線があるか、ないかで２個の情報を表しています。実は機械やコンピューターが理解できる情報は２個だけなのです。磁気があるかないか、数字でいうと０か１か、色でいうと白か黒かです。１本目の線があるか、ないか、２本目の線があるか、ないかで２×２＝４通りの組み合わせが考えられますね。

よしこ：どういうことですか。

先　生：（１本目、２本目）と組み合わせを考えて表すと（ある、ある）、（ある、ない）、（ない、ある）、（ない、ない）と４通りあるので、４個の情報を表すことになります。

まさと：なるほど、２本の線で４通りですね。きっぷの裏面にはたくさんの線が見えるのでかなりの情報が記録されていますね。

よしこ：すごいですね。もっといろいろなことが知りたいです。

先　生：きれいに観察できましたが、どんな情報が入っているかは見当がつきますか。

まさと：きっぷの金額(運賃《うんちん》)、発車駅、路線、大人券《おとなけん》か子供券《こどもけん》か、有効年月日などでしょうか。

先　生：そのとおりです。磁気を使ってそれらを記録をし、情報を読み取っているのです。

よしこ：磁気記録ってすごいですね。

表１

地区名	駅の数
Ａ地区	７２０
Ｂ地区	３７０
Ｃ地区	３５０
Ｄ地区	２４０

表２

駅間きょり（ｋｍ）	きっぷの運賃《うんちん》（円）	駅間きょり（ｋｍ）	きっぷの運賃《うんちん》（円）
①　１～４	１４０	⑩　４１～４５	７３０
②　５～７	１７０	⑪　４６～５０	８１０
③　８～１０	１９０	⑫　５１～６０	９４０
④　１１～１５	２２０	⑬　６１～７０	１１５０
⑤　１６～２０	３１０	⑭　７１～８０	１２７０
⑥　２１～２５	４２０	⑮　８１～９０	１４８０
⑦　２６～３０	４８０	⑯　９１～１０５	１６１０
⑧　３１～３５	５６０	⑰　１０６～１２５	１８９０
⑨　３６～４０	６５０	⑱　１２６～１３５	２２５０

〔問題１〕　**表１**にＡ～Ｄの４地区内にある駅の数が示してある。**表２**には駅間きょりに対応した運賃《うんちん》が１８種類示してある。会話をもとにＡ～Ｄの各地区から電車で移動するとする。もしきっぷに**表１**の中にあるＡ～Ｄの４地区にある発車駅と**表２**にある１８種類の運賃の情報だけが記録されているとしたら、線はそれぞれ何本必要ですか。解答らんには発車駅の地区名の記号をＡ～Ｄの中から選んで、その場合に必要となるそれぞれの線の本数を答えなさい。

先生がとなりの教室から本を持ってきました。本の中身ではなく裏表紙《うらびょうし》を二人に見せました。

先　生：ここを見てください。ほとんど全ての商品にこれが付いていますね。
よしこ：バーコードですね。
まさと：これも白黒の線ですね。
先　生：バーコードは磁気ではなくて、レーザー（光）で情報を読み取っています。お店のレジで見たことはありますか。読み取る時、ピッと音がします。バーコードでは商品名と価格が記録されていて、数字を線で表しています。

先生が黒板に線を書き始め、数字にバーコードが割《わ》り当てられている図をかきました。

先　生：バーコードにも実はたくさんの種類があるけれど、日本ではＪＡＮコードというものがよく使われています。きっぷの線のときとはルールが異《こと》なり、一つの数字を表すのに必ず７本のバー（線）を使って表します。下の**図４**のように決められています。

図４

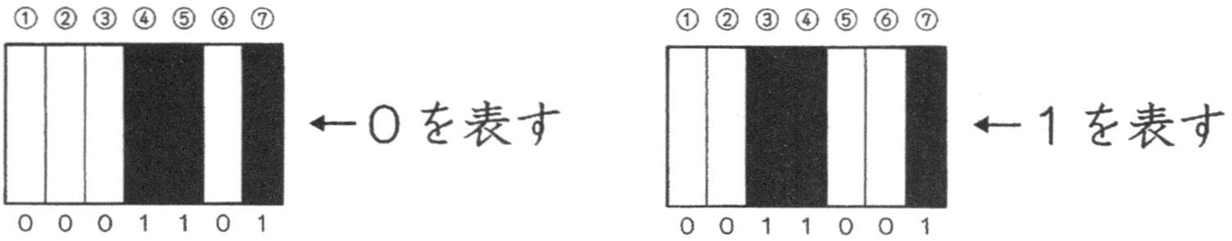

よしこ：数字ごとに決まっているのですね。
先　生：図４がバーコードの数字の表し方です。白いバーを０、黒いバーを１と表すと数字の０は「０００１１０１」と表せます。数字の１はどうなるかな。
まさと：１は「００１１００１」ですね。

先　生：正解です。０～９の数字は、次のように表すことができます。
数字の０は「０００１１０１」、数字の１は「００１１００１」、
数字の２は「００１００１１」、数字の３は「０１１１１０１」、
数字の４は「０１０００１１」、数字の５は「０１１０００１」、
数字の６は「０１０１１１１」、数字の７は「０１１１０１１」、
数字の８は「０１１０１１１」、数字の９は「０００１０１１」。

よしこ：スーパーで買うみかんにも数字が割り当てられているのですか。
先　生：そのとおりです。この数字を商品コードといいます。商品コードは５けたの数字で表されることが多いので、バーコードだと７×５＝３５本のバーで表します。例えば、**表３**によると商品コードが「１２３４５」が愛媛みかん、「２３４５６」が青森りんごとなります。価格コードを表すにも５けたの数字で表すことが多いので、価格が３５０円なら「００３５０」になります。
よしこ：商品と価格コードで１０けただと、７０本のバーが必要ですね。
まさと：そんなにけた数が多いと読みまちがえたりしないですか。
先　生：よいところに気がつきましたね。よごれやごみが付いていたりすると数字を読みまちがえてしまうので必ず確認《かくにん》するためにチェックする方法があります。チェックは次のような計算で求めます。

例	商品名：愛媛みかん　　価格：３５０円　　コード：１２３４５００３５０

手順１．１０けたの右端《みぎはし》のけたから数えて奇数《きすう》番目の各数字を合計して３倍する。
（０＋３＋０＋４＋２）×３＝２７
手順２．１０けたの右端のけたから偶数《ぐうすう》番目の各数字を合計する。
５＋０＋５＋３＋１＝１４
手順３．奇数けたと偶数けたの結果を合計する。
２７＋１４＝４１
手順４．合計した数４１の一の位を１０から引く。
１０－１＝９

先　生：手順にしたがって計算し、最後に出てきた１けたの数字（上の例では９）のことをチェックデジットと呼《よ》んでいます。バーコードの最後にチェックデジットの１けたをさらに加えることで、チェックデジットが合わないと読み取りがうまくいっていないと分かるようになっています。
まさと：すごいですね。読みまちがいまで考えて作られているのですね。

表3

商品名	商品コード（5けた）	商品名	商品コード（5けた）
青森りんご	23456	栃木いちご	23457
信州《しんしゅう》りんご	24725	福岡いちご	24726
山形りんご	24657	神奈川いちご	24658
愛媛みかん	12345	山梨ぶどう	12346
長崎みかん	13672	長野ぶどう	13673
和歌山みかん	13543	静岡ぶどう	13544

〔問題2〕 **表3**は１２個の商品について表したものである。下（**図5**）のバーコード１０けた（商品コード５けた＋価格コード５けた）が表している商品を**表3**の中から選び、商品名を答えなさい。また、その商品コードと価格コードからチェックデジットを計算して数字を求め、その数字をバーコードで表しなさい。

図6では見やすいように**図5**のバーコードを二つに分けて拡大《かくだい》して表してある。

図5

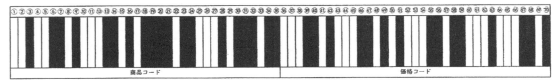

商品コード　価格コード

図6

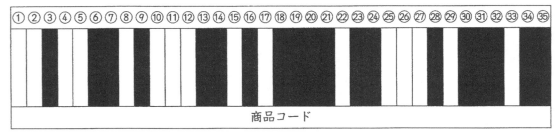

商品コード

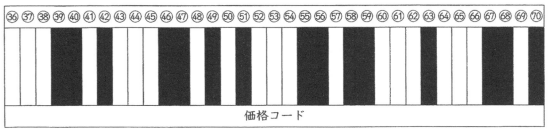

価格コード

先　生：バーコードの仕組みも分かってくるとおもしろいですね。非常に便利で使いやすく費用もかからないために、いろいろなところで見かけることができます。ところで、２次元コード（**図７**）を知っていますか。

図７

よしこ：知っています。スマートフォンなどでお金をしはらうときなどに使いますね。

まさと：私《わたし》も知っています。２次元コードをスマートフォンで読み取ると、インターネット上の動画やホームページが見られます。

先　生：二人は、何でも知っていますね。バーコードでは横方向に情報を記録していましたが、２次元コードでは縦横《たてよこ》に記録しています。日本で最初に作られた技術です。これからは情報化社会を理解していくことが大切になってきますね。

〔問題３〕　２次元コードは情報を縦横《たてよこ》に記録している。このことからどのような特ちょうが生まれるか、「２次元コードは、」に続く形で、２０字以内で答えなさい。

解答用紙

適性検査Ⅰ

1

〔問題1〕

〔問題2〕

〔問題3〕

100

20

10点

30点

60点

※

※

※

※

※

受検番号

得点
※

※のらんには、記入しないこと。

※100点満点

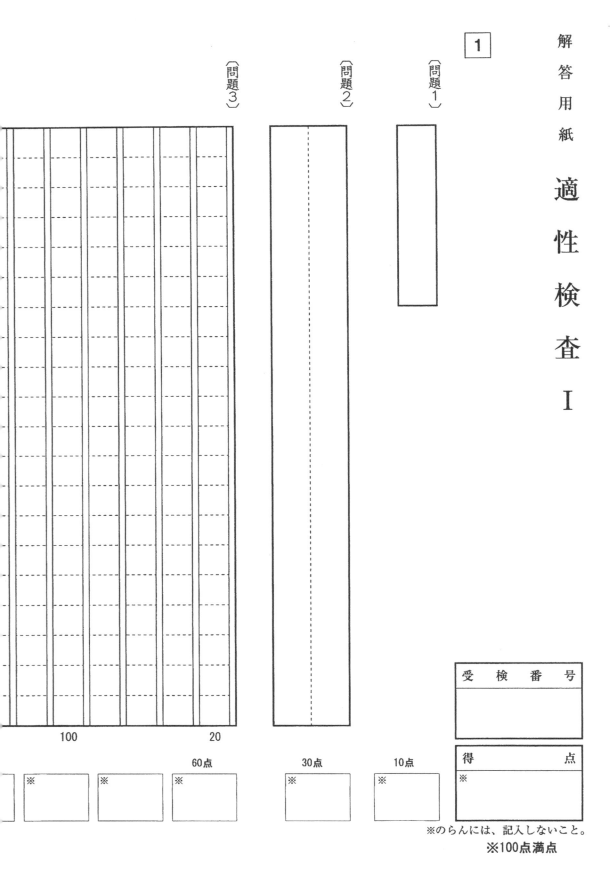

解 答 用 紙　適 性 検 査 Ⅱ

※100点満点

受　検　番　号

得　点
※

※のらんには、記入しないこと

1

〔問題１〕 20点

（1）	cｍ		
（2）	〔直角三角形〕 個	〔正三角形〕 個	〔円〕 個
	〔説明〕		

※

〔問題２〕 20点

（1）	イ 1 → □ → □ → □ → □ → □ → □ → □ ●
（2）	

※

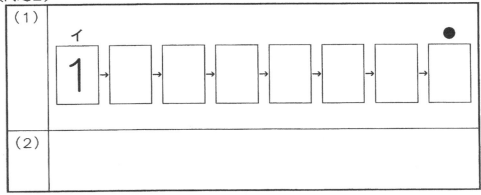

解答用紙　適性検査Ⅲ

※100点満点

受検番号	得点
	※

※のらんには、記入しないこと

1

〔問題１〕 10点

発車駅の地区名の記号	
発車駅の情報に必要な線の数	本
運賃《うんちん》の情報に必要な線の数	本

※

〔問題２〕 20点

商品名	
チェックデジット	

①	②	③	④	⑤	⑥	⑦

※

〔問題３〕 15点

２ 次 元 コ ー ド は 、

									10
									20

※

2

〔問題１〕　10点

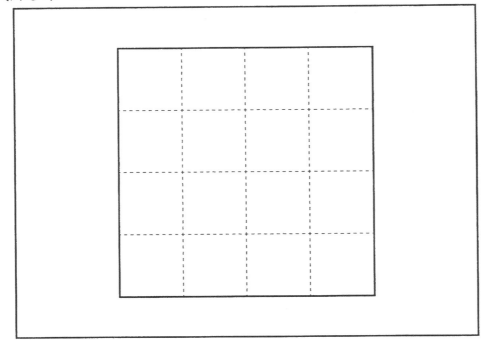

※

〔問題２〕　20点

（ア）	方法	
	答え	kWh《キロワットアワー》
（イ）	方法	

※

〔問題３〕　25点

正しい 展開図《てんかいず》の記号	
図６の展開図の続き	
（ウ）の面積	ｃｍ^2

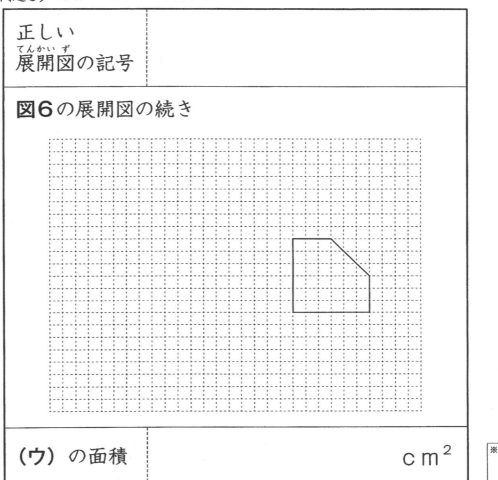

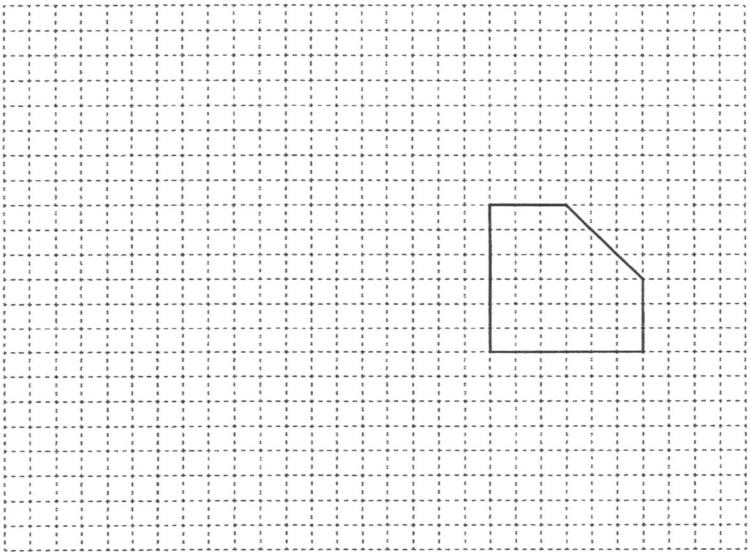

※

2

〔問題１〕 15点

〔サケのルイベ〕

〔マアジのひもの〕

〔ブリのかぶらずし〕

※

〔問題２〕 15点

（選んだ二つを◯で囲みなさい。）

米　・　小麦　・　そば

※

3

〔問題１〕 14点

（１）〔選んだもの〕

〔理由〕

（２）

※

〔問題２〕 16点

（１）

（２）〔サラダ油が見えなくなるもの〕

〔洗剤《せんざい》〕 滴《てき》

※

(4　大泉)

440　400　300　200

このページには問題は印刷されていません。

問題を解くときに、問題用紙や解答用紙、ティッシュペーパーなどを実際に折ったり切ったりしてはいけません。

2 **ゆい**さんと**さき**さんの二人の姉妹《しまい》とその**父親**が家で話をしています。

父　親： もうすぐ新しい家に引っこしをするね。

ゆ　い： どんな家になるのか楽しみだね。

父　親： そうだね。環境《かんきょう》のことを考えて、新しい家の屋根に太陽光パネルを付けようかな。

さ　き： 太陽光パネルとはどのようなパネルなのかな。

父　親： 太陽の光で発電を行うことができるパネルのことだよ。

ゆ　い： そうなんだね。どのような太陽光パネルがあるのだろう。

父　親： ここに**図1**のような縦《たて》と横の辺の長さの比が１：２で、対角線のラインが入っていない長方形のパネルと、対角線のラインが入っている長方形のパネルがあわせて３種類あるよ。対角線のラインと長方形が接している頂点《ちょうてん》には☆印を付けてあるね。また、**図2**のような辺の長さの比が１：１の正方形を４倍に拡大《かくだい》した正方形があるよ。**図1**の長方形の縦の長さと、**図2**の拡大する前の正方形の一辺の長さは同じだよ。

図1

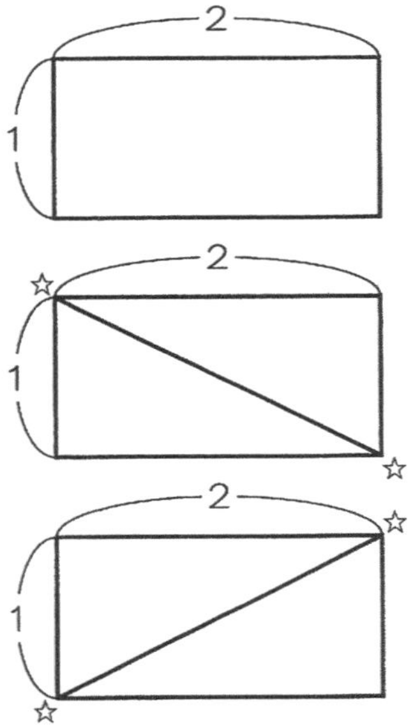

図2

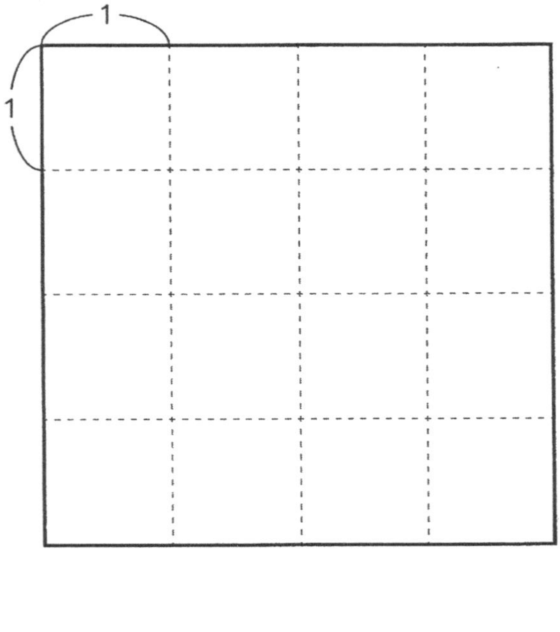

〔問題１〕 **図２**の中に、**図１**の３種類の長方形のパネルをしきつめる。以下のルールに従《したが》い、直線定規《じょうぎ》を用いて、そのしきつめ方を解答らんにかきなさい。

ルール

① 対角線のラインが入っていない長方形は、できるだけ少なく使うこと。

② 対角線のラインが入っている長方形は、たがいに☆印の頂点《ちょうてん》が接しないように使うこと。

③ 解答らんに☆印はかかなくてもよい。

④ 各パネルの向きは変えてもよい。

⑤ ３種類の長方形は十分《じゅうぶん》にあるものとする。

さ　き：次に、私《わたし》たちの新しい家の屋根に付ける場合の太陽光パネルについて調べてみよう。

父　親：ここに**図３**のような形をした３種類の太陽光パネルがあるね。パネル**Ａ**が長方形、パネル**Ｂ**とパネル**Ｃ**が直角三角形になっているね。

図３

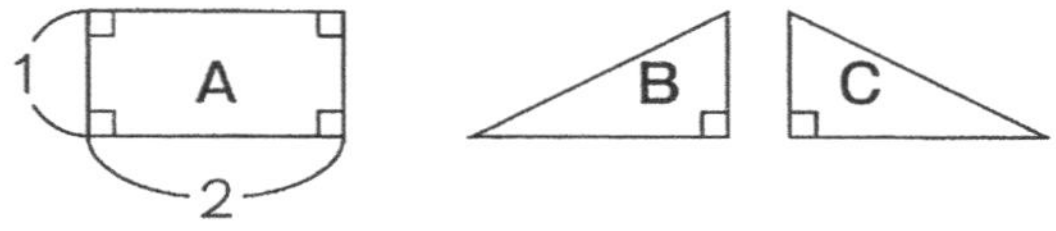

ゆ　い：パネル**Ａ**の縦と横の辺の長さの比はちょうど１：２になっているね。パネル**Ｂ**を２枚《まい》組み合わせると、パネル**Ａ**と同じ形、大きさになるね。

さ　き：そうだね。パネル**Ｃ**も２枚組み合わせると、パネル**Ａ**と同じ形、大きさになるよ。

父　親：パネル**Ｂ**とパネル**Ｃ**は同じ形だけれど、太陽光パネルだから裏返《うらがえ》して使うことができないんだ。それでは、私たちの家の屋根にしきつめた場合を考えてみよう。家の屋根を平面で見たときは、**図４**のような形だよ。

図４

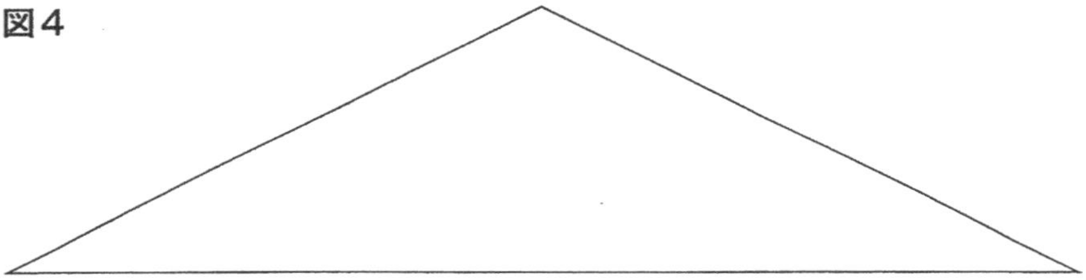

ゆ　い：では、このようなしきつめ方はどうかな（**図５**）。

図５

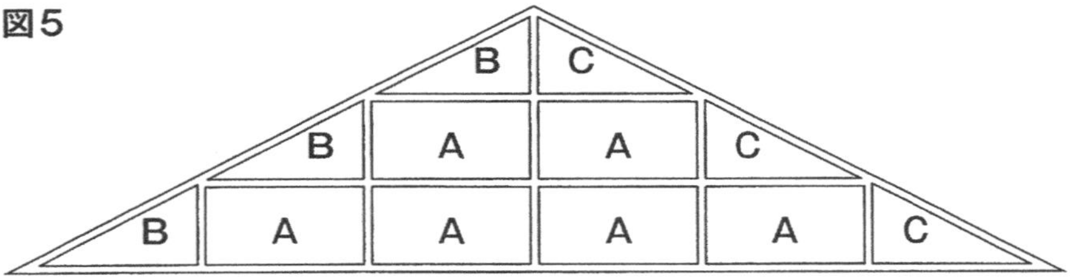

さ　き：パネル**Ａ**が６枚、パネル**Ｂ**とパネル**Ｃ**が３枚ずつあるね。

ゆ　い：ところで、うちの一か月の電気代はいくらなのかな。

父　親：だいたい１００００円だよ。

ゆ　い：では、一か月の電気使用量（ｋＷｈ《キロワットアワー》）ってどれくらいだろう。

父　親：１ｋＷｈ当たり、およそ３０円というデータがあるよ。

さ　き：１ｋＷｈって何を表しているのかな。

父　親：ｋＷｈとは電力量を表す単位のことだよ。

ゆ　い：１００００円÷３０円で一か月におよそ３３３ｋＷｈ使用していることになるね。

さ　き：そのうち昼間の電気使用量はどれくらいになるのだろう。

父　親：だいたい３０％が昼間の使用量のようだね。だから３０％で計算しよう。

さ　き：ということは、昼間の電気使用量は３３３×０．３で、一か月でおよそ１００ｋＷｈだね。

父　親：これでうちの昼間の電気使用量が分かったね。次はしきつめようと思っているパネルの性能はどうなんだろう。

さ　き：太陽光パネルを使ったとき、私たちの家の近くではどのくらいの発電量になるか、調べたデータがあるよ（**表１**）。

表１

地点	パネル**Ａ**２１枚《まい》分の年間予想発電量	パネル**Ｂ**４５枚《まい》分の年間予想発電量	パネル**Ｃ**４５枚《まい》分の年間予想発電量
東京	６１９１ｋＷｈ	６１２３ｋＷｈ	６１２３ｋＷｈ

（令和元年の環境省《かんきょうしょう》の資料より作成）

ゆ　い：パネル**Ａ**とパネル**Ｂ**は、面積は２倍なのに発電量は２倍ではないんだね。

父　親：パネルの形がななめになっているから、発電できない部分があるんだよ。**表１**によると、私たちが住んでいる東京では、パネル**Ａ**２１枚分では年間６１９１ｋＷｈの予想発電量、パネル**Ｂ**４５枚分では年間６１２３ｋＷｈの予想発電量、パネル**Ｃ**４５枚分では年間６１２３ｋＷｈの予想発電量だね。

ゆ　い：**図５**のようにパネルをのせたら年間の発電量はどのくらいなのだろう。

さ　き：それは、［　（ア）　］という方法で分かるね。

父　親：では、先ほどのうちの一か月の電気使用量と比べてみよう。

ゆ　い：太陽光パネルの一か月のおよその発電量を求めるには、年間発電量を１２で割《わ》ると分かるね。

父　親：この一か月の発電量を昼間で使用している分にあてるとすると、一か月当たりの残りの発電量は［　（イ）　］という方法で分かるね。

さ　き：この余った分はどうなるの。

父　親：売ったりためたりできるんだよ。

さ　き：そうなんだ。環境にもやさしいし、むだな消費が減るね。

ゆ　い：もっと太陽光について調べたくなったね。

〔問題２〕　会話文中の［（ア）］にあてはまる方法を文章で説明し、その方法により求めた答えを書きなさい。ただし、答えを求めるときに割《わ》りきれない場合は、小数第二位を四捨五入《ししゃごにゅう》し、小数第一位まで求めなさい。また、［（イ）］については、あてはまる方法のみ、文章で説明しなさい。

ゆ　い：家の屋根をもっと大きくすれば、発電量も上がるね。

父　親：そうだけれど、大きいパネルほど、値段《ねだん》も高くなるから、とにかく何でものせればよいわけではないんだ。

ゆ　い：家の場所や高さ、屋根の向き、日照時間によっても変わってきそうだね。

さ　き：今度は、引っこす予定の家のことを調べてみよう。

父　親：引っこす予定の家の、２階の二人の部屋の模型《もけい》を持ってきたよ（**図６**）。

図６

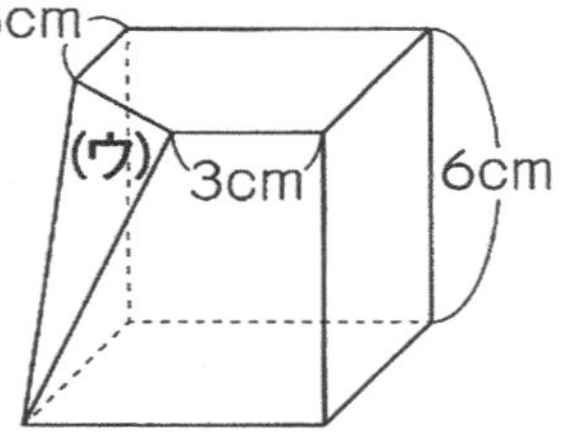

ゆ　い：一辺の長さが６ｃｍの立方体の一部が、ななめに欠けているような形だね。

さ　き：南側の（**ウ**）のところに太陽光パネルは付けられないかな。

〔問題３〕　**図６**の立体の展開図《てんかいず》として正しいものを、下の①～④よりすべて選び、記号で答えなさい。また、解答らんにある**図６**の展開図の続きを、解答らんにおさまるようにかき、（**ウ**）の面積を求めなさい。ただし、解答らんにある一マスは、一辺の長さが１ｃｍの正方形とする。

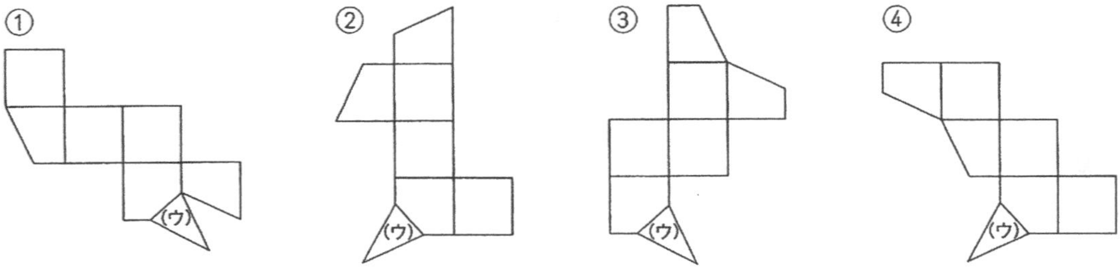

さ　き：家の屋根に太陽光パネルを付けることで、自然の力をうまく取り入れて、生活することができるね。

ゆ　い：そうだね。私たちも環境を守ることができるよ。

花　子：どの料理に使われる魚も、冬に保存されているけれど、地域ごとに保存方法がちがうね。
太　郎：保存方法が異《こと》なるのは、地域の気候に関係しているからかな。
花　子：そうだね。では、**図１**の地域の気温と降水量《こうすいりょう》を調べてみよう。

花子さんと**太郎**さんは、**図１**の地域の月ごとの平均気温と降水量を調べました。

花　子：各地域の月ごとの平均気温と降水量をまとめてみると、**図２**のようになったよ。

図２　月ごとの平均気温と降水量《こうすいりょう》

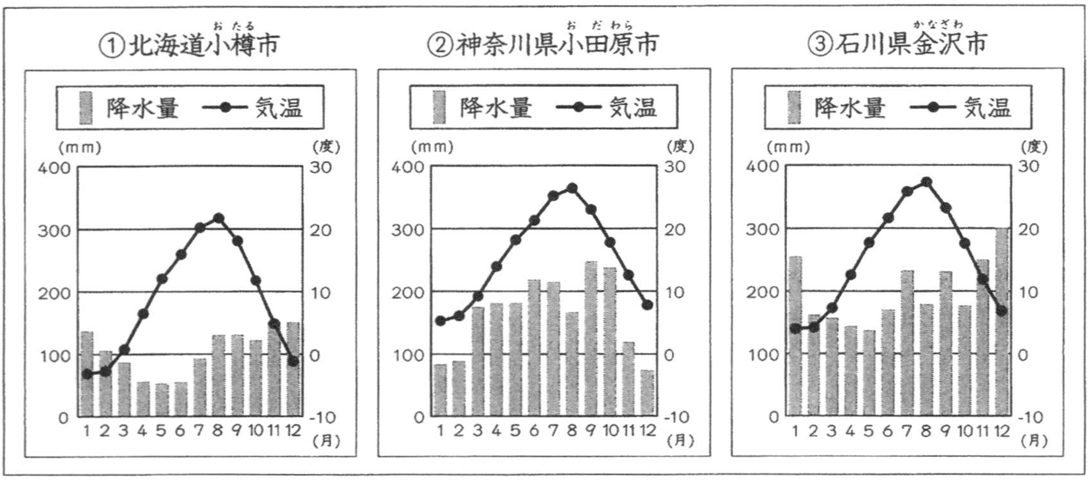

(気象庁《きしょうちょう》ホームページより作成)

太　郎：同じ月でも、地域によって平均気温や降水量がちがうし、同じ地域でも、月によって平均気温や降水量がちがうことが分かるね。
花　子：<u>それぞれの地域で、月ごとの平均気温や降水量に適した保存方法が用いられているのだね。</u>

〔問題１〕　花子さんは「<u>それぞれの地域で、月ごとの平均気温や降水量に適した保存方法が用いられているのだね。</u>」と言っています。**図１**の魚を使った料理は、それぞれどのような保存方法が用いられていますか。それらの保存方法が用いられている理由を、会話文を参考に、**図１**、**図２**と関連させて説明しなさい。

花子さんと**太郎**さんは、調べたことを**先生**に報告しました。

先　生：魚の保存方法と気温、降水量の関係についてよく調べましたね。

花　子：気温と降水量のちがいは、保存方法以外にも、郷土料理に影響《えいきょう》をあたえたのでしょうか。

先　生：では、次の資料を見てください。

図3　先生が示した地域《ちいき》

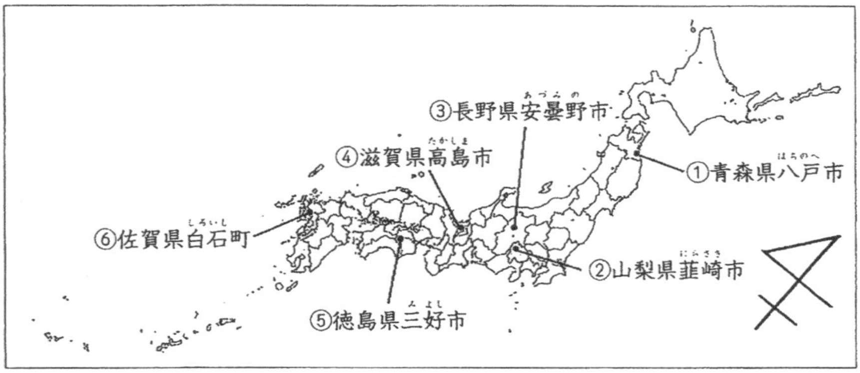

図4　先生が示した地域《ちいき》の郷土料理《きょうどりょうり》

①青森県八戸《はちのへ》市 せんべい汁の画像	せんべい汁《じる》：鶏肉《とりにく》でだしをとったスープに、小麦粉で作ったせんべいと、野菜を入れたなべ料理。	②山梨県韮崎《にらさき》市 ほうとうの画像	ほうとう：小麦粉で作っためんを、かぼちゃなどの野菜といっしょにみそで煮《に》こんだ料理。
③長野県安曇野《あづみの》市 手打ちそばの画像	手打ちそば：そば粉で作っためんを、特産品のわさびなどの薬味が入ったそばつゆにつけて食べる料理。	④滋賀県高島《たかしま》市 しょいめしの画像	しょいめし：野菜と千切りにした油《あぶら》揚《あ》げをしょうゆなどで煮て、そこに米を入れて炊《た》いた料理。
⑤徳島県三好《みよし》市 そば米雑すいの画像	そば米雑《ごめぞう》すい：米の代わりに、そばの実を塩ゆでし、からをむき、かんそうさせて、山菜などと煮こんだ料理。	⑥佐賀県白石《しろいし》町 すこずしの画像	すこずし：炊いた米に酢《す》などで味付けし、その上に野菜のみじん切りなどをのせた料理。

（農林水産省《のうりんすいさんしょう》ホームページなどより作成）

太　郎：先生が示された郷土料理の主な食材に注目すると、それぞれ米、小麦、そばのいずれかが活用されていることが分かりました。保存方法だけではなく、食材のちがいにも、気温と降水量が関係しているということでしょうか。

先　生：地形、標高、水はけ、土の種類など、さまざまな要因がありますが、気温と降水量も大きく関係しています。米、小麦、そばを考えるなら、その地域の年平均気温と年間降水量に着目する必要があります。

花　子：では、今度は月ごとではなく、それぞれの地域の年平均気温と年間降水量を調べてみます。

花子さんと**太郎**さんは**先生**が**図３**で示した地域の年平均気温と年間降水量を調べ、**表１**にまとめました。

表１　花子さんと太郎《たろう》さんが調べた地域《ちいき》の年平均気温と年間降水量《こうすいりょう》

	年平均気温（度）	年間降水量（mm）
①青森県八戸《はちのへ》市	１０．５	１０４５
②山梨県韮崎《にらさき》市	１３．８	１２１３
③長野県安曇野《あづみの》市	９．６	１８８９
④滋賀県高島《たかしま》市	１４．１	１９４７
⑤徳島県三好《みよし》市	１２．３	２４３７
⑥佐賀県白石《しろいし》町	１６．１	１８２３

（気象庁《きしょうちょう》ホームページより作成）

先　生：よく調べましたね。

太　郎：ですが、**表１**では、**図４**の主な食材との関係が分かりにくいです。

花　子：そうですね。年平均気温が高い地域と低い地域、年間降水量が多い地域と少ない地域を、さらに分かりやすく表したいのですが、どうすればよいですか。

先　生：縦軸《たてじく》を年平均気温、横軸《よこじく》を年間降水量とした図を作成してみましょう。**表１**の地域の年平均気温と年間降水量をそれぞれ図に示し、主な食材が同じものを丸で囲んでみると、**図５**のようになります。

太　郎：図４と図５を見ると、主な食材と年平均気温や年間降水量との関係が見て取れますね。

花　子：そうですね。他の主な食材についても調べてみると面白そうですね。

図５　先生が示した図

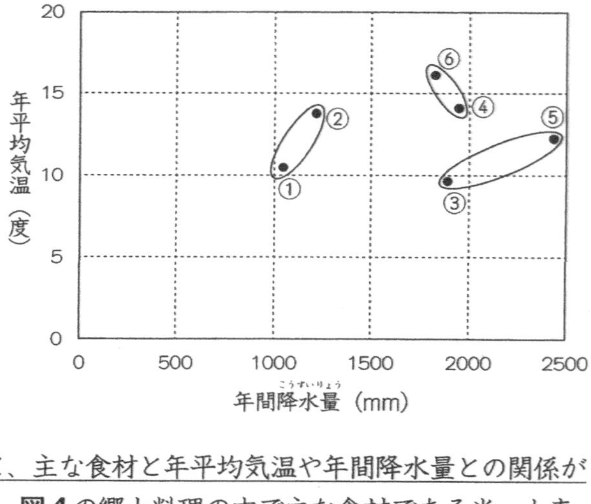

〔問題２〕　太郎さんは「図４と図５を見ると、主な食材と年平均気温や年間降水量との関係が見て取れますね。」と言っています。**図４**の郷土料理の中で主な食材である米、小麦、そばから二つを選びなさい。選んだ二つの食材がとれる地域の年平均気温、年間降水量を比べながら、それらの地域の年平均気温、年間降水量がそれぞれ選んだ食材とどのように関係しているのか、**図５**と会話文を参考にし、説明しなさい。

3　**花子**さん、**太郎《たろう》**さん、**先生**が石けんと洗剤《せんざい》について話をしています。

花　子：家でカレーライスを食べた後、すぐにお皿を洗《あら》わなかったので、カレーのよごれを落としにくかったよ。食べた後に、お皿を水につけておくとよかったのかな。

太　郎：カレーのよごれを落としやすくするために、お皿を水だけにつけておくより、水に石けんやいろいろな種類の洗剤を入れてつけておく方がよいのかな。調べてみたいな。

先　生：それを調べるには、**図1**のようなスポイトを用いるとよいです。スポイトは液体ごとに別のものを使うようにしましょう。同じ種類の液体であれば、このスポイトから液体をたらすと、1滴《てき》の重さは同じです。

図1　スポイト

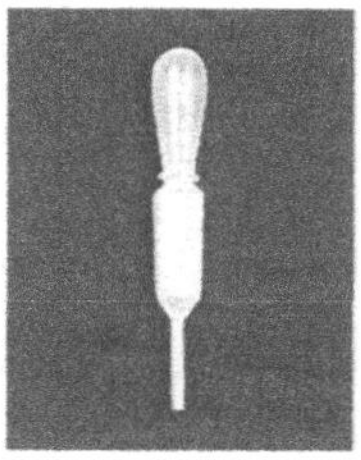

二人は、先生のアドバイスを受けながら、次のような**実験1**を行いました。

実験1

手順1　カレールウをお湯で溶《と》かした液体を、**図2**のようにスライドガラスにスポイトで4滴たらしたものをいくつか用意し、12時間おく。

図2　スライドガラス

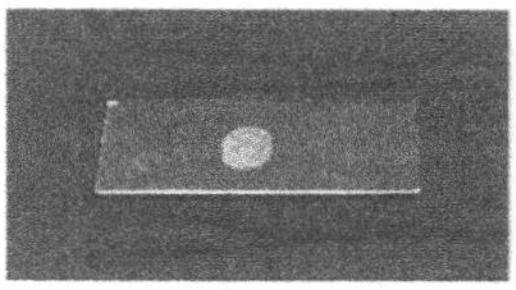

手順2　水100gが入ったビーカーを4個用意する。1個は水だけのビーカーとする。残りの3個には、スポイトを使って次の**ア**～**ウ**をそれぞれ10滴たらし、ビーカーの中身をよくかき混ぜ、液体**ア**、液体**イ**、液体**ウ**とする。

ア　液体石けん　　**イ**　台所用の液体洗剤　　**ウ**　食器洗い機用の液体洗剤

手順3　手順1で用意したスライドガラスを、手順2で用意したそれぞれの液体に、**図3**のように1枚《まい》ずつ入れ、5分間つけておく。

図3　つけておく様子

手順4　スライドガラスを取り出し、その表面を観察し、記録する。

手順5　観察したスライドガラスを再び同じ液体に入れ、さらに55分間待った後、手順4のように表面を観察し、記録する。

実験1の記録は、**表1**のようになりました。

表1　スライドガラスの表面を観察した記録

	水だけ	液体**ア**	液体**イ**	液体**ウ**
5分後	よごれがかなり見える。	よごれがほぼ見えない。	よごれが少し見える。	よごれがほぼ見えない。
60分後	よごれが少し見える。	よごれが見えない。	よごれが見えない。	よごれが見えない。

花　子：よごれが見えなくなれば、カレーのよごれが落ちているといえるのかな。

先　生：カレーのよごれには色がついているものだけでなく、でんぷんもふくまれます。

太　郎： でんぷんのよごれを落とすことができたか調べるために、ヨウ素液が使えるね。

先　生： けんび鏡で観察すると、でんぷんの粒《つぶ》を数えることができます。でんぷんのよごれの程度を、でんぷんの粒の数で考えるとよいです。

二人は、先生のアドバイスを受けながら、次のような**実験２**を行いました。

実験２

手順１　**実験１**の手順１と同様に、カレーがついたスライドガラスを新たにいくつか用意する。その１枚にヨウ素液を１滴たらし、けんび鏡を用いて１５０倍で観察する。**図４**のように接眼レンズを通して見えたでんぷんの粒の数を、液体につける前の粒の数とする。

図４　でんぷんの粒《つぶ》

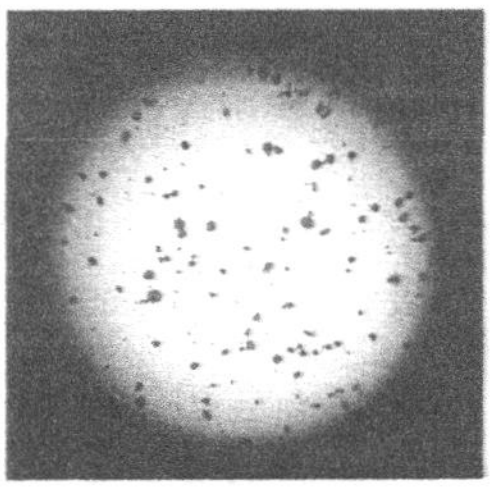

手順２　手順１で用意したスライドガラスについて、**実験１**の手順２～３を行う。そして、手順１のように観察し、それぞれのでんぷんの粒の数を５分後の粒の数として記録する。

手順３　手順２で観察したそれぞれのスライドガラスを再び同じ液体に入れ、さらに５５分間待った後、手順２のようにでんぷんの粒の数を記録する。

実験２の記録は、**表２**のようになりました。

表２　接眼レンズを通して見えたでんぷんの粒《つぶ》の数

	水だけ	液体**ア**	液体**イ**	液体**ウ**
５分後の粒の数（粒）	８０４	６３２	５０４	４７６
６０分後の粒の数（粒）	４８４	８２	６８	１６６

花　子： 手順１で、液体につける前の粒の数は１７７２粒だったよ。

先　生： どのスライドガラスも液体につける前の粒の数は１７７２粒としましょう。

太　郎： ５分後と６０分後を比べると、液体**ウ**より水だけの方が粒の数が減少しているね。

〔問題１〕（１）　よごれとして、色がついているよごれとでんぷんのよごれを考えます。**実験１**と**実験２**において、５分間液体につけておくとき、よごれを落とすために最もよいと考えられるものを液体**ア**～**ウ**から一つ選びなさい。また、その理由を、**実験１**と**実験２**をもとに書きなさい。

（２）　**実験２**において、５分後から６０分後までについて考えます。水だけの場合よりも液体**ウ**の場合の方が、でんぷんのよごれの程度をより変化させたと考えることもできます。なぜそう考えることができるのかを、**実験２**をもとに文章を使って説明しなさい。

花　子：台所にこぼしたサラダ油を綿のふきんでふき取ったのだけれど、ふきんから油を落とすために洗剤《せんざい》の量をどれぐらいにするとよいのかな。

太　郎：洗剤の量を多くすればするほど、油をより多く落とすことができると思うよ。

先　生：**図1**のようなスポイトを用いて、水に入れる洗剤の量を増やしていくことで、落とすことができる油の量を調べることができます。

二人は、次のような**実験3**を行い、サラダ油５gに対して洗剤の量を増やしたときに、落とすことができる油の量がどのように変化するのか調べました。

実験3

手順1　２０．６gの綿のふきんに、サラダ油５gをしみこませたものをいくつか用意する。

手順2　**図5**のような容器に水1kgを入れ、洗剤を**図1**のスポイトで４滴《てき》たらす。そこに、手順1で用意したサラダ油をしみこませたふきんを入れる。容器のふたを閉《し》め、上下に５０回ふる。

図5　容器

手順3　容器からふきんを取り出し、手でしぼる。容器に残った液体を外へ流し、容器に新しい水1kgを入れ、しぼった後のふきんを入れる。容器のふたを閉め、上下に５０回ふる。

手順4　容器からふきんを取り出し、よくしぼる。ふきんを日かげの風通しのよいところで２４時間おき、乾燥《かんそう》させる。乾燥させた後のふきんの重さを電子てんびんではかる。

手順5　手順1～4について、**図1**のスポイトでたらす洗剤の量を変化させて、乾燥させた後のふきんの重さを調べる。

実験3の結果は、**表3**のようになりました。

表3　洗剤《せんざい》の量と乾燥《かんそう》させた後のふきんの重さ

洗剤の量（滴《てき》）	４	８	１２	１６	２０	２４	２８	３２	３６	４０
ふきんの重さ（g）	24.9	24.6	23.5	23.5	23.0	22.8	23.8	23.8	23.8	23.9

花　子：調理の後、フライパンに少しの油が残っていたよ。少しの油を落とすために、最低どのくらい洗剤の量が必要なのか、調べてみたいな。

太　郎：洗剤の量をなるべく減らすことができると、自然環境《かんきょう》を守ることになるね。洗剤に水を加えてうすめていって、調べてみよう。

先　生：洗剤に水を加えてうすめた液体をつくり、そこに油をたらしてかき混ぜた後、液体の上部に油が見えなくなったら、油が落ちたと考えることにします。

二人は、次のような**実験４**を行いました。

実験４

手順１　ビーカーに洗剤１ｇと水１９ｇを加えて２０ｇの液体をつくり、よくかき混ぜる。この液体を液体Ａとする。液体Ａを半分に分けた１０ｇを取り出し、**試験管Ａ**に入れる。液体Ａの残り半分である１０ｇは、ビーカーに入れたままにしておく。

手順２　手順１でビーカーに入れたままにしておいた液体Ａ１０ｇに水１０ｇを加えて２０ｇにし、よくかき混ぜる。これを液体Ｂとする。液体Ｂの半分を**試験管Ｂ**に入れる。

手順３　ビーカーに残った液体Ｂ１０ｇに、さらに水１０ｇを加えて２０ｇとし、よくかき混ぜる。これを液体Ｃとする。液体Ｃの半分を**試験管Ｃ**に入れる。

手順４　同様に手順３をくり返し、**試験管Ｄ**、**試験管Ｅ**、**試験管Ｆ**、**試験管Ｇ**を用意する。

手順５　**試験管Ａ～Ｇ**に**図１**のスポイトでそれぞれサラダ油を１滴入れる。ゴム栓《せん》をして**試験管Ａ～Ｇ**を１０回ふる。試験管をしばらく置いておき、それぞれの試験管の液体の上部にサラダ油が見えるか観察する。

手順６　もし、液体の上部にサラダ油が見えなかったときは、もう一度手順５を行う。もし、液体の上部にサラダ油が見えたときは、そのときまでに試験管にサラダ油を何滴入れたか記録する。

実験４の記録は、**表４**のようになりました。

表４　加えたサラダ油の量

	試験管Ａ	**試験管Ｂ**	**試験管Ｃ**	**試験管Ｄ**	**試験管Ｅ**	**試験管Ｆ**	**試験管Ｇ**
サラダ油の量（滴《てき》）	５９	４１	３８	１７	５	１	１

〔問題２〕（１）　太郎さんは、「洗剤の量を多くすればするほど、油をより多く落とすことができると思うよ。」と予想しました。その予想が正しくないことを、**実験３**の結果を用いて説明しなさい。

（２）　フライパンに残っていたサラダ油０．４ｇについて考えます。新たに用意した**実験４**の**試験管Ａ～Ｇ**の液体１０ｇに、サラダ油０．４ｇをそれぞれ加えて１０回ふります。その後、液体の上部にサラダ油が見えなくなるものを、**試験管Ａ～Ｇ**からすべて書きなさい。また、**実験４**から、サラダ油０．４ｇを落とすために、**図１**のスポイトを用いて洗剤は最低何滴《てき》必要ですか。整数で答えなさい。

ただし、**図１**のスポイトを用いると、サラダ油１００滴の重さは２．５ｇ、洗剤１００滴の重さは２ｇであるものとします。

問だ。しかし、「なぜその貝がそこに落ちていないのか」という問は、その問に気づくこと自体が困難《こんなん》である。

僕は貝殻の拾いなおしをし始めたことで、少年時代の自分の貝殻コレクションに、ハマグリが含まれていないのに初めて気づいたのである。ハマグリといえば、貝の名前をあまり知らない生徒や学生でも、「知っている」貝だろう。しかし、そんな貝を、少年時代にせっせと貝殻拾いに通っていたはずの僕が拾ったことがなかった……ただの一度も拾い上げたことがなかったのだった。それはなぜか。そして、どこに行ったらハマグリが拾えるのか。その謎《なぞ》解《と》きが僕のあらたな貝殻拾いのひとつの目標となっていった。

（盛口《もりぐち》　満《みつる》「自然を楽しむ——見る・描《えが》く・伝える」による）

〔注〕

雨ざらし——雨にぬれたままになっているさま。

沖ノ島——千葉県南部の島。

伊勢湾《いせわん》——愛知県と三重県にまたがる太平洋岸にある湾《わん》。

館山《たてやま》——千葉県南部の館山湾《たてやまわん》に面する市。

現生種——現在生きている種。

タイムワープができる——現実とは別の時間に移動できる。

マングローブ林——あたたかい地域《ちいき》の河口に生育する常緑の木からなる林。

黒住《くろずみ》さん——黒住耐二《くろずみたいじ》。貝の研究者。

採取圧《さいしゅあつ》——むやみに採ること。

にも、該当《がいとう》する貝の記述はなかった。「うすよごれた二枚貝」として、さほど当時の僕は注目しなかったということだろう。

　少年時代は拾い上げたことさえ認識《にんしき》していなかったこの貝は、あらためて図鑑《ずかん》で調べてみると、ハイガイという名前の貝であった。ハイガイというのは、殻《から》の厚いこの貝を焼いて、石灰《せっかい》をつくったことによっている。興味深いことは、この貝の分布地が図鑑によると、*伊勢湾《いせわん》以南となっていることだ。つまり千葉は、本来の分布地よりも北に位置する。そんな貝が、なぜ僕の貝殻コレクションに含《ふく》まれていたのだろう。

　じつは、ハイガイは、今よりも水温の高かった縄文時代《じょうもんじだい》には*館山《たてやま》近辺にも生息していた。そのころの貝殻が、地層《ちそう》から洗《あら》い出されて海岸に打ち上がっていたわけだった。

　これが、僕のあらたな貝殻拾いの視点《してん》のヒントとなる「発見」だった。貝殻は生き物そのものではなく、生き物のつくりだした構造物だ。そのため、かなり丈夫だ。それこそ、数千年前の縄文時代の貝殻が、海岸に転がっていても、*現生種の貝殻とすぐには見分けがつかないほどに。貝殻は丈夫であるので、時を超《こ》えることができる。

　すなわち、「貝殻拾いをすると、*タイムワープができるのではないだろうか」……それが僕のあらたな貝殻拾いの視点となった。

　そんな目で探《さが》してみると、「今はいないはずの貝」があちこちで拾えることに気がついた。それは、いったい、いつごろの貝か。そして、なぜ、その貝はいなくなったのか。

　たとえば少年時代に僕が雑誌《ざっし》の紹介《しょうかい》記事を読んであこがれた南の島が西表島《いりおもてじま》だ。イリオモテヤマネコで有名な「原始の島」というイメージのある島であるが、その一方、古くからこの島には人々《ひとびと》が住みついていた。そのため、西表島の海岸には、ところどころ貝塚《かいづか》が見られる。そうした貝塚の貝は、それこそ小さなころの僕が図鑑で見てあこがれたような貝……大型のタカラガイであるホシキヌタや、重厚《じゅうこう》なラクダガイ、これも大型の二枚貝であるシャコガイ類など……ばかりで、ついためいきをついてしまうのだが、それらの貝に混じってたくさんのセンニンガイの殻が見られる。センニンガイは、*マングローブ林に生息する、細長い巻貝《まきがい》だ。貝塚から見つかるということは当然食用にされていたというわけだが、現在の西表島のマングローブ林では、このセンニンガイは一切《いっさい》見つからない。*黒住《くろずみ》さんによると西表島や石垣島《いしがきじま》からは、センニンガイは一七世紀以降《いこう》、消滅《しょうめつ》したと考えられるという。どうやら人間の*採取圧《さいしゅあつ》によって、個体数を減らし、ついには絶滅《ぜつめつ》してしまったと考えられている（現在でも東南アジアに行くと、センニンガイを見ることができる。江ノ島《えのしま》などの観光地に行くと、外国産の貝殻の盛《も》り合わせがパックされて売られているが、ときにこの、外国産のセンニンガイが含まれているパックも目にする）。

　こんなふうに、人間の影響《えいきょう》によって、地域《ちいき》で見られる貝が変わっていく。その移り変わりの歴史が、足元に転がる貝殻から見える。

　そうした視点で貝殻拾いを始めたとき、僕は少年時代に拾えなかった貝があることにようやく気づいた。「なぜその貝がそこに落ちているのか」という問《とい》は、解決できるかどうかは別として、容易になしうる

1 次の **文章1** と **文章2** とを読み、あとの問題に答えなさい。
（＊印のついている言葉には本文のあとに〔注〕があります。）

文章1

異世界《いせかい》への扉《とびら》は、思わぬところに潜《ひそ》んでいる。そして、その扉の存《そん》在《ざい》に気づくきっかけもまた、思わぬところに潜んでいる。

「貝殻《かいがら》拾いって、だれもがついやっちゃいますよね」

知り合いの編集者が、会話の中でこんなひとことを発した。

あらたな異世界への扉への気づきは、このひとことが始まりだった。

自然は特別な人のためのものではない。「だれもがやれてしまうようなことで自然とつきあえるというのは、大事なこと」とつねづね思っていただけに、このひとことには意表を突《つ》かれた。そして、どんなに身近な自然でも、どんなに手軽な方法でも、相手が自然であれば、思わぬ世界に通じることのできる可能性が、そこにある。

「そうか。貝殻拾いにはまだ、あらたなおもしろさがあるかもしれない」

そう思う。

この編集者のひとことをきっかけに、もう一度、貝拾いを本格的に再開してみようと僕《ぼく》は思った。ただ、少年時代のころのように、ひたすらに、たくさんの種類を拾い集めることを目標にしても意味はない。

なぜ貝殻を拾うのか。

貝殻を拾って、なにかが見えてくるのか。

そんなことを考えてみる。

これまた思わぬことに、あらたな貝殻拾いのヒントは、少年時代に拾い集めた貝殻コレクションの中に隠《かく》されていた。

少年時代に拾い集めた貝殻のうち、「これは」と思う種類……たとえばめったに拾うことのできなかったタカラガイの仲間など……は、紙箱に入れられ、僕の行く先々にともにあった。一方、そうして選ばれることのなかった貝殻は、実家の軒下《のきした》に放置されることになった。もう一度、貝殻拾いを見直してみようと思ったとき、僕は、そうして放置され、半ば＊雨ざらしになっていた貝殻をかきわけ、いくつか特徴的《とくちょうてき》な貝殻を取り上げ、沖縄に持って帰ることにした。

このとき、まず気づいたことがある。それは、「貝殻は丈夫《じょうぶ》だ」ということだ。少年時代に拾い上げ、その後、軒下に放置されていたのにもかかわらず、貝殻の形は崩《くず》れておらず、色もそれほどあせていなかった。耐水《たいすい》インクで貝殻に直接書き込《こ》んであったデータもまだ読み取れた。さらに雨ざらし状態から「救出」してきた貝殻のひとつを、沖縄に戻《もど》ってまじまじと見たら、気になる二枚貝《にまいがい》がひとつあることを発見してしまう。

擦《す》り切れた二枚貝の片方《かたほう》の殻で、白くさらされた貝殻は、さらにねずみ色にうっすらと染《そ》まっていた。二枚貝にしては殻の厚い貝だ。書き込《こ》まれたデータには一九七五年一二月一三日＊沖ノ島とあったが、僕自身にはこのような貝殻を拾い上げた記憶《きおく》はまったくなかった。少年時代につけていた貝殻採集の記録ノートを見返してみたが、当日の記録

④

適性検査Ⅰ

注意

1 問題は[1]のみで、**6ページ**にわたって印刷してあります。
2 検査時間は**四十五分**で、終わりは**午前九時四十五分**です。
3 声を出して読んではいけません。
4 答えは全て解答用紙に明確に記入し、**解答用紙だけを提出しなさい。**
5 答えを直すときは、きれいに消してから、新しい答えを書きなさい。
6 **受検番号**を解答用紙の決められたらんに記入しなさい。

東京都立大泉高等学校附属中学校

〈問題１〉　㋐古くさく感じない　とありますが、なぜそのように言えるのでしょうか。解答らんに当てはまるように二十字以上三十字以内で **文章1** からぬき出しなさい。

> □ ことを思わせる隙間《すきま》や傷《きず》のある家具などが、新しい命を感じさせるから。

〈問題２〉　㋑行間を読む　とありますが、本を読むことにおいては、何をどうすることですか。「真実」「事実」という語を用いて説明しなさい。

〈問題３〉　あなたは、これからの学校生活でどのように学んでいこうと思いますか。あなたの考えを四百字以上四百四十字以内で書きなさい。ただし、次の条件と下の〈**きまり**〉にしたがうこと。

条件

① あなたが、**文章1**・**文章2** から読み取った、共通していると思う考え方をまとめ、それをはっきり示すこと。

② 「①」の内容と、自分はどのように学んでいくつもりかを関連させて書くこと。

③ 適切に段落《だんらく》分けをして書くこと。

〈**きまり**〉

○題名は書きません。

○最初の行から書き始めます。

○各段落《だんらく》の最初の字は一字下げて書きます。

○行をかえるのは、段落をかえるときだけとします。

○、や。や」などもそれぞれ字数に数えます。これらの記号が行の先頭に来るときには、前の行の最後の字と同じますめに書きます（ますめの下に書いてもかまいません）。

○。と」が続く場合には、同じますめに書いてもかまいません。この場合、。」で一字と数えます。

○段落をかえたときの残りのますめは、字数として数えます。

○最後の段落の残りのますめは、字数として数えません。

お詫び

著作権上の都合により、文章は掲載しておりません。
ご不便をおかけし、誠に申し訳ございません。

教英出版

（田口幹人《たぐちみきと》「なぜ若《わか》い時に本を読むことが必要なのだろう」による）

〔注〕

希薄《きはく》――少なくてうすいようす。

蓄積《ちくせき》――物や力がたまること。

闇雲《やみくも》に――むやみやたらに。

価値観《かちかん》――ものごとを評価するときに基準とする判断や考え方。

汲《く》み取《と》る――人の気持ちをおしはかる。

培《つちか》った――やしない育てた。

文章2

お詫び

著作権上の都合により、文章は掲載しておりません。
ご不便をおかけし、誠に申し訳ございません。

教英出版

お詫び

著作権上の都合により、文章は掲載しておりません。
ご不便をおかけし、誠に申し訳ございません。

教英出版

適性検査Ⅱ

注　　意

1　問題は 1 から 3 までで、１２ページにわたって印刷してあります。

2　検査時間は**４５分**で、終わりは**午前１１時１０分**です。

3　声を出して読んではいけません。

4　計算が必要なときは、この問題用紙の余白を利用しなさい。

5　答えは全て解答用紙に明確に記入し、**解答用紙だけを提出しなさい。**

6　答えを直すときは、きれいに消してから、新しい答えを書きなさい。

7　**受検番号**を解答用紙の決められたらんに記入しなさい。

東京都立大泉高等学校附属中学校

問題は次のページからです。

1　放課後、**太郎**《たろう》さんと**花子**さんは、教室で話をしています。

太　郎：今日の総合的な学習の時間に、**花子**さんの班《はん》は何をしていたのかな。
花　子：私《わたし》はプログラミングを学んで、タブレットの画面上でロボットを動かしてブロックを運ぶゲームを作ったよ。
太　郎：おもしろそうだね。やってみたいな。

花子さんは画面に映《うつ》し出された図（**図１**）を、**太郎**さんに見せました。

図１　映《うつ》し出された図

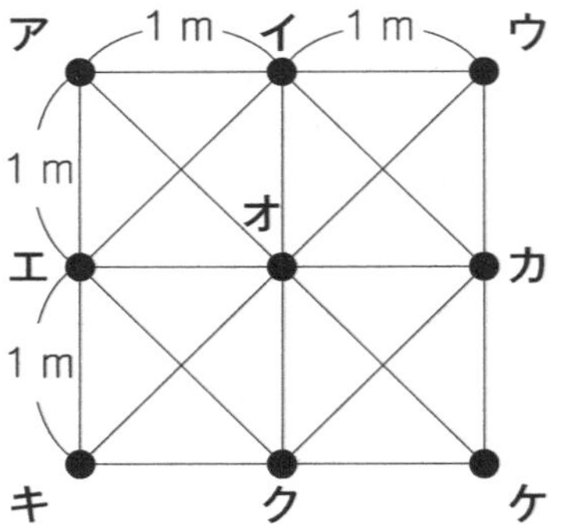

花　子：この画面で道順を設定すると、ロボットは黒い点から黒い点まで、線の上だけを動くことができるんだ。黒い点のところにブロックを置いておくと、ロボットがその黒い点を通ったときにブロックを運んでくれるんだ。運んだブロックをおろす場所も設定できるよ。設定できることをまとめてみるね。

〔設定できること〕
ロボットがスタートする位置
　ブロックを置いていない黒い点から、スタートする。
ブロックを置く位置
　ブロックは黒い点の上に、１個置くことができる。ロボットは、ブロックが置いてある黒い点を通ると、そこに置いてあるブロックを運びながら、設定した次の黒い点に進む。
倉庫（ロボットがブロックをおろす場所）の位置
　ロボットが倉庫に行くと、そのとき運んでいるブロックを全て倉庫におろす。

太　郎：９個の黒い点のある位置は、それぞれ**ア**から**ケ**というんだね。
花　子：そうだよ。**ア**から**オ**に行く場合は**ア→オ**や、**ア→エ→オ**や、**ア→イ→ウ→オ**のように設定できるんだよ。
太　郎：四角形**アエオイ**、四角形**イオカウ**、四角形**エキクオ**、四角形**オクケカ**は正方形なのかな。
花　子：全て正方形だよ。**ア**から**イ**までや、**ア**から**エ**までは１ｍの長さに設定してあるよ。
太　郎：では、ブロックを置く位置と倉庫の位置を設定してみよう。
花　子：**図２**のように**イ**と**カ**と**キ**にブロックをそれぞれ１個ずつ置いて、**ケ**に倉庫の位置を設定してみたよ。それらの黒い点の上に、ブロックを置く位置と倉庫の位置が表示されるんだ。
太　郎：この３個のブロックを倉庫に運ぶために、どのようにロボットを動かせばよいかを考えよう。
花　子：ロボットの速さは分速１２ｍなのだけど、ブロックを運んでいるときはおそくなるよ。
太　郎：どのくらいおそくなるのかな。

花　子：運んでいるブロックの数によって、何も運んでいないときよりも、１ｍ進むのにかかる時間が増えるんだ。でも、運んでいるブロックの数が変わらない限り、ロボットは一定の速さで動くよ。**表1**にまとめてみるね。

太　郎：ブロックを３個運んでいるときは、かなりおそくなるね。

花　子：とちゅうで倉庫に寄ると、そのとき運んでいるブロックを全て倉庫におろすことができるよ。

太　郎：最も短い時間で全てのブロックを運ぼう。スタートする位置も考えないとね。

花　子：まず、計算をして、全てのブロックを倉庫まで運ぶ時間を求めてみよう。

図2　**花子**さんが設定した図

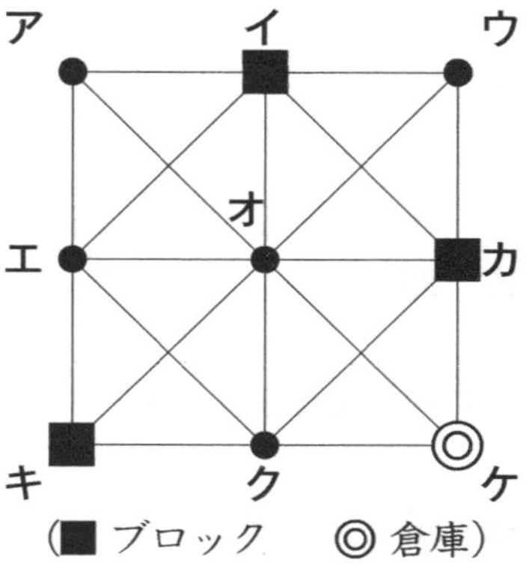

太　郎：１辺の長さが１ｍの正方形の対角線の長さは１．４ｍとして計算しよう。

花　子：私が考えたスタートする位置からロボットが動いて全てのブロックを倉庫に運ぶまでの時間を求めると、４８．８秒になったよ。

太　郎：私の計算でも４８．８秒だったよ。けれども、スタートする位置も道順も**花子**さんの考えたものとは、別のものだったよ。

表1　何も運んでいないときよりも、１ｍ進むのにかかる時間の増え方

運んでいるブロックの数	増える時間
１個	２秒増える
２個	５秒増える
３個	８秒増える

〔問題１〕　**図2**のように**太郎**さんと**花子**さんは**イ**と**カ**と**キ**にブロックを置く位置を、**ケ**に倉庫の位置を設定しました。４８．８秒で全てのブロックを倉庫まで運ぶとき、スタートする位置と道順はどのようになっていますか。いくつか考えられるもののうちの一つを、**ア**～**ケ**の文字と**→**を使って答えなさい。また、４８．８秒になることを式と文章で説明しなさい。ただし、ロボットは３個のブロックを倉庫に運び終えるまで止まることはありません。また、ブロックを集める時間や倉庫におろす時間、ロボットが向きを変える時間は考えないものとします。

花　子：**太郎**さんの班はプログラミングを学んで、何をしていたのかな。

太　郎：私はスイッチをおして、電球の明かりをつけたり消したりするプログラムを作ったよ。画面の中に電球とスイッチが映し出されて（**図3**）、１個のスイッチで１個以上の電球の明かりをつけることや消すことができるんだ。

花　子：おもしろそうだね。

太　郎：そうなんだよ。それでクイズを作っていたけれど、まだ完成していないんだ。手伝ってくれるかな。

花　子：いいよ、見せてくれるかな。

図3　映し出された図

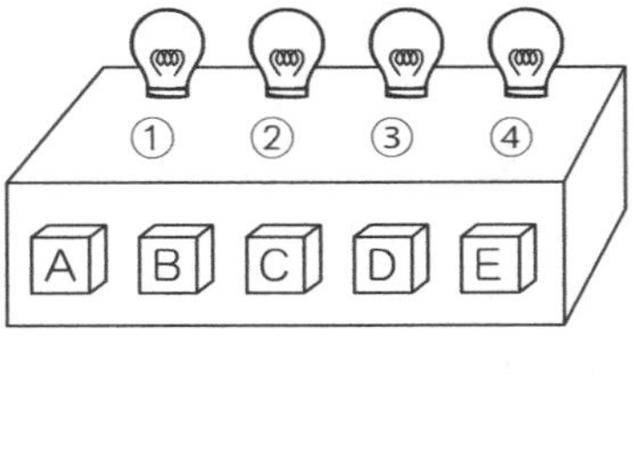

〔**太郎**さんが作っているクイズ〕

①〜④の４個の電球と、Ａ〜Ｅの５個のスイッチがあります。**全ての電球の明かりが消えている状態で、**Ａのスイッチをおすと、②と③の電球の明かりがつきました。次のヒントを読んで、全ての電球の明かりが消えている状態で、Ｂ〜Ｅのスイッチはそれぞれどの電球の明かりをつけるかを答えなさい。

ヒント（あ）：全ての電球の明かりが消えている状態で、ＡとＢとＣのスイッチをおしたあと、明かりがついていたのは①と③の電球であった。

ヒント（い）：全ての電球の明かりが消えている状態で、ＢとＣとＤのスイッチをおしたあと、明かりがついていたのは①と②と④の電球であった。

ヒント（う）：全ての電球の明かりが消えている状態で、ＡとＤとＥのスイッチをおしたあと、明かりがついていたのは①と④の電球であった。

花　子：Ａのスイッチは、②と③の電球の明かりをつけるスイッチなんだね。

太　郎：Ａのスイッチは、②と③の電球の明かりを消すこともあるよ。②と③の電球の明かりがついている状態で、Ａのスイッチをおすと、②と③の電球の明かりは消えるんだ。

花　子：①と④の電球の明かりがついている状態で、Ａのスイッチをおしても、①と④の電球の明かりはついたままなのかな。

太　郎：そうだよ。Ａのスイッチをおしても、①と④の電球の明かりは何も変化しないんだ。

花　子：Ａ以外にも、②の電球の明かりをつけたり消したりするスイッチがあるのかな。

太　郎：あるよ。だから、Ａのスイッチをおして②の電球の明かりがついたのに、ほかのスイッチをおすと②の電球の明かりを消してしまうこともあるんだ。

花　子：ヒントでは３個のスイッチをおしているけれど、おす順番によって結果は変わるのかな。

太　郎：どの順番でスイッチをおしても、結果は同じだよ。だから、順番は考えなくていいよ。

花　子：ここまで分かれば、クイズの答えが出そうだよ。

太　郎：ちょっと待って。このままではクイズの答えが全ては出せないと思うんだ。ヒントがあと１個必要ではないかな。

花　子：これまで分かったことを、表を使って考えてみるね。スイッチをおしたときに、電球の明かりがつく場合や消える場合には○、何も変化しない場合には×と書くよ。（**表２**）

表２　花子さんが書きこんだ表

	①の電球	②の電球	③の電球	④の電球
Ａのスイッチ	×	○	○	×
Ｂのスイッチ				
Ｃのスイッチ				
Ｄのスイッチ				
Ｅのスイッチ				

太　郎：Ａのスイッチのらんは全て書きこめたね。それでは、**ヒント（あ）**から考えてみようか。

花　子：**ヒント（あ）**を見ると、①の電球の明かりがついたね。でも①の電球のらんを見ると、Ａのスイッチは×だから、ＢとＣのスイッチのどちらか一方が○でもう一方が×になるね。

太　郎：つまり、AとBとCのスイッチの①の電球のらんは、次の**表3**のようになるね。

表3　①の電球について**太郎**《たろう》さんが示した表

	①の電球
Aのスイッチ	×
Bのスイッチ	○
Cのスイッチ	×

または

	①の電球
Aのスイッチ	×
Bのスイッチ	×
Cのスイッチ	○

花　子：次は、③の電球を考えてみよう。**ヒント（あ）**では、③の電球の明かりもついたね。

太　郎：③の電球のらんを見ると、Aのスイッチは○だから、BとCのスイッチは、次の**表4**のようになるね。

表4　③の電球について**太郎**さんが示した表

	③の電球
Aのスイッチ	○
Bのスイッチ	○
Cのスイッチ	○

または

	③の電球
Aのスイッチ	○
Bのスイッチ	×
Cのスイッチ	×

花　子：次は、**ヒント（い）**を見ると、①の電球の明かりがついたね。

太　郎：ヒント（あ）で、①の電球はBとCのスイッチのどちらか一方が○でもう一方が×になると分かったね。だから、Dのスイッチの①の電球のらんには×と書けるんだ。

花　子：さらに、**ヒント（う）**を見ると、①の電球の明かりがついたね。AとDのスイッチの①の電球のらんは×なので、Eのスイッチの①の電球のらんには○が書けるよ。（**表5**）

表5　**太郎**さんと**花子**さんがさらに書きこんだ表

	①の電球	②の電球	③の電球	④の電球
Aのスイッチ	×	○	○	×
Bのスイッチ				
Cのスイッチ				
Dのスイッチ	×			
Eのスイッチ	○			

太　郎：ほかの電球についても考えていくと、DとEのスイッチの②から④の電球のらんの○と×が全て書きこめるね。

花　子：でも、BとCのスイッチについては、○と×の組み合わせが何通りかできてしまうよ。

太　郎：やはり、ヒントがあと１個必要なんだ。**ヒント（え）**を次のようにしたら、○と×が一通りに決まって、表の全てのらんに○と×が書きこめたよ。

> **ヒント（え）：**全ての電球の明かりが消えている状態で、□と□と□のスイッチをおしたあと、明かりがついていたのは①と②の電球であった。

〔問題２〕　**表5**の全てのらんに○か×を書きこむための**ヒント（え）**として、どのようなものが考えられますか。解答用紙の**ヒント（え）**の□に、A～Eの中から異《こと》なる３個のアルファベットを書きなさい。また、**ヒント（あ）**～**ヒント（う）**と、あなたが考えた**ヒント（え）**をもとにして、解答用紙の**表5**の空いているらんに○か×を書きなさい。

2 **花子**さんと**太郎《たろう》**さんは、社会科の時間に産業について、**先生**と話をしています。

花　子：これまでの社会科の授業で、工業には、自動車工業、機械工業、食料品工業など、多様な種類があることを学びました。

太　郎：私《わたし》たちの生活は、さまざまな種類の工業と結び付いていましたね。

先　生：私たちの生活に結び付いているのは、工業だけではありませんよ。多くの産業と結び付いています。

花　子：工業のほかにどのような産業があるのでしょうか。

太　郎：たしかに気になりますね。おもしろそうなので、調べてみましょう。

花子さんと**太郎**さんは、産業について調べた後、**先生**と話をしています。

花　子：工業のほかにも、農業や小売業など、たくさんの産業があることが分かりました。同じ産業でも、農業と小売業では特徴《とくちょう》が異《こと》なりますが、何か分け方があるのでしょうか。

先　生：産業は大きく分けると、第１次産業、第２次産業、第３次産業の３種類に分類することができます。

太　郎：それらは、どのように分類されているのですか。

先　生：第１次産業は、自然に直接働きかけて食料などを得る産業で、農業、林業、漁業のことをいいます。第２次産業は、第１次産業で得られた原材料を使用して、生活に役立つように商品を製造したり、加工したりする産業で、工業などのことをいいます。第３次産業は、第１次産業や第２次産業に分類されない産業のことで、主に仕入れた商品を販売《はんばい》する小売業などの商業や、物を直接生産するのではなく、人の役に立つサービス業などのことをいいます。

花　子：大きく区分すると、三つの産業に分類されるのですね。では、日本の産業全体でどれくらいの人が働いているのでしょうか。

太　郎：働いている人のことを就業者《しゅうぎょうしゃ》といいます。日本の産業全体の就業者数を調べてみましょう。

花子さんと**太郎**さんは、日本の産業全体の就業者数について調べました。

花　子：産業全体の就業者数を３０年ごとに調べてみると、１９６０年は約４３７０万人、１９９０年は約６１３７万人、２０２０年は約５５８９万人でした。

太　郎：就業者数は１９６０年、１９９０年、２０２０年と変化しているのですね。それぞれの産業別では、どれくらいの人が働いているのでしょうか。

花　子：私は、第１次産業、第２次産業、第３次産業、それぞれの産業で働いている人の年齢《ねんれい》がどのように構成されているのかを知りたいです。

太　郎：では、今、三つに分類した産業別の就業者数を年齢層《ねんれいそう》ごとに調べ、一つの図にまとめてみましょう。

花子さんと**太郎**さんは、１９６０年、１９９０年、２０２０年における年齢層ごとの産業別の就業者数を調べ、年ごとにグラフ（**図１**）を作成しました。

図1　１９６０年、１９９０年、２０２０年における年齢層《ねんれいそう》ごとの産業別の就業者数《しゅうぎょうしゃすう》

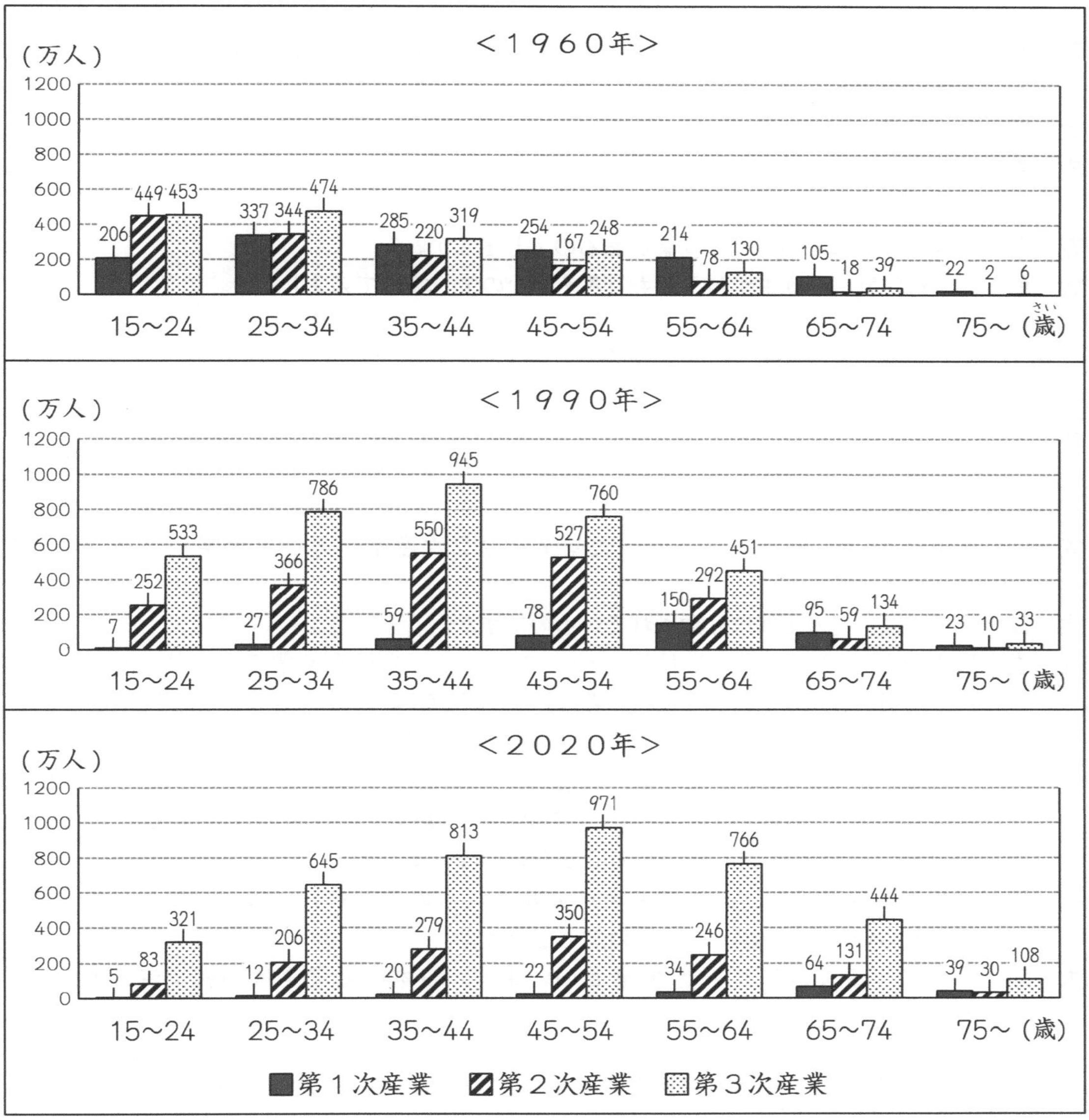

(国勢調査《こくせいちょうさ》より作成)

花　子：**図1**から、１９６０年、１９９０年、２０２０年で産業別の就業者数と就業者数の最も多い年齢層が変化していることが分かりますね。

太　郎：では、１９６０年、１９９０年、２０２０年を比べて、産業別の就業者数と就業者数の最も多い年齢層の変化の様子を読み取りましょう。

〔問題１〕　**太郎**さんは「１９６０年、１９９０年、２０２０年を比べて、産業別の就業者数と就業者数の最も多い年齢層の変化の様子を読み取りましょう。」と言っています。第２次産業、第３次産業のいずれか一つを選び、１９６０年、１９９０年、２０２０年における、産業別の就業者数と就業者数の最も多い年齢層がそれぞれどのように変化しているか、**図1**を参考にして説明しなさい。

適性検査Ⅲ

注　意

1　問題は **1** から **2** までで、**１１ページ**にわたって印刷してあります。

2　検査時間は**４５分**で、終わりは**午後０時３５分**です。

3　声を出して読んではいけません。

4　計算が必要なときは、この問題用紙の余白を利用しなさい。

5　答えは全て解答用紙に明確に記入し、**解答用紙だけを提出しなさい。**

6　答えを直すときは、きれいに消してから、新しい答えを書きなさい。

7　**受検番号**を解答用紙の決められたらんに記入しなさい。

東京都立大泉高等学校附属中学校

問題は次のページからです。

1　**やすひろ**さんと**まさと**さんと**先生**が学校で話をしています。

やすひろ：学校にある池の水が、とう明から緑色に変わったね。何が原因なのかな。
ま さ と：水の中に緑色の何かが混ざっているのではないかな。
やすひろ：近くで見ても、分からないね。緑色の何かとは、生き物なのかな。
ま さ と：池の水をビーカーに入れて理科室で調べてみよう。
先　　生：理科室にある観察や実験の器具を使って、緑色の正体を調べてみましょう。

〔問題１〕　池の水の緑色の正体を調べるにはどのような方法がありますか。以下の三つの器具から一つだけ選び、それを使った方法を解答らんに合うように書きなさい。

器具	虫めがね	ろ紙	アルコールランプ

ま さ と：もっとよく調べるために、けんび鏡を使ってみたいな。
先　　生：けんび鏡を使うのなら、ホールスライドガラス（**図１**）を使ってみてはどうでしょうか。まず、少量の池の水をピペットで吸《す》い取り、ホールスライドガラスのくぼみの部分に垂《た》らします。吸い取った水は、くぼみの部分がちょうどいっぱいになる量を入れるようにします。その上に、カバーガラスをかけて観察します。

図１

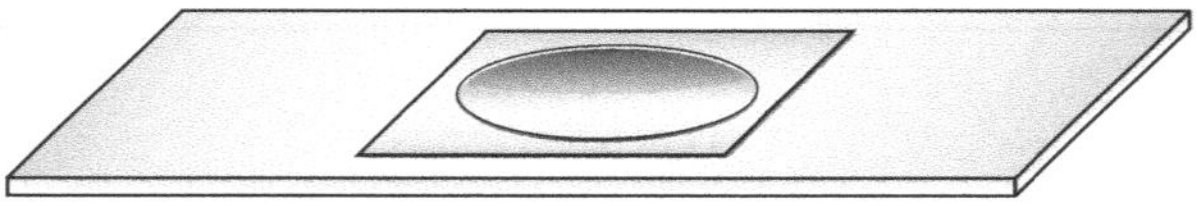

やすひろ：けんび鏡で観察すると、緑色の動いている粒《つぶ》が見えるよ（**図２**）。
先　　生：動いているものはミドリムシという小さな生物です。

図２　ミドリムシを拡大《かくだい》した写真

やすひろ：ミドリムシの数を数えることはできるのかな。けんび鏡の倍率を１００倍にして観察してみよう。

まさと：けんび鏡をのぞくと、一度に見えるはん囲は円の形をしていて、その中にミドリムシが８匹《ひき》いるのが見えました。

先　生：生物では「匹」だけではなく、「個体」という数え方もありますよ。

やすひろ：それでは個体という数え方を使ってみます。８匹だったら８個体ですね。

まさと：くぼみの部分には何個体くらいいるのかな。

先　生：**図３**に、ホールスライドガラスを横から見た断面を示します。ホールスライドガラスのくぼみの部分の直径は１４ｍｍ、深さは一番深い所で０．６ｍｍです。くぼみの部分全体の体積は０．０４５ｍＬです。けんび鏡で一度に見えるはん囲を拡大《かくだい》したものを**図４**に示します。

図３

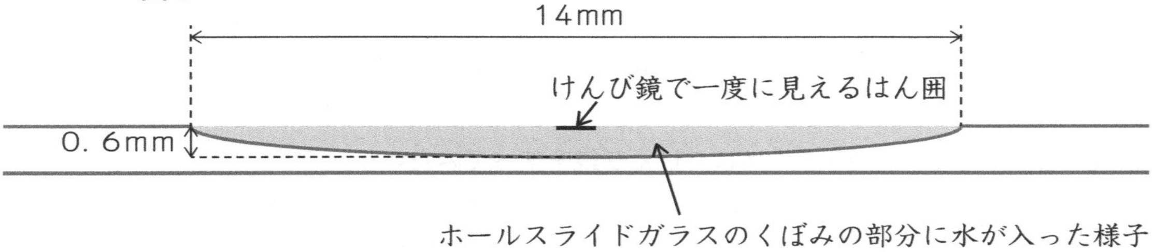

図４

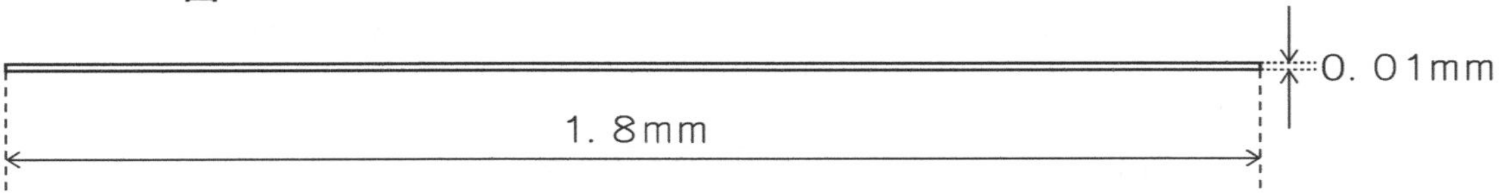

まさと：使用するけんび鏡の倍率を１００倍にした場合、一度に見えるはん囲の円の直径は１．８ｍｍで、ピントが合って見えている部分の水の深さは０．０１ｍｍになるのですね。

〔問題２〕　ホールスライドガラスのくぼみの部分全体の中に存在するミドリムシの個体数を求めるための式を書き、その計算結果に一番近い数値《すうち》を、以下のア～オの中から一つ選び、記号で答えなさい。ただし、水の中でミドリムシは均一に広がって存在《そんざい》しているものとする。計算では、本文中の数値を使い、円周率は３．１４とする。

ア．１４００００	イ．１４０００	ウ．１４００	エ．１４０	オ．１４

やすひろ：ミドリムシが増えたから、池の水が緑色に見えるようになったのかな。

ま さ と：池の水を試験管に入れて、ミドリムシの観察実験をしてみようよ。

やすひろ：どのくらい増えていくのか、分かる方法はあるかな。

ま さ と：期間を決めて、試験管の中のミドリムシの個体数の変化を見ていこうよ。けんび鏡を使えば、個体数の変化が確認《かくにん》できるね。

やすひろ：ところで、外にある池の水には何か変化が起こっているのかな。

ま さ と：雨が降《ふ》ったときには雨水が入ったはずだよ。

先　　生：外に雨水のたまったバケツがあります。その雨水を加えて１０日間、観察してはどうですか。

やすひろ：雨水の量をいろいろ変えてみれば、何か分かるかもしれませんね。

ま さ と：そうだね。**観察実験の手順**は次のようにしよう。

観察実験の手順

「ミドリムシがいる池の水」と、「雨水」を用意する。

①　試験管Ａには、池の水１０ｍＬを入れる。

②　試験管Ｂには、池の水８ｍＬと、雨水２ｍＬを混ぜ、１０ｍＬの液体にして入れる。

③　試験管Ｃには、池の水５ｍＬと、雨水５ｍＬを混ぜ、１０ｍＬの液体にして入れる。

④　試験管Ｄには、池の水２ｍＬと、雨水８ｍＬを混ぜ、１０ｍＬの液体にして入れる。

試験管Ａ、Ｂ、Ｃ、Ｄを、数日間、理科室の風通しのよい明るい場所においた。１日１回、けんび鏡の倍率を１００倍にして観察し、一度に見えるはん囲の中にいた個体数を数える。

やすひろ：では、やってみよう。

やすひろ：１０日目の結果を見ると、試験管によって、けんび鏡で一度に見えるはん囲にいたミドリムシの個体数が変化していることが分かるね（**図５**）。

図５　１０日目のミドリムシの個体数

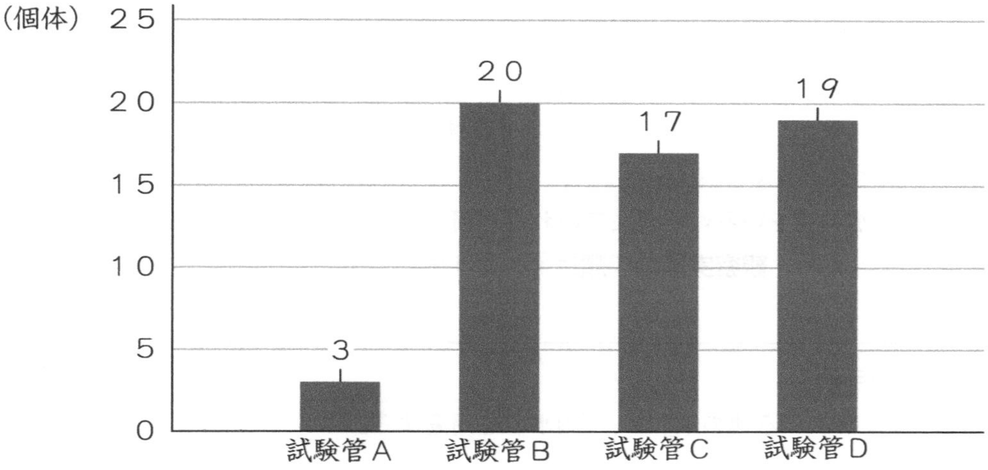

先　　生：この結果からどういうことが分かりますか。

ま さ と：試験管によってミドリムシの個体数が増えたり減ったりしたということですよね。

やすひろ：一番増えたのは試験管Ｂかな。

ま さ と：**（ア）** がちがうから、そうともいえないのではないかな。

先　　生：池の水や試験管ではミドリムシは均一に広がっているとします。試験管Ａ、Ｂ、Ｃ、Ｄで、ミドリムシが最も増えたものはどれか、今回の観察の結果で分かりますか。

やすひろ：計算をしたら分かると思います。

〔問題３〕 **（ア）** に当てはまる言葉を１０文字以上、１５文字以内で答えよ。また、**観察実験の手順**と**図５**から、１０日間でミドリムシが最も増えたといえる試験管を試験管Ａ～Ｄの中から一つ選んで記入し、選んだ理由も答えなさい。

問題を解くときに、問題用紙や解答用紙、ティッシュペーパーなどを実際に折ったり切ったりしてはいけません。

2　**ゆい**さんと**さき**さんは家族でキャンプ場に来ています。

父　：今日《きょう》はキャンプで必要なものを、自分たちで作ってみようか。
ゆい：楽しそうだね。何から作るの。
母　：まず座《すわ》るものを作ってみよう。
さき：向こうに丸太がたくさんあるよ。
ゆい：何本かまとめて、いすを作れないかな。
さき：**図１**とおおよそ同じ形、同じ大きさの丸太を何本か集めてくるね。

図１　集めてくる丸太

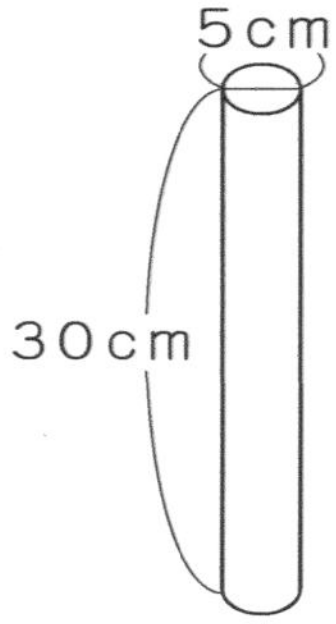

母　：丸太を３本まとめてみよう。
ゆい：まとめるにはロープが必要だね。
父　：長さが１ｍのロープを何本か持って来てあるから、それでまとめてみよう（**図２**）。

図２

ゆ　い：座るところが小さくて座りにくいね。もっと丸太を増やしてまとめたいな。
さ　き：同じ形、同じ大きさの丸太を６本まとめたらこのようになったよ（**図３**）。

図３

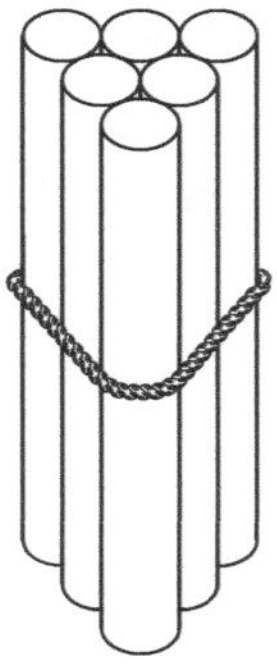

ゆ　い：これなら座ることができそうだね。
　父　：でももっと座るところが広い方が座りやすくなるよ。
さ　き：同じ形、同じ大きさの丸太はたくさんあるから、使う丸太を増やそう。
　母　：でもロープの長さは１ｍであることを忘《わす》れないでね。
　父　：丸太をまとめるために、ロープを結ぶには、ロープのはしをそれぞれ１０ｃｍ以上残す必要があるよ。

〔問題１〕　**図１**と同じ形、同じ大きさの丸太を何本かまとめて、いすを作る。**図１**から**図２**、**図３**のように、丸太の数を１列ずつ増やし、ロープでまとめ、いすの座《すわ》るところを広くしたい。６本より多く丸太を使う場合は、何本の丸太をまとめることができるか、会話文を参考にして、例を一つ答えなさい。そのとき、丸太をまとめるために必要なロープの長さは、最短で何ｍになるか求めなさい。ただし、ロープのはしを結んだ結び目と、その余りの長さは考えないものとする。また、計算で円周率を用いる場合は、３．１４とする。

さ　き：いすができあがったね。
ゆ　い：それではみんなのいすも作ろう。

解答用紙 適性検査 I

1

〔問題1〕 15点

ことを思わせる隙間《すきま》や傷《きず》のある家具などが、

新しい命を感じさせるから。

20 30

※

〔問題2〕 25点

※

〔問題3〕 60点

20 100

※ ※ ※

※100点満点

受検番号

得点
※

※のらんには、記入しないこと。

解答用紙　適性検査Ⅱ

※100点満点

受　検　番　号

得　　　点
※

※のらんには、記入しないこと

1

〔問題１〕　20点

〔道順〕

スタート　　　　　　　　　　　　倉庫

(　　　　) →　　　　　　　　　→ ケ

〔式と文章〕

※

〔問題２〕　20点

ヒント（え）：全ての電球の明かりが消えている状態で、

[　　] と [　　] と [　　] のスイッチをおしたあと、

明かりがついていたのは①と②の電球であった。

表５　太郎《たろう》さんと花子さんがさらに書きこんだ表

	①の電球	②の電球	③の電球	④の電球
Ａのスイッチ	×	○	○	×
Ｂのスイッチ				
Ｃのスイッチ				
Ｄのスイッチ	×			
Ｅのスイッチ	○			

※

解答用紙　適性検査Ⅲ

※100点満点

受　検　番　号	得　点
	※

※のらんには、記入しないこと

1

〔問題１〕　15点

（器具）	を使って
（方法）	

※

〔問題２〕　15点

式	
記号	

※

〔問題３〕　20点

（ア）

									10
				15					

ミドリムシが最も増えたといえる試験管	

（理由）

※

2

〔問題１〕 15点

まとめられる丸太の本数	本
丸太をまとめるために必要なロープの長さ	m

※

〔問題２〕 15点

結び方	結び
結んだロープのはしからはしまでの長さ	m
理由	

※

〔問題３〕 20点

※

2

〔問題１〕15点

（選んだ一つを○で囲みなさい。） 第２次産業　　　　第３次産業

※

〔問題２〕15点

（**図２**と**図３**から一つずつ選んで○で囲みなさい。） **図２**：　①　②　③　　　**図３**：　④　⑤　⑥
〔農家の人たちの立場〕
〔農家以外の人たちの立場〕

※

3

〔問題１〕 14点

（１）
（２）

※

〔問題２〕 16点

（１）
（２）

※

（5　大泉）

440　400　300　200

※

さ　き：日差しが強くなってきたよ。
母　：日よけのために持ってきた布を張ろうか。
父　：それには２ｍ以上の長さのロープが何本か必要なんだ。だけど持ってきたロープは、長さが１ｍしかないんだ。
ゆ　い：それなら、ロープどうしを結んで、長いものを作らないといけないね。
さ　き：３本を結べば２ｍ以上の長さができるよ。
ゆ　い：ロープどうしのはしを結ぶから、３ｍよりも何ｃｍかは短くなるね。
母　：結ぶために必要な長さは、結び方によってちがってくるよ。
ゆ　い：布を張る力にたえられるくらいの強さも、結び方には必要だよね。
父　：結び方は調べてまとめてきたから見てみよう（**表１**）。

表１

結び方の図	結び方の名前	特ちょう
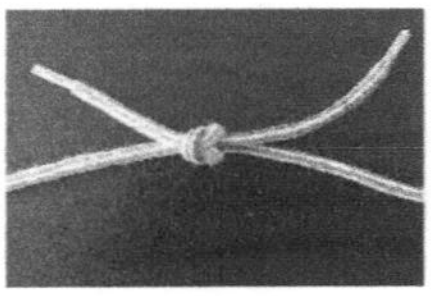	本結び	・結び目が固い ・太さ、材質の異《こと》なるロープで結んだ場合はほどけやすい
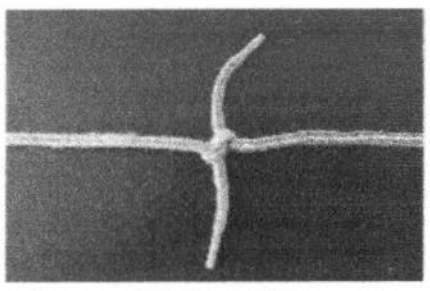	縦《たて》結び	・縦《たて》結びで結ぶためには、本結びで結ぶのと同じ長さが必要 ・力がかかるとほどけやすい ・同じ太さのロープを結ぶのに適している
	テグス結び	・テグス結びで結ぶためには、本結びで結ぶより１．４倍の長さが必要 ・結び目が固い ・ほどきやすい
	二重テグス結び	・二重テグス結びで結ぶためには、本結びで結ぶより１．８倍の長さが必要 ・結び目が非常に固い ・ほどきにくい

さ　き：３本のロープを使って、すべて本結びで結んだよ。
父　：巻尺《まきじゃく》で測ったら、結んだロープのはしからはしまでの長さは、２．７ｍになっているね。
ゆ　い：これを参考にして、長さが２ｍ以上のものをもっと作ればいいね。
母　：あとでほどいて持ち帰ることも考えてね。

〔問題２〕 **表１**にある本結び以外の結び方で３本のロープを結び、２ｍ以上の長さにする。会話文と**表１**を参考にして、目的に合った結び方を**表１**の中から一つ選び、結んだロープの、はしからはしまでの長さを、ｍの単位で求めなさい。また、その結び方を選んだ理由も答えなさい。ただし、結ぶときは、全て同じ結び方とする。

さ　き：これで、２ｍ以上の長さのロープが準備できたよ。
ゆ　い：さっそく布を張って、日差しをよけよう。

父　：次は子供《こども》用のテントを作ってみるよ。
さ　き：どうやって作るの。
父　：**図４**の**子供《こども》用のテントの作り方**を見てみよう。

図４　子供《こども》用のテントの作り方

①　２００ｃｍ×４００ｃｍの布を１枚《まい》用意する。布の横の一辺に色をぬっておく。

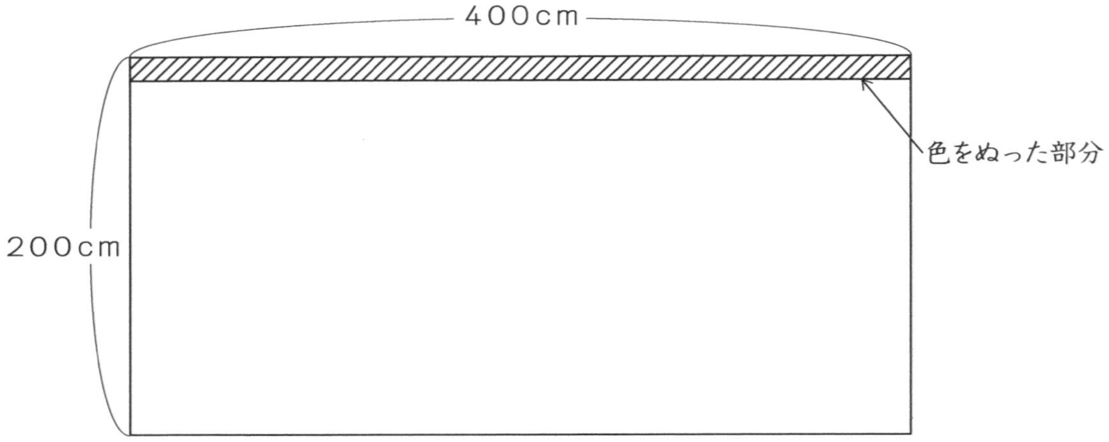

②　布を重ねて半分に折る。さらに図のように折っていく。

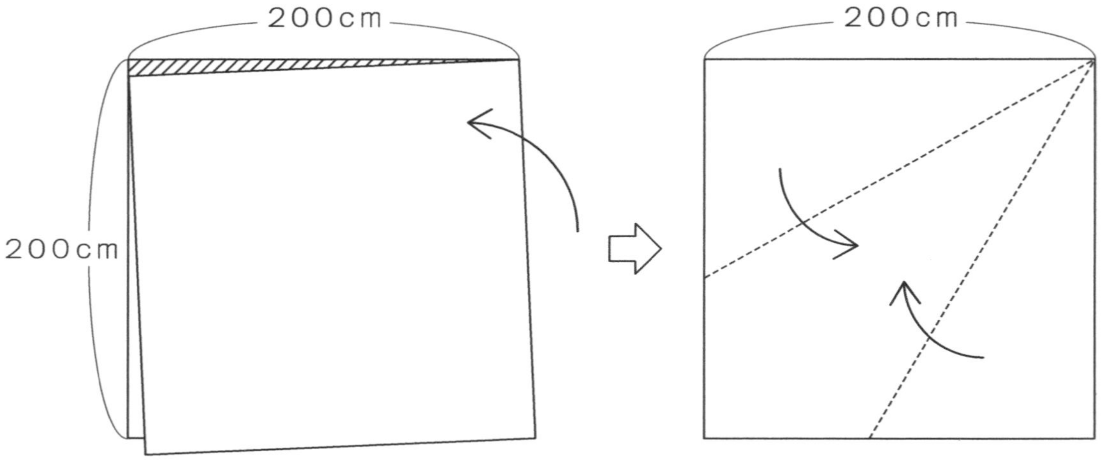

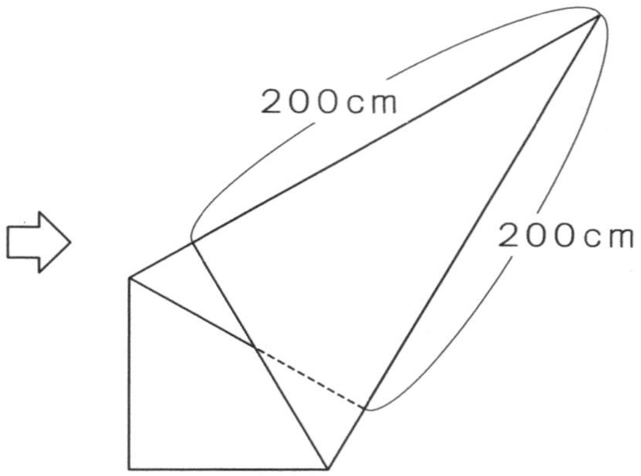

③　図のように布を２回切る。

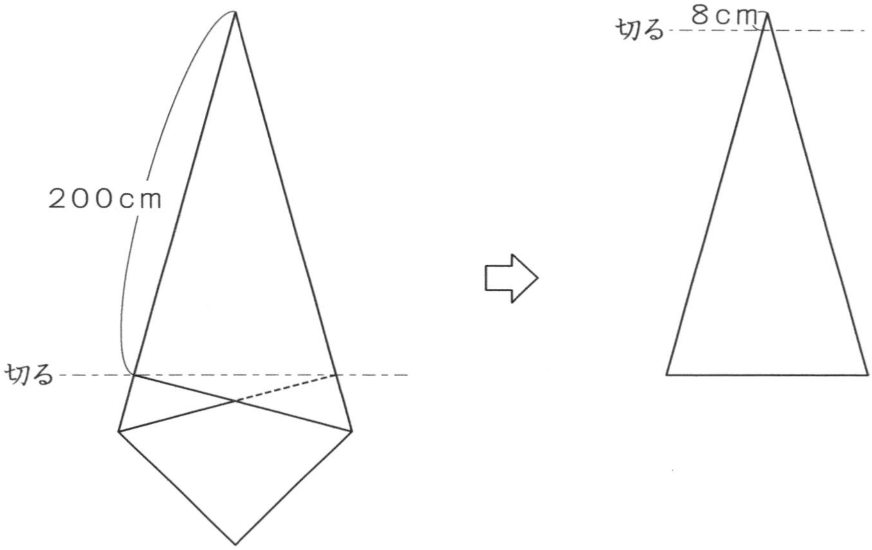

④　布を広げる前の状態。

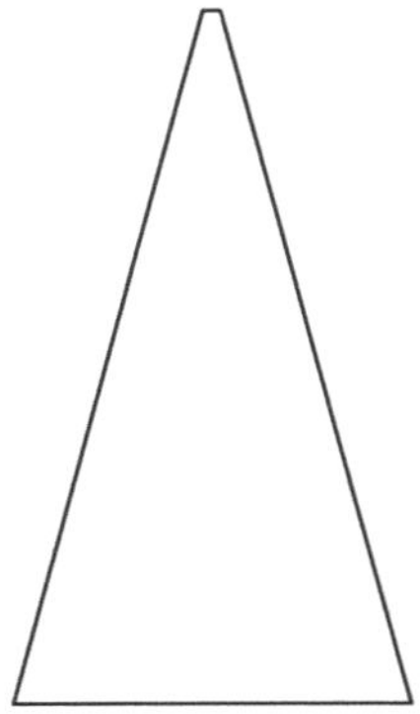

⑤　④の布を広げ、色がぬられている側の辺どうしを、はしからはしまでくっつける。上部にできた穴《あな》に棒《ぼう》を通して高さを調節し、布をつり下げる。

⑥　布のすそを広げ、重しを置いて押《お》さえれば、子供用のテントのできあがり。

ゆ　い：穴《あな》をあけたところに１本の棒《ぼう》を通して、上下を固定することで、テントができるのだね。

母　：作るために必要な布を持ってきたよ。

さ　き：**子供用のテントの作り方**を参考にして、さっそくやってみよう。

さ　き：すごい。完成したね。

ゆ　い：テントの中は少しせまいけれど、居心地《いごこち》はよいし快適で、荷物も置けそうだよ。

母　：工夫《くふう》すれば、簡単《かんたん》な材料で必要なものがいろいろ作れるね。

父　：そろそろ、たき火を始めよう。

さ　き：楽しい思い出になるといいね。

〔問題３〕　**さき**さん達《たち》が作った子供《こども》用のテントはどのようなものか。子供用のテントの布を広げたおおよその図を、解答らんにかきなさい。ただし、解答らんにある直線の長さを２００ｃｍとし、直線をかく場合は定規《じょうぎ》を使ってかくこと。

また、下の**図５は、図４の④における、布を広げる前の状態**である。**図５**に示された「○」のついた辺と、等しい長さのすべての辺には、「○」をかくこと。できあがった布には色がぬられているが、解答らんの図に記入する必要はない。

図５　図４の④における、布を広げる前の状態

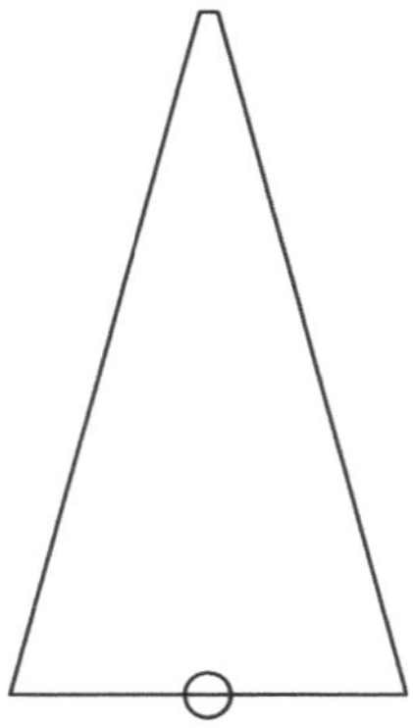

太　郎：グラフを読み取ると、約６０年間の産業別の就業者数と年齢層ごとの就業者数の変化の様子がよく分かりましたね。

花　子：そうですね。ところで、第１次産業に就業している人が、自然に直接働きかけて食料などを得ること以外にも、取り組んでいる場合がありますよね。

太　郎：どういうことですか。

花　子：夏休みにりんご農園へ行ったとき、アップルパイの製造工場があったので見学しました。りんごの生産者がアップルパイを作ることに関わるだけでなく、完成したアップルパイを農園内のお店で販売していました。

先　生：たしかに、りんごを生産する第１次産業、そのりんごを原材料としたアップルパイの製造をする第２次産業、アップルパイの販売をする第３次産業と、同じ場所でそれぞれの産業の取り組みが全て見られますね。二人は、「６次産業化」という言葉を聞いたことはありますか。

太　郎：初めて聞きました。「６次産業化」とは何ですか。

先　生：「６次産業化」とは、第１次産業の生産者が、第２次産業である生産物の加工と、第３次産業である流通、販売、サービスに関わることによって、生産物の価値《かち》をさらに高めることを目指す取り組みです。「６次産業化」という言葉の「６」の数字は、第１次産業の「１」と第２次産業の「２」、そして第３次産業の「３」の全てを足し合わせたことが始まりです。

花　子：そうなのですね。生産物の価値を高めるのは、売り上げを増加させることが目的ですか。

先　生：第１次産業の生産者の売り上げを増加させ、収入《しゅうにゅう》を向上させることが目的です。

太　郎：つまり、「６次産業化」によって、売り上げが増加し、第１次産業の生産者の収入向上につながっているのですね。

先　生：農林水産省《のうりんすいさんしょう》のアンケート調査では、「６次産業化」を始める前と後を比べて、「６次産業化」に取り組んだ農家の約７割《わり》が、年間の売り上げが増えたと答えています。

花　子：どのような取り組みを行って、売り上げは増加したのでしょうか。私は夏休みにりんご農園へ行ったので、農業における「６次産業化」の取り組みをもっとくわしく調べてみたいです。

太　郎：では、「６次産業化」によって売り上げが増加した農家の事例について、調べてみましょう。

　太郎さんと**花子**さんは農業における「６次産業化」の取り組み事例について調べて、**先生**に報告しました。

花　子：ゆず農家の取り組み事例がありました。

先　生：「６次産業化」の取り組みとして、ゆずの生産以外に、どのようなことをしているのですか。

太　郎：ゆずを加工して、ゆずポン酢《ず》などを生産し、販売しています。

先　生：売り上げを増加させるために、具体的にどのような取り組みを行っていましたか。

花　子：インターネットを用いて販売先を広げました。その結果、遠くに住んでいる人が、商品を購入《こうにゅう》することができるようになっています。また、地域《ちいき》の使われなくなっていた農地を活用することで、ゆずの生産を増加させています。使われなくなっていた農地を活用した結果、土地が荒《あ》れるのを防ぐことができ、地域の防災にも役立っています。

太　郎：農家の人たちだけでなく、消費者や地域の人たちなどの農家以外の人たちにとっても利点があるということが分かりました。他の農家の取り組みも調べてみたいです。

花　子：では、他の農家ではどのような取り組みをしているのか、調べてみましょう。

図２　花子さんが調べた「*養鶏《ようけい》農家」の取り組み事例

<table>
<tr><td>（生産部門）
卵《たまご》</td><td>（加工部門）
プリン、オムライスなど</td><td>（販売《はんばい》部門）
カフェとレストランでの提供《ていきょう》やインターネットを用いた通信販売</td></tr>
<tr><td colspan="3">＜具体的な取り組み＞
①カフェ事業を始めた結果、来客数が増加した。
②宿泊施設《しゅくはくしせつ》で宿泊者に対して、卵や地元の食材を活用した料理を提供している。
③飼育体験・お菓子《かし》作り体験・カフェ店員体験などを実施《じっし》している。</td></tr>
</table>

＊養鶏《ようけい》：卵《たまご》や肉をとるためにニワトリを飼うこと。

（農林水産省《のうりんすいさんしょう》ホームページなどより作成）

図３　太郎《たろう》さんが調べた「しいたけ農家」の取り組み事例

<table>
<tr><td>（生産部門）
しいたけ</td><td>（加工部門）
しいたけスープなど</td><td>（販売《はんばい》部門）
レストランでの提供《ていきょう》やインターネットを用いた通信販売</td></tr>
<tr><td colspan="3">＜具体的な取り組み＞
④色や形が不揃《ふぞろ》いで出荷《しゅっか》できず、捨《す》てていたしいたけを加工し、新たな商品やレストランのメニューなどを開発し、提供している。
⑤しいたけの加工工場見学などの新しい観光ルートを提案した結果、旅行客が増えた。
⑥地元の会社と協力して加工商品を開発し、販売している。</td></tr>
</table>

（農林水産省《のうりんすいさんしょう》ホームページなどより作成）

太　郎：さまざまな「６次産業化」の取り組みが、行われていることが分かりました。

花　子：「６次産業化」には、さまざまな利点があるのですね。

太　郎：そうですね。「６次産業化」は、これからの第１次産業を発展《はってん》させていく上で、参考になるかもしれませんね。

〔問題２〕　**花子**さんは「「６次産業化」には、さまざまな利点があるのですね。」と言っています。**図２**の①～③、**図３**の④～⑥の＜具体的な取り組み＞の中から一つずつ取り組みを選び、それらに共通する利点を答えなさい。なお、農家の人たちの立場と農家以外の人たちの立場から考え、それぞれ説明すること。

3 花子さんと太郎《たろう》さんが水滴《すいてき》について話をしています。

花　子： 雨が降《ふ》った後、いろいろな種類の植物の葉に水滴がついていたよ。
太　郎： 植物の種類によって、葉の上についていた水滴の形がちがったよ。なぜなのかな。
花　子： 葉の形や面積と関係があるのかな。調べてみよう。

二人は、次のような**実験1**を行いました。

実験1

手順1　次の**ア**～**オ**の5種類の葉を、それぞれ1枚《まい》ずつ用意し、葉の形の写真をとる。
　ア　アジサイ　**イ**　キンモクセイ　**ウ**　イチョウ　**エ**　ツバキ　**オ**　ブルーベリー

手順2　1枚の葉の面積を、**図1**のように方眼用紙を用いて求める。

手順3　それぞれの葉の表側に、約5ｃｍの高さからスポイトで水を4滴《てき》分たらす。そして、葉についた水滴を横から写真にとる。

図1　方眼用紙と葉

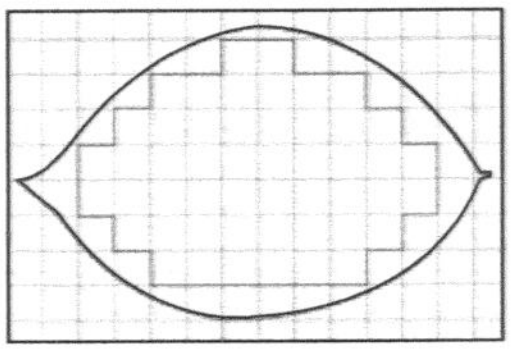

実験1の記録は、**表1**のようになりました。

表1　**実験1**の記録

	ア	**イ**	**ウ**	**エ**	**オ**
葉の形			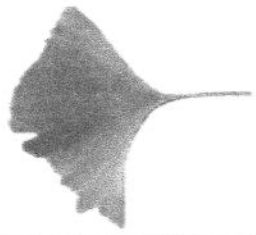		
葉の面積（ｃｍ^2）	１１１	２２	３６	１８	１７
水滴《すいてき》の写真	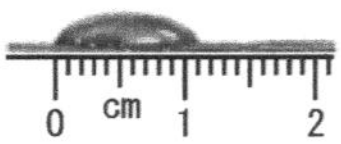	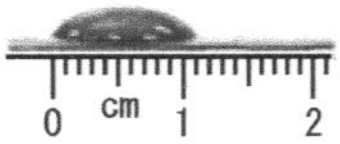	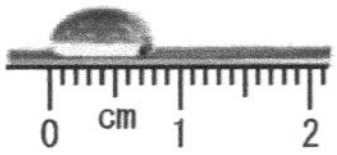	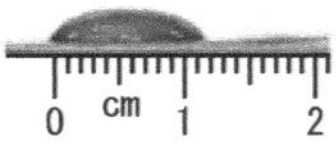	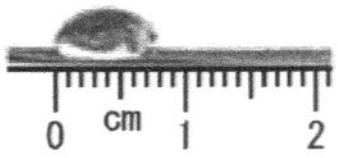

太　郎： **ア**～**オ**の中に、葉を少しかたむけると、水滴が転がりやすい葉と水滴が転がりにくい葉があったよ。
花　子： 葉の上で水滴が転がりやすいと、葉から水が落ちやすいのかな。
太　郎： それを調べるために、葉の表側を水につけてから引き上げ、どれだけの量の水が葉についたままなのか調べてみよう。
花　子： 葉についたままの水の量が分かりやすいように、葉は１０枚使うことにしましょう。

二人は、次のような**実験２**を行いました。

実験２

手順１　**実験１**の**ア**～**オ**の葉を、新しく１０枚ずつ用意し、１０枚の葉の重さをはかる。

手順２　**図２**のように、手順１で用意した葉の表側を１枚ずつ、容器に入った水につけてから引き上げ、水につけた後の１０枚の葉の重さをはかる。

手順３　手順１と手順２ではかった重さから、１０枚の葉についたままの水の量を求める。

図２　葉と水

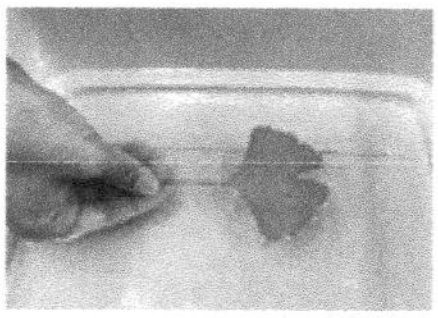

１０枚の葉についたままの水の量は、**表２**のようになりました。

表２　１０枚《まい》の葉についたままの水の量

	ア	イ	ウ	エ	オ
１０枚の葉についたままの水の量（g）	１１．６	２．１	０．６	１．８	０．４

太　郎：**表２**の１０枚の葉についたままの水の量を、少ないものから並《なら》べると、**オ**、**ウ**、**エ**、**イ**、**ア**の順になるね。だから、この順番で水滴が転がりやすいのかな。

花　子：**表１**の葉の面積についても考える必要があると思うよ。**表２**の１０枚の葉についたままの水の量を**表１**の葉の面積で割《わ》った値《あたい》は、**ア**と**イ**と**エ**では約０．１になり、**ウ**と**オ**では約０．０２になったよ。

太　郎：**表１**の水滴の写真から分かることもあるかもしれないね。

〔問題１〕（１）　**表１**と**表２**と会話文をもとに、水滴《すいてき》が転がりやすい葉１枚《まい》と水滴が転がりにくい葉１枚を選びます。もし**ア**の葉を選んだとすると、もう１枚はどの葉を選ぶとよいですか。**イ**、**ウ**、**エ**、**オ**の中から一つ記号で答えなさい。

（２）　**花子**さんは、「**表２**の１０枚の葉についたままの水の量を**表１**の葉の面積で割《わ》った値《あたい》は、**ア**と**イ**と**エ**では約０．１になり、**ウ**と**オ**では約０．０２になったよ。」と言いました。この発言と**表１**の水滴の写真をふまえて、水滴が転がりやすい葉か転がりにくい葉か、そのちがいをあなたはどのように判断したか説明しなさい。

太　郎：葉についた水滴《すいてき》について調べたけれど、汗《あせ》が水滴のようになることもあるね。

花　子：汗をかいた後、しばらくたつと、汗の水分はどこへいくのかな。

太　郎：服に吸収《きゅうしゅう》されると思うよ。ここにある木綿《もめん》でできたＴシャツとポリエステルでできたＴシャツを使って、それぞれの布について調べてみよう。

二人は、次のような**実験３**を行いました。

実験３

手順１　木綿でできたＴシャツとポリエステルでできたＴシャツから、同じ面積にした木綿の布３０枚《まい》とポリエステルの布３０枚を用意し、重さをはかる。水の中に入れ、引き上げてからそれぞれ重さをはかり、増えた重さを求める。

手順２　新たに手順１の布を用意し、スタンプ台の上に布を押《お》しあてて黒色のインクをつける。次に、インクをつけた布を紙の上に押しあてて、その紙を観察する。

手順３　新たに手順１の木綿の布３０枚とポリエステルの布３０枚を用意し、それぞれ平らに積み重ねて横から写真をとる。次に、それぞれに２kgのおもりをのせて、横から写真をとる。

実験３は、**表３**と**図３**、**図４**のようになりました。

表３　手順１の結果

	木綿《もめん》の布	ポリエステルの布
増えた重さ（g）	１４．１	２４．９

図３　手順２で観察した紙

木綿の布	ポリエステルの布
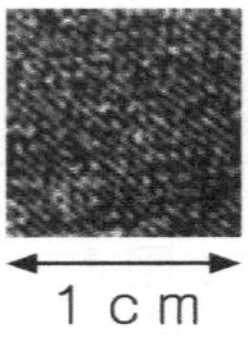	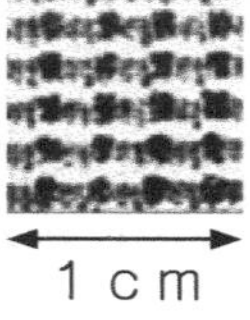

図４　手順３で布を積み重ねて横からとった写真

木綿の布		ポリエステルの布	
おもりなし	おもりあり	おもりなし	おもりあり
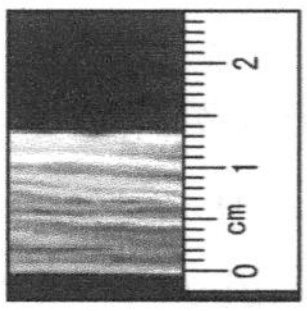	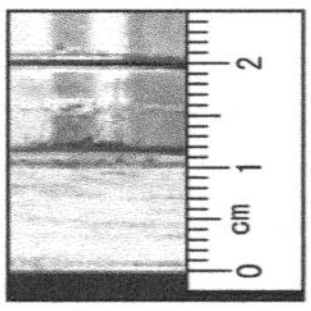	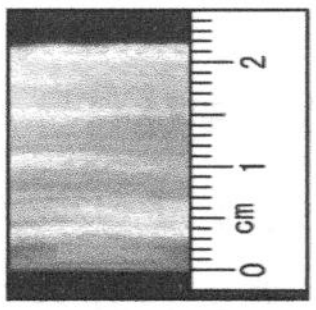	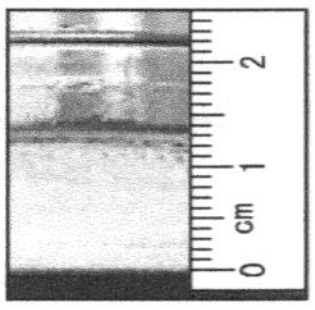

花　子：汗の水分は服に吸収されるだけではなく、蒸発《じょうはつ》もすると思うよ。

太　郎：水を通さないプラスチックの箱を使って、調べてみよう。

二人は、次のような**実験４**を行いました。

実験4

手順1　同じ布でできたシャツを3枚用意し、それぞれ水150gを吸収させ、プラスチックの箱の上にかぶせる。そして、箱とシャツの合計の重さをそれぞれはかる。

手順2　手順1のシャツとは別に、木綿でできたTシャツとポリエステルでできたTシャツを用意し、それぞれ重さをはかる。そして、**図5**のように、次の**カ**と**キ**と**ク**の状態をつくる。

図5　**カ**と**キ**と**ク**の状態

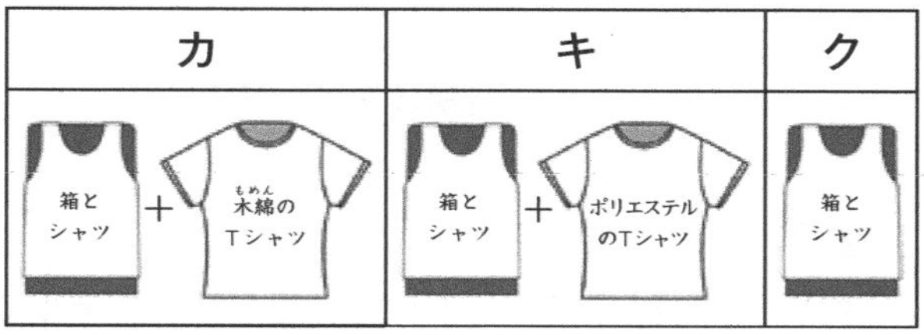

　カ　箱とシャツの上に、木綿のTシャツをかぶせた状態

　キ　箱とシャツの上に、ポリエステルのTシャツをかぶせた状態

　ク　箱とシャツの上に何もかぶせない状態

手順3　手順2の**カ**と**キ**については、60分後にそれぞれのTシャツだけを取って、箱とシャツの合計の重さとTシャツの重さをそれぞれはかる。手順2の**ク**については、60分後に箱とシャツの合計の重さをはかる。

実験4の結果は、**表4**のようになりました。

表4　箱とシャツの合計の重さとTシャツの重さ

	カ		**キ**		**ク**
	箱とシャツ	Tシャツ	箱とシャツ	Tシャツ	箱とシャツ
はじめの重さ　(g)	1648.3	177.4	1648.3	131.5	1648.3
60分後の重さ (g)	1611	189.8	1602.4	150.3	1625.2

花　子：**表4**から、60分たつと、箱とシャツの合計の重さは、**カ**では37.3g、**キ**では45.9g、**ク**では23.1g、それぞれ変化しているね。

太　郎：Tシャツの重さは、**カ**では12.4g、**キ**では18.8g、それぞれ変化しているよ。

〔問題2〕（1）**実験3**で用いたポリエステルの布の方が**実験3**で用いた木綿《もめん》の布に比べて水をより多く吸収《きゅうしゅう》するのはなぜですか。**図3**から考えられることと**図4**から考えられることをふまえて、説明しなさい。

（2）**実験4**の手順2の**カ**と**キ**と**ク**の中で、はじめから60分後までの間に、箱とシャツの合計の重さが最も変化しているのは、**表4**から**キ**であると分かります。蒸発《じょうはつ》した水の量の求め方を説明し、**キ**が最も変化する理由を答えなさい。

つくり出せない。時間を超《こ》えたコミュニケーションだ。ぼくらの社会や生活が変化していくなかで、ものの形も変化している。

木製の道具や家具は、＊骨董《こっとう》のように過去のものと思われる場合もあるが、スウェーデンでは、ひとつの手法として現代に生きていた。ナイフのけずりあとがあるような、荒《あら》けずりな木材のもつ表情が、古くさくなるのではなく、現代的ですらある。なぜ(ア)古くさく感じないのかという問いの答えは、それが古くないからだ。それを人びとが受けつぎ、「もの」が新しい命、新しい生活をもらう。ぼくは、木工を始めたころ、技術が上がれば工業生産品のように美しいものをつくれると単純《たんじゅん》に思っていた。正確な機械のようにつくるにはどうしたらよいかと考えていたぼくが、今では、時が経《た》ってできた隙間《すきま》や傷《きず》すら味があるのだと思うようになった。左右対称《たいしょう》、正確な円。それだけがすべてではない。ぼくらの生活は、そんなにかたくなくていい。木材はやさしい。もっと自由で良い。

（遠藤敏明《えんどうとしあき》「〈自然と生きる〉木でつくろう　手でつくろう」

（一部改変）による）

〔注〕
工芸――――生活に役立つ品物を美しくつくるわざ。
骨董《こっとう》――――古い美術品や古道具で、ねうちのあるもの。

1　次の **文章1** と **文章2** とを読み、あとの問題に答えなさい。
（＊印のついている言葉には、本文のあとに〈注〉があります。）

文章1

　何かをつくり出すには、技術や素材についての知識が必要だ。これらは見ることができるし、言葉で伝えることができるかもしれない。木工なら、木の切り方やけずり方、木と木を組み合わせる方法や組み立て方、使いやすい形や大きさ、重さなど、実際にものをつくるなかで生まれてきたたくさんの技術や知識がある。

　しかし、頭の中にものづくりの知識があっても、「つくる」ことはできない。そこには、技術と実際の経験が必要だ。わかっていてもできないと言うのは、本当の意味で「わかっていない」のだ。

　ものをつくり出すのに必要なことは、技術や知識だけではない。技術だけでは新しいものはできない。何をつくるのかが大切だ。何をつくるのか思いつくことを、アイデアが浮《う》かぶと言う。アイデアは実際のところ、ぽっかりと浮かんでくるものではない。アイデアが浮かぶのは一瞬《いっしゅん》だけれども、その背後《はいご》に長い時間が横たわっている。そういう時間に敬意《けいい》をはらうことが、ものづくりの基本だ。

　ぼくらの生命そして生活は、自然の中で育った食物や材料によってささえられ、人間はそれらに手を加えて利用し、豊かになってきた。＊工芸の役割《やくわり》は、自然環境《かんきょう》とのかかわりの中で、人びとの生活の質を高めること、つまり生活を豊かにすることだ。日常品は生活をささえ、生活にささえられてつくり出される。ものたちは、どんな形でもよいのではなくて、それぞれがそこに住む人びとの考え方を反映《はんえい》している。よく考えたものもあれば、思いつきだけではないかと思われるものもある。さまざまな思いや考えが、ものたちをつくっている。車やカメラやラジオなどの機械もそうだけれど、スプーンやフォークやナイフや家具も、同じように人びとの考えや思いの結晶《けっしょう》だ。

　つくることができるには、長い道のり、時間が必要な場合もある。ようやくつくりあげることができて、人は本当の意味で、「もの」を理解する。「知っている」から「できる」に変化するのだ。おそらく、そこには、人びとの歴史、考え方、自然環境などが影響《えいきょう》するだろう。とくに、生活で使われるものは、そこに住んでいる人たちの生活が形をつくる。そこでの人びとの生き方が、ものの形をつくるのだ。

　工芸は、人から人へ、世代から世代へ伝えるということが大切だ。そして工芸で使う材料もまた、伝え育てることで存在《そんざい》している。今、家具をつくろうと木を植えて育て始めたら、使えるようになるまでに１００年以上かかる。材料によっては、２００年以上もかかって生み出される。かかった月日の長さを思うとき、人びとのつながりや環境をささえあうということの大切さが見えてくる。

　ぼくは、古い道具やすり減った家具を見て、きれいだなと思うことがある。あれは、長い時間のなかで、たくさんの人たちがかかわり、考えてつくり、伝えてきたから美しくなったのだろう。何世代にもわたって伝えながらつくり出されてきたものは、一人の人間の力では

問題は次のページからです。

⑤

適性検査Ⅰ

注意

1　問題は 1 のみで、**5ページ**にわたって印刷してあります。

2　検査時間は**四十五分**で、終わりは**午前九時四十五分**です。

3　声を出して読んではいけません。

4　答えは全て解答用紙に明確に記入し、**解答用紙だけを提出しなさい。**

5　答えを直すときは、きれいに消してから、新しい答えを書きなさい。

6　**受検番号**を解答用紙の決められたらんに記入しなさい。

東京都立大泉高等学校附属中学校

〈問題1〉　短歌や俳句《はいく》をくり返し唱えたり、思いうかべたりすることには、どのような効果があると述べられているでしょうか。**文章1**・**文章2**で挙げられている例を一つずつ探《さが》し、解答らんに合うように書きなさい。

〈問題2〉　㋐「余韻《よいん》」とか「想像力」といった考えとありますが、**文章1**の筆者は、短歌を読んでどのような情景を想像しているでしょうか。連続する二文を探《さが》しなさい。ただし、一文めの最初の四字と、二文めの終わりの四字をそれぞれ書くこと。

〈問題3〉　あなたは、これからの学校生活で仲間と過ごしていく上で、言葉をどのように使っていきたいですか。今のあなたの考えを四百字以上四百四十字以内で書きなさい。ただし、次の条件と下の〈**きまり**〉にしたがうこと。

条件　①　**文章1**・**文章2**の筆者の、短歌・俳句《はいく》に対する考え方のいずれかにふれること。
　　　②　適切に段落《だんらく》分けをして書くこと。

〈**きまり**〉
○題名は書きません。
○最初の行から書き始めます。
○各段落《だんらく》の最初の字は一字下げて書きます。
○行をかえるのは、段落をかえるときだけとします。
○、や。や」などもそれぞれ字数に数えます。これらの記号が行の先頭に来るときには、前の行の最後の字と同じますに書きます（ますの下に書いてもかまいません）。
○。と」が続く場合は、同じますに書いてもかまいません。この場合、。」で一字と数えます。
○段落をかえたときの残りのますは、字数として数えます。
○最後の段落の残りのますは、字数として数えません。

『三冊子《さんぞうし》』でも、「不易流行」に言及《げんきゅう》しています。そこでは、「*師の風雅《ふうが》に、万代不易《ばんだいふえき》あり、一時の変化あり。この二つに究《きわま》り、その本一《もといつ》なり」と、根本は同一だと説いています。そこで、つぎに土芳《どほう》の『三冊子』をみてみましょう。

土芳は、*伊賀上野《いがうえの》*藩士《はんし》、一六五七年生まれ、一七三〇年没《ぼつ》。姓《せい》は服部《はっとり》氏。若《わか》いころから芭蕉を慕《した》い、伊賀の俳諧を盛《も》り上《あ》げた人物です。『三冊子』は、芭蕉晩年《ばんねん》の教えを書きとどめた書で、出版はずっと遅《おく》れるものの、多くのひとに筆写されて早くから広まりました。「白双紙《しろぞうし》」「赤双紙《あかぞうし》」「わすれ水」の三部をまとめて、『三冊子』として知られています。

高く心を悟《さと》りて、俗《ぞく》に帰るべし。

俳句をよむ精神は目標を高くもって、同時に日々《ひび》の生活にいつも目を向けるように心がけなさい、という教えです。むかしのひとの作品や精神をしっかり学ぶとともに、生活する人びとの気持ちになってこそ、すばらしい俳句が生まれるのだというのです。困難《こんなん》な事柄《ことがら》にひるまず勉強するうちに、いつか高尚《こうしょう》なこころを得ることができる。かといって、学問をひけらかしては嫌《いや》みなだけ。何気《なにげ》ない、ふつうに送る日常生活のなかから、俳句のおもしろさを発見することがだいじなのです。芭蕉俳諧の*真髄《しんずい》は、この境地にこそあります。

（藤田真一《ふじたしんいち》「俳句《はいく》のきた道　芭蕉《ばしょう》・蕪村《ぶそん》・一茶《いっさ》」岩波ジュニア新書（一部改変）による）

〈注〉

其角《きかく》――――――芭蕉《ばしょう》の弟子《でし》。

巴風《はふう》――――――其角の弟子。

去来《きょらい》――――――芭蕉の弟子。

「有明《ありあけ》の花に乗《の》り込《こ》む」――夜明けに花の下で乗り込む。

「月毛馬《つきげうま》」「葦毛馬《あしげうま》」――どちらも白みがかった毛色の馬。

「卯《う》の花《はな》に月毛の馬のよ明《あけ》かな」

――白く咲《さ》き乱《みだ》れる卯の花の中、月毛の馬に乗って旅立つ、さわやかな初夏の明け方だなあ。

諸説紛々《しょせつふんぷん》――――いろいろな意見やうわさが入り乱れているさま。

「師の風雅《ふうが》に、……この二つに究《きわま》り、その本一《もといつ》なり」

――芭蕉先生の風流についての教えには、ずっと変わらないことと常に変化することの二つがある。この二つをつきつめると、その根本は一つである。

伊賀上野《いがうえの》――――いまの三重県伊賀市《みえけんいがし》。

藩士《はんし》――――――大名に仕える武士。

真髄《しんずい》――――――ものごとの本質。

文章2

次の文章は、江戸《えど》時代に俳諧《はいかい》と呼《よ》ばれていた俳句について、当時活やくしていた松尾芭蕉《まつおばしょう》が述べた言葉を説明したものです。

謂応《いいおお》せて何か有《ある》。

江戸の*其角《きかく》が、「下臥《したぶし》につかみ分《わけ》ばやいとざくら」という*巴風《はふう》(其角の門人)の句を知らせてきたが、「どうおもうかね」と芭蕉がたずねられた。*去来《きょらい》は、「枝垂桜《しだれざくら》(糸桜)のようすをうまく言い表しているではありませんか」と応じました。一句は、みごとに咲《さ》いた糸桜の下に臥《ふ》せって、花の枝をつかんでたぐってみたい、といった意味です。そこで言った芭蕉の返答がこれです。物のすがたを表現し尽《つ》くしたからといって㋐(「いいおおせて」)、それがどうしたのだという批判《ひはん》です。ことばの裏側《うらがわ》に、「余韻《よいん》」とか「想像力」といった考えを置いてはどうでしょう。俳句にかぎらず、詩という文芸は、表面的な理解だけでわかった気になってはつまりません。

舌頭《ぜっとう》に千転《せんてん》せよ。

これは去来の苦い経験に発することばのようです。「*有明《ありあけ》の花に乗《の》り込《こ》む」とはじめの五・七をよんで、最後をどうするか悩《なや》んだことがありました。馬をよみ込みたかったものの、「*月毛馬《つきげうま》」「葦毛馬《あしげうま》」と置いたり、あいだに「の」を入れたりしてみても、どうもうまくいかない。ところが友人許六《きょりく》(前に登場した、芭蕉の画の師になった弟子《でし》)の、「*卯《う》の花《はな》に月毛の馬のよ明《あけ》かな」を目にして、なるほどとうなった、この手があったのか、と。許六は中の七文字に馬を置いて、すらりとよんだところ、去来はこだわって五・七を動かそうとせず、どうしてもうまくいかなかったのです。常々《つねづね》芭蕉が、「口のなかで千回でも唱えてみよ」とおっしゃっていたのはこのことだったのだ。ほんのわずかの工夫《くふう》でうまくいく。そこに気づくまで、「千転せよ」というわけです。去来の句は結局完成しなかったのでしょう。

不易流行《ふえきりゅうこう》。

たいへん有名なことばですが、はたして芭蕉がそのまま口にしたかどうか、よくわかりません。でも、一門のあいだではいろいろと議論《ぎろん》があったと、去来は言っています。「不易」とは永久に変わらないこと、「流行」とはつねに変化すること、「不易流行」というのは、まったく正反対のことを一語にまとめたことになります。*諸説紛々《しょせつふんぷん》だといいつつ、去来は、「不易流行の教えは、俳諧不変の本質と、状況《じょうきょう》ごとの変化という二面性を有するものだ」というのです。一貫性《いっかんせい》と流動性の同居、これが俳諧というものだということでしょうか。

適性検査Ⅱ

注　意

1　問題は［1］から［3］までで、１２ページにわたって印刷してあります。

2　検査時間は４５分で、終わりは**午前１１時００分**です。

3　声を出して読んではいけません。

4　計算が必要なときは、この問題用紙の余白を利用しなさい。

5　答えは全て解答用紙に明確に記入し、**解答用紙だけを提出しなさい。**

6　答えを直すときは、きれいに消してから、新しい答えを書きなさい。

7　**受検番号**を解答用紙の決められたらんに記入しなさい。

東京都立大泉高等学校附属中学校

問題は次のページからです。

1　運動会の得点係の**花子**さんと**太郎《たろう》**さんは、係活動の時間に得点板の準備をしています。

花　子：今年は新しい得点板を作ろうよ。
太　郎：私《わたし》もそう思っていたので用意してきたよ。ボード（**図１**）に棒状《ぼうじょう》のマグネット（**図２**）をつけて、数字を表すんだ。
花　子：ボードが３枚《まい》あれば、３けたまでの得点を表すことができるんだね。赤組と白組があるから、６枚のボードが必要だね。

図１　ボード

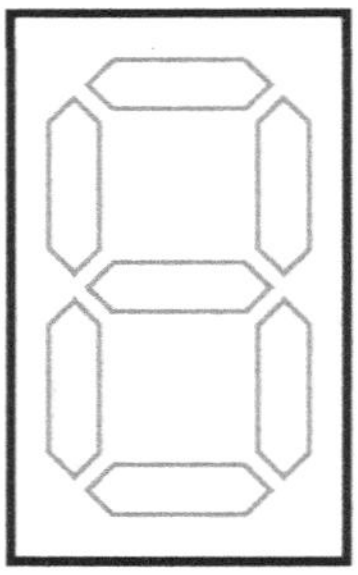

図２　棒状《ぼうじょう》のマグネット

太　郎：６枚のとう明でないボードは用意してあるから、ボードにつける棒状のマグネットを作ろうよ。
花　子：どのような作業が必要かな。
太　郎：マグネットシートに棒状のマグネットの型を「かく」作業と、かいたものを型どおりに「切る」作業の、２種類の作業が必要だよ。
花　子：先に「かく」作業から始めないといけないね。マグネットシート１枚から、棒状のマグネットは何個作れるのかな。
太　郎：１枚のマグネットシートからは、６個の棒状のマグネットが作れるんだよ。だから、マグネットシートを７枚用意したよ。
花　子：作業には、それぞれどのくらいの時間がかかるのかな。
太　郎：以前に試《ため》してみたことがあるけれど、私はマグネットシート１枚当たり「かく」作業に１０分、「切る」作業に５分かかったよ。
花　子：私は「かく」作業と「切る」作業に、それぞれどのくらいの時間がかかるかな。
太　郎：試してみようよ。どのくらいの時間がかかるのか、計ってあげるよ。

花子さんは１枚のマグネットシートから、６個の棒状のマグネットを作りました。

太　郎：**花子**さんは、「かく」作業も「切る」作業も、マグネットシート１枚当たりそれぞれ７分かかったよ。これで、二人の作業にかかる時間が分かったね。

花　子：二人で力を合わせて、棒状のマグネットを作ろうよ。作業をするときに注意することはあるかな。

太　郎：作業中のシートが混ざらないようにしたいね。

花　子：では、「かく」作業をするときも、「切る」作業をするときも、マグネットシート１枚分の作業を終わらせてから、次の作業をするようにしよう。

太　郎：それがいいね。でも、どちらかの人が「かく」作業を終えた１枚分のマグネットシートを、もう一方の人が「切る」作業をすることはいいことにしよう。

花　子：マグネットシートが残っている間は、休まずにやろう。

太　郎：マグネットシートは、あと６枚残っているよ。

花　子：６枚のマグネットシートを全て切り終えると、私の試した分と合わせて棒状のマグネットが４２個になるね。

太　郎：それだけあれば、十分だよね。次の係活動の時間に、６枚のマグネットシートを全て切り終えよう。

花　子：それまでに、作業の順番を考えておこうか。

太　郎：分担《ぶんたん》の仕方を工夫《くふう》して、できるだけ早く作業を終わらせたいよね。

花　子：係活動の時間が４５分間なので、時間内に終わるようにしたいね。

〔問題１〕　二人で６枚のマグネットシートを切り終えるのが４５分未満になるような作業の分担《ぶんたん》の仕方を考え、答え方の例のように、「かく」、「切る」、「→」を使って、解答らんに**太郎**《たろう》さんと**花子**さんの作業の順番をそれぞれ書きなさい。また、６枚のマグネットシートを切り終えるのにかかる時間を答えなさい。

　ただし、最初の作業は同時に始め、二人が行う「かく」または「切る」作業は連続して行うものとし、間は空けないものとします。二人が同時に作業を終えなくてもよく、それぞれが作業にかかる時間は常に一定であるものとします。

行った作業	答え方の例
１枚のマグネットシートに「かく」作業をした後に、型がかかれているマグネットシートを「切る」作業をする場合。	かく　→　切る
１枚のマグネットシートに「かく」作業をした後に、他の１枚のマグネットシートを「かく」作業をする場合。	かく　→　かく

太郎さんと**花子**さんは、次の係活動の時間で棒状のマグネットを作りました。そして、運動会の前日に、得点係の打ち合わせをしています。

太　郎：このマグネットで、０から９の数字を表すことができるよ。（**図３**）

図３　マグネットをつけて表す数字

花　子：マグネットは、つけたり取ったりすることができるから便利だね。１枚のボードを１８０度回して、別の数字を表すこともできそうだね。

太　郎：そうだよ。6のボードを１８０度回すと9になるんだ。ただし、マグネットをつけるボードはとう明ではないから、ボードを裏返《うらがえ》すと数字は見えなくなるよ。

花　子：そうなんだ。

太　郎：２枚のボードを入れかえて、違《ちが》う数字を表すこともできるよ。例えば、123の1と3のボードを入れかえて、321にすることだよ。（**図４**）

花　子：工夫をすると、短い時間で変えられそうだね。

太　郎：操作《そうさ》にかかる時間を計ってみようか。全部で操作は４種類あるから、操作に番号をつけるよ。

図４　ボードを入れかえる前と後

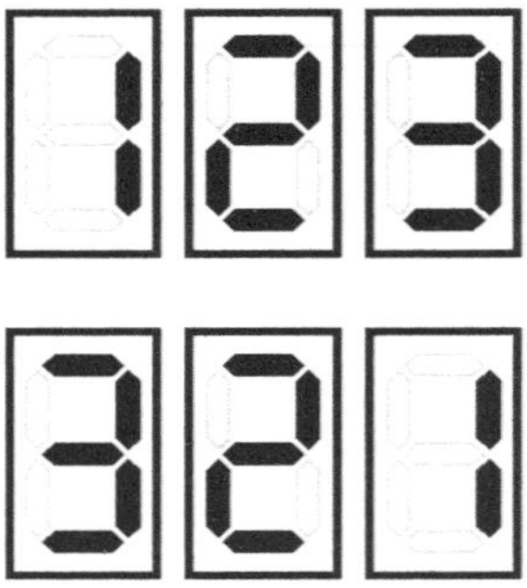

得点板の操作を一人で行ったときにかかる時間

操作１	１個のマグネットをつける	２秒
操作２	１個のマグネットを取る	２秒
操作３	１枚のボードを１８０度回す	３秒
操作４	２枚のボードを入れかえる	３秒

花　子：得点は、３けたまで必要だよね。短い時間で変えられるような、工夫の仕方を考えよう。

太　郎：では、私一人で得点板の数字を456から987にしてみるよ。何秒で、できるかな。

〔問題２〕 得点板の数字を456から987にする場合、最短で何秒かかるのか答えなさい。
また、答え方の例を参考にして、解答らんに元の数字と変えた数字をそれぞれ一つずつ書き、文章で説明しなさい。ただし、解答らんの全ての段《だん》を使用しなくても構いません。

操作《そうさ》 （かかる時間）	答え方の例
001を008にする場合 （１０秒）	〔 １ 〕→〔 ８ 〕 １にマグネットを５個つける。
008を009にする場合 （２秒）	〔 ８ 〕→〔 ９ 〕 ８からマグネットを１個取る。
004を005にする場合 （６秒）	〔 ４ 〕→〔 ５ 〕 ４にマグネットを２個つけて１個取る。
016を019にする場合 （３秒）	〔 ６ 〕→〔 ９ 〕 ６のボードを１８０度回す。
123を321にする場合 （３秒）	〔 １ 〕→〔 ３ 〕 一の位と百の位のボードを入れかえる。 〔 ３ 〕→〔 １ 〕 ※どちらの書き方でもよい。

2　**花子**さんと**太郎《たろう》**さんは、休み時間に**先生**と交通手段《しゅだん》の選び方について話をしています。

花　子：家族と祖父母の家に行く計画を立てているときに、いくつか交通手段があることに気がつきました。

太　郎：主な交通手段といえば、鉄道やバス、航空機などがありますね。私《わたし》たちは、目的地までのきょりに応じて交通手段を選んでいると思います。

花　子：交通手段を選ぶ判断材料は、目的地までのきょりだけなのでしょうか。ほかにも、交通手段には、さまざまな選び方があるかもしれません。

先　生：よいところに気がつきましたね。実は、**太郎**さんが言ってくれた目的地までのきょりに加えて、乗りかえのしやすさなども、交通手段を選ぶときに参考にされています。

太　郎：人々《ひとびと》は、さまざまな要素から判断して交通手段を選んでいるのですね。

花　子：実際に移動するときに、人々がどのような交通手段を選んでいるのか気になります。同じ地域《ちいき》へ行くときに、異《こと》なる交通手段が選ばれている例はあるのでしょうか。

先　生：それでは例として、都道府県庁《とどうふけんちょう》のあるＡ、Ｂ、Ｃ、Ｄという地域について取り上げてみましょう。**図１**を見てください。これは、ＡからＢ、Ｃ、Ｄへの公共交通機関の利用割合《わりあい》を示したものです。

図１　ＡからＢ、Ｃ、Ｄへの公共交通機関の利用割合《わりあい》

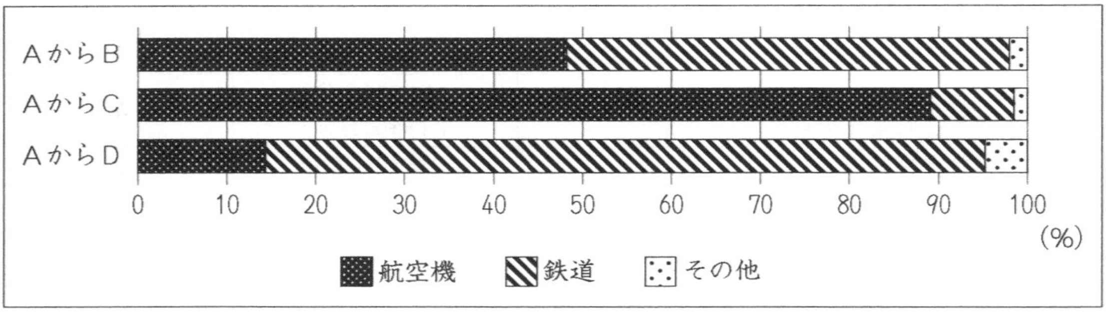

（第６回（２０１５年度）全国幹線旅客純流動調査《ぜんこくかんせんりょかくじゅんりゅうどうちょうさ》より作成）

太　郎：**図１**を見ると、ＡからＢ、ＡからＣ、ＡからＤのいずれも、公共交通機関の利用割合は、ほとんどが航空機と鉄道で占《し》められていますね。目的地によって、航空機と鉄道の利用割合が異なることは分かりますが、なぜこれほどはっきりとしたちがいが出るのでしょうか。

先　生：それには、交通手段ごとの所要時間が関係するかもしれませんね。航空機は、出発前に荷物の検査など、さまざまな手続きが必要なため、待ち時間が必要です。鉄道は、主に新幹線を使うと考えられます。新幹線は、荷物の検査など、さまざまな手続きが必要ないため、出発前の待ち時間がほとんど必要ありません。

花　子：そうなのですね。ほかにも、移動のために支はらう料金も交通手段を選ぶ際の判断材料になると思います。

太　郎：**図1**のAからB、C、Dへの移動について、具体的に調べてみたいですね。

花　子：それでは、出発地と到着地《とうちゃくち》をそれぞれの都道府県庁に設定して、Aにある都道府県庁からB、C、Dにある都道府県庁まで、主に航空機と鉄道をそれぞれ使って移動した場合の所要時間と料金を調べてみましょう。

先　生：空港や鉄道の駅は、都道府県庁から最も近い空港や鉄道の駅を調べるとよいですよ。

花子さんと**太郎**さんは、インターネットを用いて、Aにある都道府県庁からB、C、Dにある都道府県庁まで、主に航空機と鉄道をそれぞれ使って移動した場合の所要時間と料金を調べ、**表1**にまとめました。

表1　Aにある都道府県庁《とどうふけんちょう》からB、C、Dにある都道府県庁まで、主に航空機と鉄道をそれぞれ使って移動した場合の所要時間と料金

	主な交通手段《こうつうしゅだん》	*所要時間	料金
Aにある都道府県庁から Bにある都道府県庁	航空機	2時間58分 （1時間15分）	28600円
	鉄道	4時間26分 （3時間12分）	18740円
Aにある都道府県庁から Cにある都道府県庁	航空機	3時間7分 （1時間35分）	24070円
	鉄道	6時間1分 （4時間28分）	22900円
Aにある都道府県庁から Dにある都道府県庁	航空機	3時間1分 （1時間5分）	24460円
	鉄道	3時間44分 （2時間21分）	15700円

*待ち時間をふくめたそれぞれの都道府県庁《とどうふけんちょう》間の移動にかかる所要時間。かっこ内は、「主な交通手段《こうつうしゅだん》」を利用している時間。

（第6回（2015年度）全国幹線旅客純流動調査《ぜんこくかんせんりょかくじゅんりゅうどうちょうさ》などより作成）

花　子：私たちは、交通手段の所要時間や料金といった判断材料を用いて、利用する交通手段を選んでいるのですね。

〔問題1〕　**花子**さんは「私たちは、交通手段の所要時間や料金といった判断材料を用いて、利用する交通手段を選んでいるのですね。」と言っています。**図1**中のAからC、またはAからDのどちらかを選び、その選んだ公共交通機関の利用割合とAからBの公共交通機関の利用割合を比べ、選んだ公共交通機関の利用割合がなぜ**図1**のようになると考えられるかを**表1**と会話文を参考にして答えなさい。なお、解答用紙の決められた場所にどちらを選んだか分かるように○で囲みなさい。

適性検査Ⅲ

注　　意

1　問題は 1 から 2 までで、８ページにわたって印刷してあります。

2　検査時間は４５分で、終わりは**午後０時１５分**です。

3　声を出して読んではいけません。

4　計算が必要なときは、この問題用紙の余白を利用しなさい。

5　答えは全て解答用紙に明確に記入し、**解答用紙だけを提出しなさい。**

6　答えを直すときは、きれいに消してから、新しい答えを書きなさい。

7　**受検番号**を解答用紙の決められたらんに記入しなさい。

東京都立大泉高等学校附属中学校

1　**はな**さんと**そら**さんと**先生**が実験室で話をしています。

はな：せん風機はプロペラの羽根がぐるぐる回ることによって風を作り出しているね。夏はすずしくて便利だね。

そら：プロペラの羽根はどのくらいの回数、回転しているのかな。実験室には光電池《こうでんち》の実験で使うプロペラモーター（**図1**）があるね。プロペラモーターは、モーターにプロペラがすでに接続されている実験装置《そうち》のことだよ。電池を使ってプロペラモーターを回して、その様子を動画で撮影《さつえい》してみよう。

先生：動画を撮影するのはよいアイデアですね。通常のカメラは、１秒間に３０枚《まい》の静止画を撮影してつなぎ合わせることで動画にしています。静止画１枚のことを「１コマ」といいます。プロペラの回転はとても速いので、ハイスピードカメラを使ってはどうですか。１秒間に９６０コマの静止画を撮影できますよ。プロペラの回転数を調べる**実験１**をやってみましょう。

実験１

手順１　ハイスピードカメラを使いプロペラモーターの羽根が回転する様子を撮影する。

手順２　撮影した動画をある時刻《じこく》から１コマずつ進めて観察する。

手順３　プロペラの特定の羽根が何度回転するか４コマ分観察する。

図１　プロペラモーター

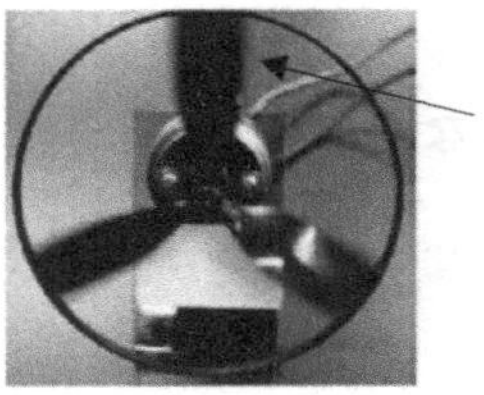

表１　**実験１**の結果

進んだコマ数	回転した角度
０コマ	０度
１コマ	８度
２コマ	１６度
３コマ	２４度
４コマ	３２度

はな：撮影がうまくいったね。

そら：自分で決めた時間でプロペラの回転数を計算してみよう。

〔問題１〕　下の［　　　］の中の三つから自分で決めた時間を一つ選び、○で囲みなさい。また、その選んだ時間のなかで、プロペラが何回転しているか答えなさい。割《わ》り切れない場合は小数第一位を四捨五入《ししゃごにゅう》して、整数で答えなさい。

１秒間　１分間　１時間

は　な：今日は晴れているから、校庭でプロペラモーターを光電池に接続して、回してみよう。

そ　ら：光電池の表面はどこか一部でもよごれてしまうと、うまく発電できなくなるのかな。そもそも、光電池の仕組みってどうなっているのだろう。

先　生：よいところに疑問《ぎもん》をもちましたね。光電池に太陽光が当たる面を、正面として観察すると、発電する板が３枚あり、中心にある電気を通す太い金属の線でつながっています(**図2**)。太い金属の線を側面から観察すると**図3**のようになっています。また、太陽光が当たる面を注意深く観察すると、それぞれの発電する板には、太い金属の線と垂直《すいちょく》に交わる細い金属の線が１０本以上あります(**図4**)。この細い金属の線は、発電した電気を太い金属の線に集めるはたらきがありますよ。

図2　光電池《こうでんち》

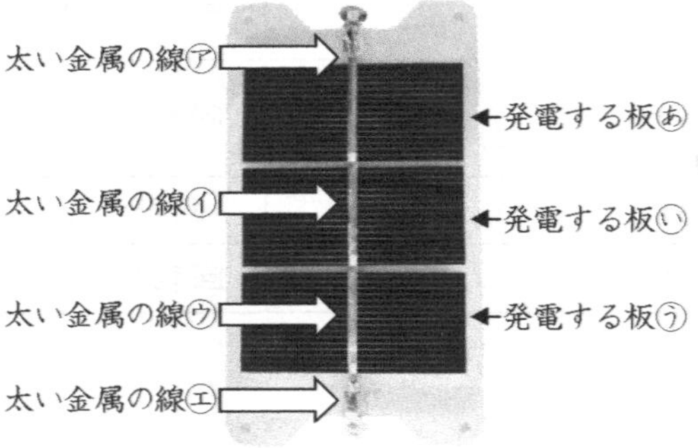

図3　光電池の太い金属の線と発電する板

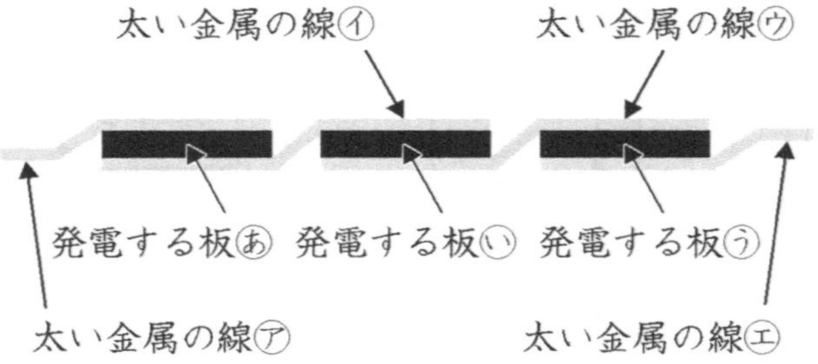

図4　光電池の細い金属の線

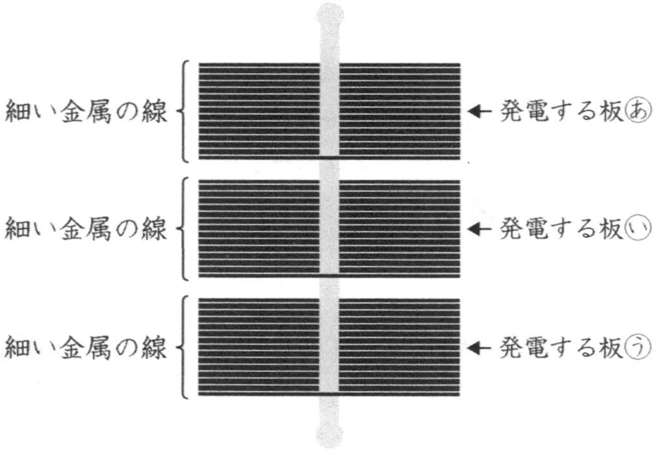

は　な：光電池に太陽光があたる場所とプロペラの回転の関係を調べる**実験2**をやってみよう。

実験２

手順１　光電池全体に太陽光を当てて、接続点Ａと接続点Ｂをそれぞれプロペラモーターに接続し回転させる。また、発電する板の部分を①～⑥の６区画で分けて考える（**図５**）。

手順２　１区画分の大きさの紙を６枚準備する。紙は光を通さないこととする。

手順３　紙の枚数や置く場所をいろいろ変化させて実験する。

図５　光電池の６区画

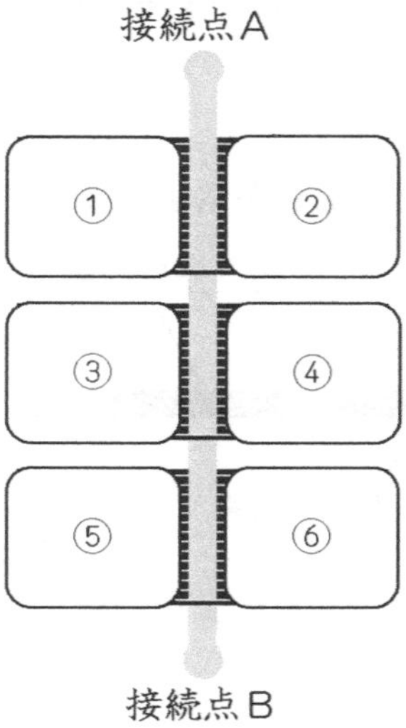

表２　**実験２**の結果

	紙の枚数《まいすう》	紙を置く場所	プロペラの様子
条件Ａ	０枚	なし	回転する
条件Ｂ	６枚	①，②，③ ④，⑤，⑥	回転しない
条件Ｃ	５枚	①，③ ④，⑤，⑥	回転しない
条件Ｄ	３枚	①，③，⑤	回転する
条件Ｅ	２枚	⑤，⑥	回転しない

そ　ら：どうしてこのような結果になるのだろうか。

は　な：分かったかもしれない。光電池でプロペラを回すために必要なことについてもう少し調べたいな。条件Ｃのとき、光電池の☆のところを接続点Ｂの代わりとして接続したときに、プロペラが回転するか気になるね（**図６**）。光電池の表面はとう明なフィルムでおおわれているので、小さな穴《あな》をあけてもいいですか。

先　生：もちろんです。探究心《たんきゅうしん》を大事にしてくださいね。

は　な：ありがとう、先生。小さい穴をあけて☆のところにつなげてみたよ。プロペラが回転したね（**実験３**）。

図６　穴《あな》をあける場所

〔問題２〕　新しい光電池《こうでんち》を用意し、①，④，⑤に紙を置いた。プロペラは回転するかしないか、どちらかを選び○で囲みなさい。また、その理由を**実験２**や**実験３**の結果を使って説明しなさい。

はな：光電池の電気だけでドローンを飛ばす実験をしている研究があると聞いたことがあるよ。

そら：太陽が出ている間はずっと飛べるってことなのかな。それは、環境《かんきょう》にも優《やさ》しいし、すごいことだね。

はな：ところで、プロペラの風でどれくらいの重さの物体をうかせることができるのかな。何か調べるためのよい方法はないかな。

そら：プロペラの羽根は、モーターに電流を流して回転させているね。光電池の代わりに電流の大きさを変化させることができる電源装置《でんげんそうち》を使ってみよう。モーターに流れる電流の大きさを変化させたとき、プロペラの風でどれくらいの重さの紙をうかせることができるか**実験４**で調べてみよう。

実験４

手順１　プロペラの直径と同じ大きさの円形に紙を切り、その紙を５枚用意する。紙１枚の重さを電子てんびんで測定したら０．５４ｇであった。

手順２　モーターに電流を流し、プロペラで風を発生させ紙をうかせる（**図７**）。紙はプロペラを囲うように設置した４本の棒《ぼう》によって安定してプロペラと平行にうく。その状態から電流の大きさを小さくしていき、プロペラに紙がふれたとき、うかなくなったと判断する。その時点での、電流の大きさを記録する。

図７　紙をうかせる様子

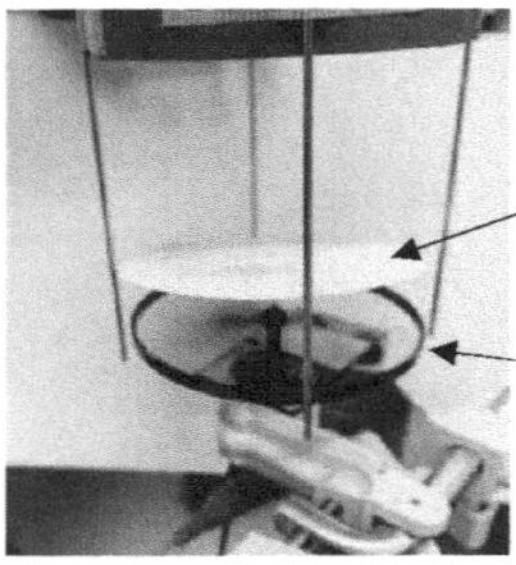

表３　**実験４**の結果

紙の枚数	１枚	２枚	３枚	４枚	５枚
電流の大きさ	２３ *ｍＡ	３１ ｍＡ	３９ ｍＡ	４７ ｍＡ	５５ ｍＡ

＊ ｍＡ（ミリアンペア）：電流の大きさを表す単位。
１Ａ＝１０００ｍＡ

はな：電流の大きさとうかなくなるときの紙の枚数は関連がありそうだね。どうすれば分かるかな。

そら：グラフにしてみると関係が分かりそうだね。パソコンを使ってグラフを作ってみたよ（**図８**）。

はな：紙の枚数と電流の大きさの関係が分かるね。この関係性を使えば、紙の重さを変化させたときに紙がうかなくなる電流の大きさを、予想できそうだね。

図8　紙の枚数《まいすう》と電流の大きさの関係

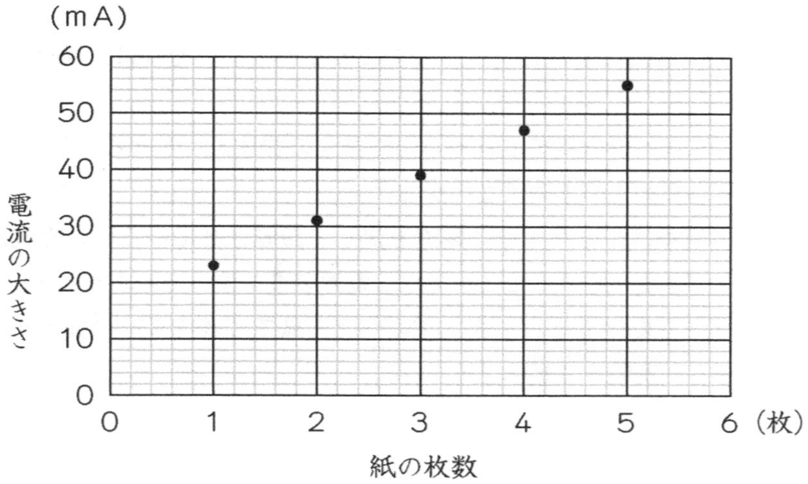

〔問題3〕　０．５４ｇの紙２枚《まい》の上に、新しく切った０．３４ｇの円形の紙を中心に乗せて実験をした。電源装置《でんげんそうち》で電流の大きさを小さくしていったときにうかなくなる電流の大きさは何ｍＡとなるか答えなさい。割り切れない場合は小数第一位を四捨五入して、整数で答えること。また、どのように考えたか答えなさい。

解答用紙

適性検査Ⅰ

1

〔問題1〕 20点

文章1

という効果。

文章2

という効果。

〔問題2〕 20点

〜

〔問題3〕 60点

20

100

※100点満点

受検番号

得点
※

※ ※ ※ ※ ※

※のらんには、記入しないこと。

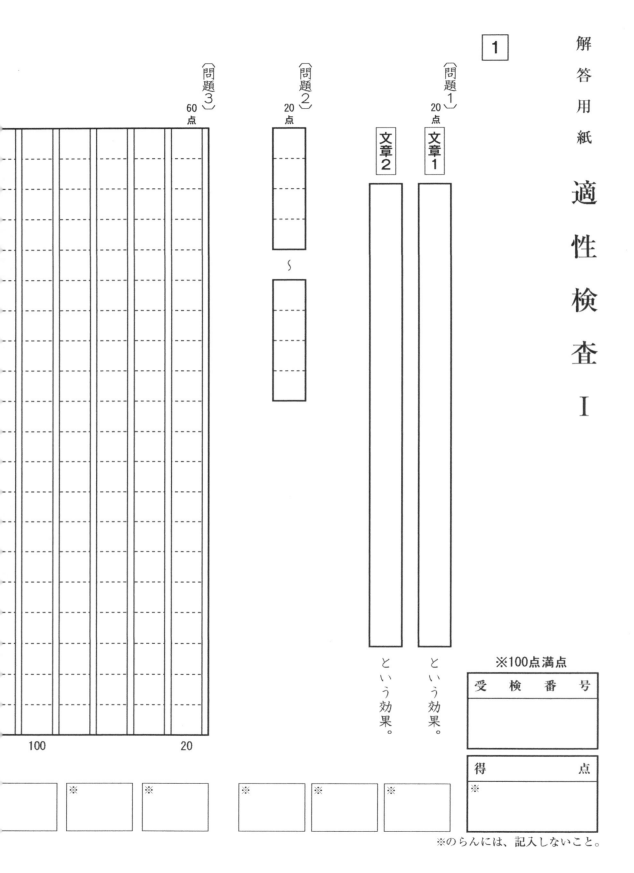

解　答　用　紙　　適　性　検　査　Ⅱ

※100点満点

受　検　番　号

得　　　点
※

※のらんには、記入しないこと

1

〔問題１〕 20点

〔太郎《たろう》さんの作業〕

〔花子さんの作業〕

〔６枚《まい》のマグネットシートを切り終えるのにかかる時間〕　（　　　　）分

※

〔問題２〕 20点

〔得点板の数字を４５６から９８７にするのにかかる最短の時間〕（　　　　）秒

〔　　　〕→〔　　　〕

〔　　　〕→〔　　　〕

〔　　　〕→〔　　　〕

〔　　　〕→〔　　　〕

〔　　　〕→〔　　　〕

※

解答用紙　適性検査Ⅲ

※100点満点

受　検　番　号

得　　　点
※

※のらんには、記入しないこと

1

〔問題１〕　10点

自分で決めた時間	１秒間　・１分間　・１時間
答え	

※

〔問題２〕　20点

回転	する　・　しない
〈理由〉	

※

〔問題３〕　20点

電流の大きさ	mA《ミリアンペア》
〈考え方〉	

※

2

〔問題１〕 10点

ア	
残りの巻《ま》き数	

※

〔問題２〕 20点

イ	
残りの長さ	ｍｍ

※

〔問題３〕 20点

縦《たて》	ｃｍ
横	ｃｍ
高さ	ｃｍ

※

2

〔問題１〕15点

（選んだ一つを○で囲みなさい。）
ＡからＣ　　　　ＡからＤ

※

〔問題２〕15点

〔「ふれあいタクシー」の取り組みが必要になった理由〕

〔「ふれあいタクシー」導入の効果〕

※

3

〔問題１〕 12点

※

〔問題２〕 18点

〔組み合わせ〕

〔理由〕

※

（6　大泉）

440　400　300　200

※

2　**いずみ**さんと**まさと**さんが家で話をしています。

いずみ： トイレットペーパーが残りわずかだよ（**図1**）。

図1

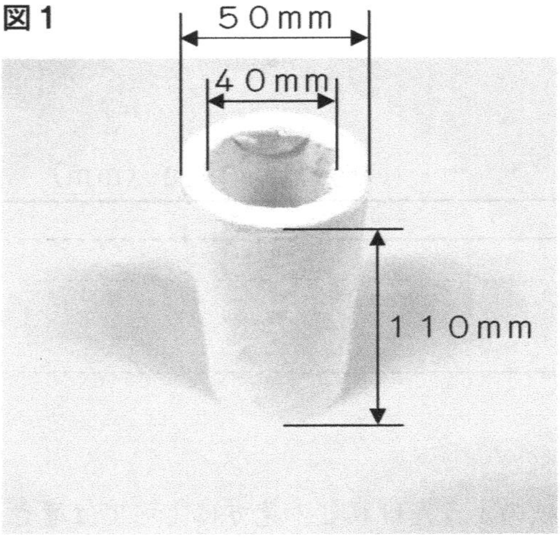

まさと： 本当だね。

いずみ： 残りはあとどれくらい使えるのかな。

まさと： まずはこのトイレットペーパーの、残りの巻《ま》き数を調べてみよう。

いずみ： パッケージには、トイレットペーパーの厚さは0．1mmと記されているよ。

まさと： 残りのトイレットペーパーの直径の長さは、どこで測ってもちょうど50mmだったよ。

いずみ： トイレットペーパーのしんの直径は40mmのようだね。

まさと： ということは、［　ア　］と計算すれば、トイレットペーパーの残りの巻き数を求められるよ。

いずみ： やってみよう。

〔問題1〕　会話文中の［　ア　］に当てはまる、残りの巻《ま》き数を求める計算式を答えなさい。また、トイレットペーパーの残りの巻き数も答えなさい。ただし、トイレットペーパーのしんの厚さは考えないものとする。

いずみ： このトイレットペーパーの残りの巻き数は分かったけれど、そこから残りの長さを求めるのは大変そうだね。

まさと： ではトイレットペーパーの紙を立体として考えるのはどうだろう。

いずみ： どういうことかな。

まさと： 例えば、このトイレットペーパーの残りを全て出した様子を図にして考えてみよう（**図２**）。

図２

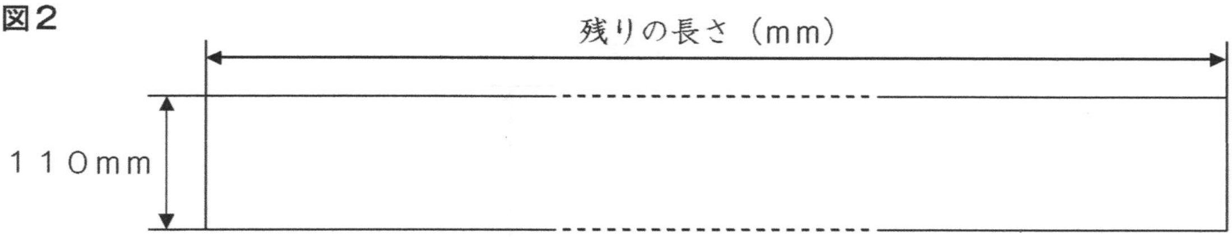

まさと： これは、平面の紙のようだけれど、見方によっては厚さ０．１mmの立体と考えることもできるね。

いずみ： なるほど。

まさと： ということは、**図１**のトイレットペーパーを立体として見たとき、その立体の［　イ　］は、**図２**の残りの長さ×０．１の値《あたい》と等しいと考えられるね。

いずみ： これならトイレットペーパーの残りの長さも求められるね。

〔問題２〕　会話文中の［　イ　］に当てはまる言葉、または計算式を答えなさい。また、トイレットペーパーの残りの長さも求めなさい。その際、単位はmmで答えなさい。ただし、円周率は３．１４とし、トイレットペーパーのしんの厚さは考えないものとする。また、トイレットペーパーは、すき間なくぴったりと巻かれているものとする。

まさと： これで長さを求めることができたね。

いずみ： でも、残りわずかだから、新しいトイレットペーパーを準備しておこう。

いずみ：新しいトイレットペーパーを持ってきたよ（**図３**）。

図３

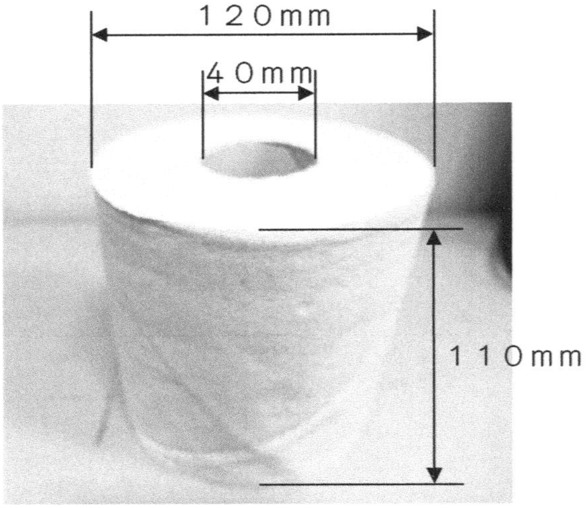

まさと：そういえば、お店にはたくさんのトイレットペーパーが並《なら》んでいるね。

いずみ：この前、入荷《にゅうか》している様子を見たけれど、とても大きいダンボール箱に、ぴったりと並んで入っていたよ。

まさと：ためしに、３６個のトイレットペーパーを入れるとすると、どれくらいの大きさのダンボール箱が必要なのかな。

〔問題３〕　ダンボール箱の表面（下の面も含《ふく》む）の面積の合計をできる限り小さくして、**図３**のようなトイレットペーパー３６個を入れる。このとき、どれくらいの大きさのダンボール箱が必要になるか。ダンボール箱の縦《たて》、横、高さの長さをそれぞれ求めなさい。その際、単位はｃｍで答えなさい。ただし、ダンボールの厚さは考えないものとする。また、トイレットペーパーの形を変えることはできないものとする。

まさと：このトイレットペーパーやトイレットペーパーのしん、ダンボールは古紙を使っているよ。

いずみ：そうだね。私《わたし》たちが買い物をしたりするときは、環境《かんきょう》に配りょして作られた物を選ぶとよいね。

太　郎：目的地までの所要時間や料金などから交通手段を選んでいることが分かりました。

花　子：そうですね。しかし、地域によっては、自由に交通手段を選ぶことが難《むずか》しい場合もあるのではないでしょうか。

先　生：どうしてそのように考えたのですか。

花　子：私の祖父母が暮《く》らしているＥ町では、路線バスの運行本数が減少しているという話を聞きました。

太　郎：なぜ生活に必要な路線バスの運行本数が減少してしまうのでしょうか。Ｅ町に関係がありそうな資料について調べてみましょう。

太郎さんと**花子**さんは、**先生**といっしょにインターネットを用いて、Ｅ町の路線バスの運行本数や人口推移《すいい》について調べ、**表２**、**図２**にまとめました。

表２　Ｅ町における路線バスの平日一日あたりの運行本数の推移《すいい》

年度	2011	2012	2013	2014	2015	2016	2017	2018	2019	2020	2021
運行本数	４８	４８	４８	４８	４８	４８	３４	３４	３２	３２	３２

（令和２年地域公共交通網形成計画《ちいきこうきょうこうつうもうけいせいけいかく》などより作成）

図２　Ｅ町の人口推移《すいい》

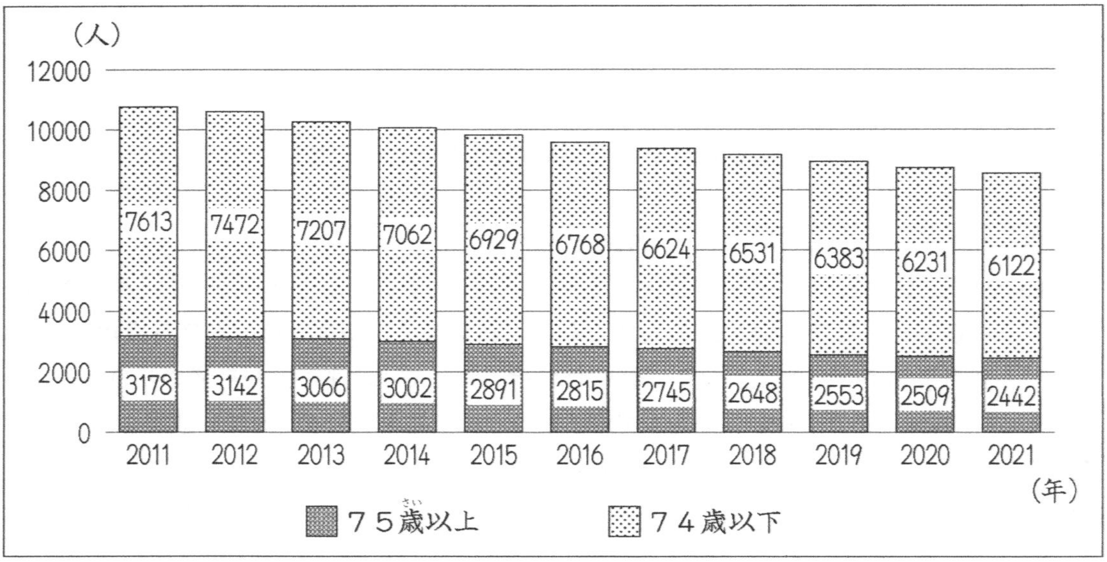

（住民基本台帳より作成）

花　子：**表２**、**図２**を読み取ると、Ｅ町の路線バスの運行本数や人口に変化があることが分かりますね。調べる中で、Ｅ町は「ふれあいタクシー」の取り組みを行っていることが分かりました。この取り組みについて、さらにくわしく調べてみましょう。

花子さんと**太郎**さんは、インターネットを用いて、E町の「ふれあいタクシー」の取り組みについて調べ、**図3**、**表3**にまとめました。

図3　E町の「ふれあいタクシー」の取り組みについてまとめた情報

補助《ほじょ》対象者・利用者	① ７５歳《さい》以上の人 ② ７５歳未満で運転免許証《うんてんめんきょしょう》を自主的に返納《へんのう》した人 ③ 妊婦《にんぷ》などの特別に町長が認《みと》めた人　　　　など
「ふれあいタクシー」の説明	自宅《じたく》から町内の目的地まで運んでくれる交通手段《しゅだん》であり、E町では２０１７年から導入された。利用するためには、利用者証の申請《しんせい》が必要である。２０２３年現在、町民一人あたり１か月に２０回以内の利用が可能で、一定額をこえたタクシー運賃《うんちん》を町が負担《ふたん》する。

（令和２年地域公共交通網形成計画《ちいきこうきょうこうつうもうけいせいけいかく》などより作成）

表3　E町の「ふれあいタクシー」利用者証新規交付数・*累計《るいけい》交付数の推移《すいい》

年度	２０１７	２０１８	２０１９	２０２０	２０２１
利用者証新規交付数	８７２	８６３	２１０	２８５	９５
利用者証累計交付数	８７２	１７３５	１９４５	２２３０	２３２５

*累計《るいけい》：一つ一つ積み重ねた数の合計。

（令和２年地域公共交通網形成計画《ちいきこうきょうこうつうもうけいせいけいかく》などより作成）

先　生：興味深いですね。調べてみて、ほかに分かったことはありますか。

太　郎：はい。２０２１年においては、「ふれあいタクシー」の利用者証を持っている人のうち、９０％近くが７５歳《さい》以上の人で、全体の利用者も、９０％近くが７５歳以上です。利用者の主な目的は、病院や買い物に行くことです。また、利用者の９０％近くが「ふれあいタクシー」に満足しているという調査結果が公表されています。

花　子：「ふれあいタクシー」は、E町にとって重要な交通手段の一つになったのですね。

太　郎：そうですね。E町の「ふれあいタクシー」導入の効果について考えてみたいですね。

〔問題２〕　**太郎**さんは「E町の「ふれあいタクシー」導入の効果について考えてみたいですね。」と言っています。E町で「ふれあいタクシー」の取り組みが必要になった理由と、「ふれあいタクシー」導入の効果について、**表２**、**図２**、**図３**、**表３**、会話文から考えられることを説明しなさい。

３　**花子**さんと**太郎**《たろう》さんがまさつについて話をしています。

花　子：生活のなかで、すべりにくくする工夫《くふう》がされているものがあるね。

太　郎：**図１**のように、ペットボトルのキャップの表面に縦《たて》にみぞがついているものがあるよ。手でキャップを回すときにすべりにくくするためなのかな。

花　子：プラスチックの板を使って調べてみよう。

図１　ペットボトル

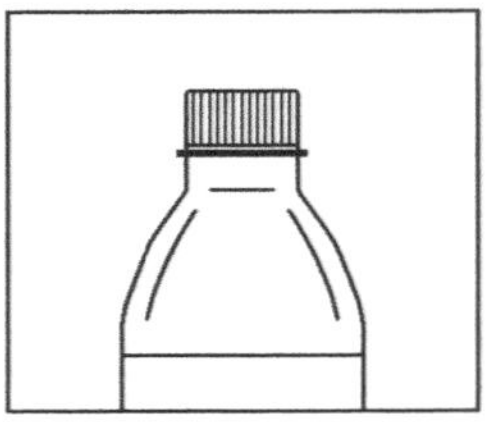

二人は、次のような**実験１**を行いました。

実験１

手順１　１辺が７ｃｍの正方形の平らなプラスチックの板を何枚《まい》か用意し、**図２**のようにそれぞれ糸をつける。

図２　手順１の板

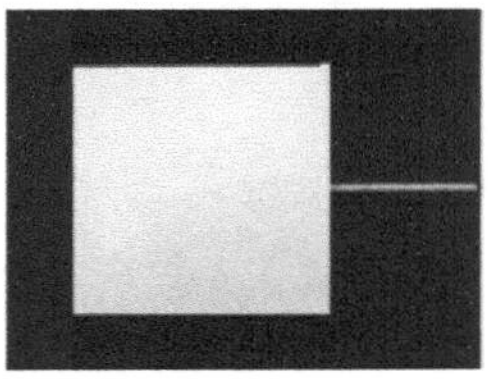

手順２　机《つくえ》の上にフェルトの布を固定し、その上に正方形のプラスチックの板を置く。

手順３　プラスチックの板の上に７５０ｇの金属をのせる。

手順４　同じ重さのおもりをいくつか用意する。**図３**のように、糸の引く方向を変えるために机に表面がなめらかな金属の丸い棒《ぼう》を固定し、プラスチックの板につけた糸を棒の上に通して、糸のはしにおもりをぶら下げる。おもりの数を増やしていき、初めてプラスチックの板が動いたときのおもりの数を記録する。

図３　手順４の様子

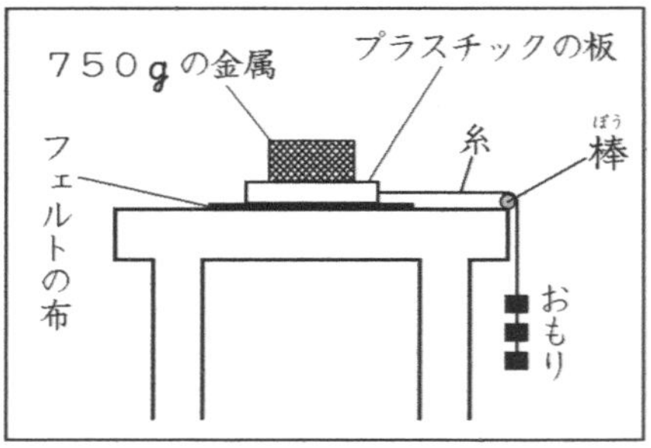

手順５　手順３の金属を１０００ｇの金属にかえて、手順４を行う。

手順６　**図４**のように、手順１で用意したプラスチックの板に、みぞをつける。みぞは、糸に対して垂直《すいちょく》な方向に０．５ｃｍごとにつけることとする。

図４　手順６の板

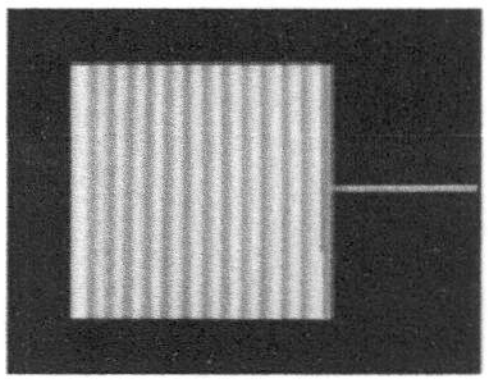

手順７　手順６で作ったプラスチックの板を、みぞをつけた面を下にして手順２～手順５を行い、記録する。

手順８　**図５**のように、手順１で用意したプラスチックの板に、みぞをつける。みぞは、糸に対して平行な方向に０．５ｃｍごとにつけることとする。

図５　手順８の板

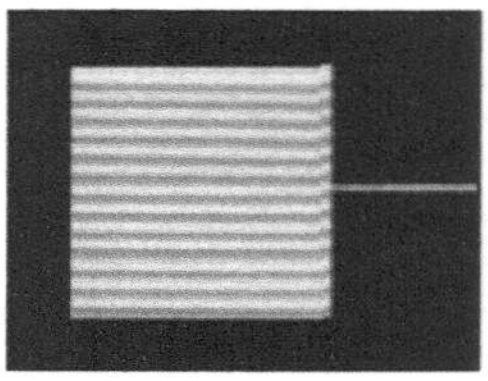

手順９　手順８で作ったプラスチックの板を、みぞをつけた面を下にして手順２～手順５を行い、記録する。

実験１の結果は、**表１**のようになりました。

表１　実験１の結果

	手順１の板	手順６の板	手順８の板
７５０ｇの金属をのせて調べたときのおもりの数（個）	１４	１９	１３
１０００ｇの金属をのせて調べたときのおもりの数（個）	１８	２５	１７

太　郎：手でペットボトルのキャップを回すときの様子を調べるために、机の上にフェルトの布を固定して実験したのだね。

花　子：ペットボトルのキャップを回すとき、手はキャップをつかみながら回しているよ。

〔問題１〕　手でつかむ力が大きいときでも小さいときでも、**図１**のように、表面のみぞの方向が回す方向に対して垂直《すいちょく》であるペットボトルのキャップは、すべりにくくなると考えられます。そう考えられる理由を、**実験１**の結果を使って説明しなさい。

太　郎：そりで同じ角度のしゃ面をすべり下りるとき、どのようなそりだと速くすべり下りることができるのかな。

花　子：しゃ面に接する面積が広いそりの方が速くすべり下りると思うよ。

太　郎：そうなのかな。重いそりの方が速くすべり下りると思うよ。

花　子：しゃ面に接する素材によっても速さがちがうと思うよ。

太　郎：ここにプラスチックの板と金属の板と工作用紙の板があるから、まず面積を同じにして調べてみよう。

二人は、次のような**実験２**を行いました。

実験２

手順１　**図６**のような長さが約１００ｃｍで上側が平らなアルミニウムでできたしゃ面を用意し、水平な机《つくえ》の上でしゃ面の最も高いところが机から約４０ｃｍの高さとなるように置く。

図６　しゃ面

手順２　**図７**のような１辺が１０ｃｍの正方形のア～ウを用意し、重さをはかる。そして、それぞれしゃ面の最も高いところに置いてから静かに手をはなし、しゃ面の最も低いところまですべり下りる時間をはかる。ただし、工作用紙の板は、ますがかかれている面を上にする。

図７　ア～ウ

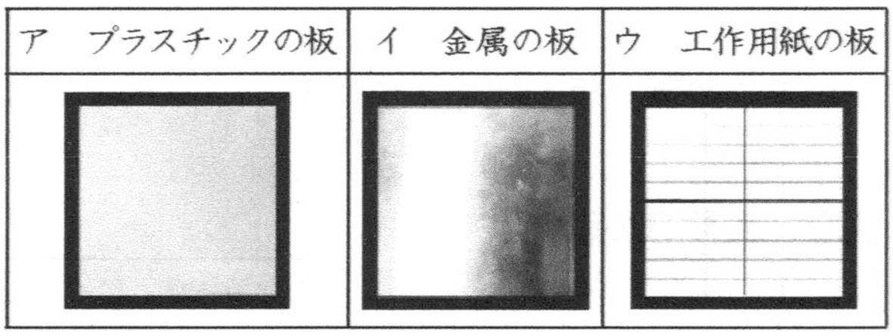

実験２の結果は、**表２**のようになりました。

表２　実験２の結果

	ア　プラスチックの板	イ　金属の板	ウ　工作用紙の板
面積（ｃｍ²）	１００	１００	１００
重さ（ｇ）	５.２	２６.７	３.７
すべり下りる時間（秒）	１.４	０.９	１.８

太　郎：速くすべり下りるには、重ければ重いほどよいね。

花　子：本当にそうなのかな。プラスチックの板と金属の板と工作用紙の板をそれぞれ１枚《まい》ずつ積み重ねて調べてみよう。

二人は、次のような**実験３**を行いました。

実験３

手順１　**実験２**の手順１と同じしゃ面を用意する。

手順２　**実験２**の手順２で用いたプラスチックの板と金属の板と工作用紙の板を、それぞれ６枚ずつ用意する。それらの中からちがう種類の板、合計３枚を**図８**のように積み重ねて、板の間を接着ざいで接着したものを作り、１号と名前をつける。さらに、３種類の板を１枚ずつ順番をかえて積み重ねて、１号を作ったときに使用した接着ざいと同じ重さの接着ざいで接着したものを五つ作り、それぞれ２号～６号と名前をつける。ただし、積み重ねるとき、工作用紙の板は、ますがかかれている面が上になるようにする。

手順３　１号～６号を、積み重ねた順番のまま、それぞれしゃ面の最も高いところに置いてから静かに手をはなし、しゃ面の最も低いところまですべり下りる時間をはかる。

図８　板を積み重ねた様子

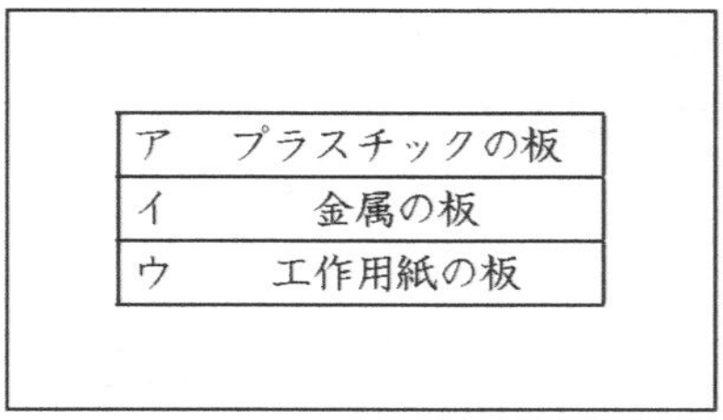

実験３の結果は、**表３**のようになりました。ただし、アはプラスチックの板、イは金属の板、ウは工作用紙の板を表します。また、A、B、Cには、すべり下りる時間（秒）の値《あたい》が入ります。

表３　**実験３**の結果

	１号	２号	３号	４号	５号	６号
積み重ねたときの一番上の板	ア	ア	イ	イ	ウ	ウ
積み重ねたときのまん中の板	イ	ウ	ア	ウ	ア	イ
積み重ねたときの一番下の板	ウ	イ	ウ	ア	イ	ア
すべり下りる時間（秒）	１．８	A	１．８	B	C	１．４

〔問題２〕　**実験３**において、１号～６号の中で、すべり下りる時間が同じになると考えられる組み合わせがいくつかあります。１号と３号の組み合わせ以外に、すべり下りる時間が同じになると考えられる組み合わせを一つ書きなさい。また、すべり下りる時間が同じになると考えた理由を、**実験２**では同じでなかった条件のうち**実験３**では同じにした条件は何であるかを示して、説明しなさい。

にも傷がある。自分の中の見えない場所にあるもののように。そんなことを考えている孤独《こどく》な一人の女性を思うと、桜も青空もそれを受け止めようとしている人も、それを遠くで思う人（読者）も、すべてが無限の切なさに覆《おお》われているように感じられてくる。こんなにおおらかに「傷」を言葉にできるとは。ほんとうにさびしいときに、この歌を唱えつづけると、いつの間にかうれしい気持ちに変わっていくような気がする。

（東《ひがし》　直子《なおこ》「生きていくための呪文《じゅもん》」による）

〔注〕

歌――――短歌。

咲《さ》くからに――――咲いているから。

わが眺《なが》めたり――――私《わたし》は（その桜の花を）ながめるのだ。

岡本《おかもと》かの子《こ》――――大正、昭和時代の小説家、歌人。

清水《きよみず》――――京都《きょうと》の清水寺《きよみずでら》。

祇園《ぎおん》――――京都の祇園神社《ぎおんじんじゃ》。

こよひ《（こよい）》――――今夜。

与謝野晶子《よさのあきこ》――――明治、大正時代の歌人。

花灯《はなあか》り――――桜の花が満開で、その辺りのやみがほのかに明るく感じられること。

ほろ酔《よ》いのような表情を浮《う》かべて――うっとりした顔つきで。

愛《め》でている――――味わい楽しんでいる。

大西民子《おおにしたみこ》――――昭和時代の歌人。

1

次の 文章1 と 文章2 を読んで、あとの問題に答えなさい。
（*印の付いている言葉には、本文のあとに〔注〕があります。）

文章1

桜の咲《さ》く時期になると、必ず思い出す*歌がいくつかある。ソメイヨシノの並木《なみき》の花がいっせいに満開になって、咲いてるなあ、と首を空に向けながら思い出すのは、次の歌である。

桜ばないのち一ぱいに*咲くからに生命《いのち》をかけて*わが眺《なが》めたり　*岡本《おかもと》かの子《こ》

そして桜満開の夜となれば、この歌。

*清水《きよみず》へ*祇園《ぎおん》をよぎる 桜月夜《さくらづきよ》*こよひ《(こよい)》逢《(あう)》ふ人みなうつくしき　*与謝野晶子《よさのあきこ》

桜の咲くころの祇園を訪《たず》ねたことはないのだが、脳内《のうない》には*花灯《はなあか》りの下を、浮《う》かれたような、*ほろ酔《よ》いのような表情を浮《う》かべて道を歩く人々《ひとびと》の、うつくしい顔がくっきりと浮かぶ。夜桜見物を一度だけしたことがあるが、結構寒くて、じっと座《すわ》ってるとガタガタ震《ふる》えてくるし鼻水は出るし、思うほどロマンチックではない。けれども人をうつくしいと思う気持ちは、この歌を胸《むね》に抱《いだ》いていたため失わずにすんだ。

先ほどのかの子の歌が桜の花と自分を同一化させて自分を主人公として短歌の額縁《がくぶち》の真中におさめたのに対し、この晶子の歌は、あくまでも自分はレンズとしての存在《そんざい》で、きれいな夜桜のある風景をまるごと*愛《め》でている。きれいな花が咲いたらそれだけを見るのではなく、そこにある気配までも感知する晶子の懐《ふところ》の深さに感じいる。

「こよひ逢ふ人みなうつくしき」は、桜の咲いている時期以外でも、いろいろな場所にあてはめることができる。気後《きおく》れしがちなパーティーなどでも「こよひ逢ふ人みなうつくしき」の言葉を唱えながら現地に向かえば、自《おの》ずと前向きになり、好意的に人と会える気持ちになれて勇気がわくのである。

自分の気に入った詩の言葉を心の中でつぶやく行為《こうい》は、願いをかなえるために呪文《じゅもん》を唱えることにとても似ている。短歌を知る、覚えていくということは、自分の気持ちを保つための言葉を確保していくことでもあるのだと思う。

てのひらをくぼめて待てば青空の見えぬ傷《きず》より花こぼれ来る　*大西民子《おおにしたみこ》

この短歌を胸に抱いてつくづく思うのは、さびしいのは自分だけではない、ということ。桜のはなびらがはらはらと散っていく様子を見ると、なんともいえず切ない気持ちになる。この歌ではそれが「青空の見えぬ傷」よりこぼれてきたものだというのである。あのきれいな青い空

問題は次のページからです。

⑥

適性検査Ⅰ

注意

1　問題は［1］のみで、**5ページ**にわたって印刷してあります。

2　検査時間は**四十五分**で、終わりは**午前九時四十五分**です。

3　声を出して読んではいけません。

4　答えは全て解答用紙に明確に記入し、**解答用紙だけを提出しなさい。**

5　答えを直すときは、きれいに消してから、新しい答えを書きなさい。

6　**受検番号**を解答用紙の決められたらんに記入しなさい。

東京都立大泉高等学校附属中学校

福岡県

①[国立]福岡教育大学附属中学校（福岡·小倉·久留米）
②[県立]育徳館中学校
門司学園中学校
宗像中学校
嘉穂高等学校附属中学校
輝翔館中等教育学校
③西南学院中学校
④上智福岡中学校
⑤福岡女学院中学校
⑥福岡雙葉中学校
⑦照曜館中学校
⑧筑紫女学園中学校
⑨敬愛中学校
⑩久留米大学附設中学校
⑪飯塚日新館中学校
⑫明治学園中学校
⑬小倉日新館中学校
⑭久留米信愛中学校
⑮中村学園女子中学校
⑯福岡大学附属大濠中学校
⑰筑陽学園中学校
⑱九州国際大学付属中学校
⑲博多女子中学校
⑳東福岡自彊館中学校
㉑八女学院中学校

佐賀県

①[県立]香楠中学校
致遠館中学校
唐津東中学校
武雄青陵中学校
②弘学館中学校
③東明館中学校
④佐賀清和中学校
⑤成穎中学校
⑥早稲田佐賀中学校

長崎県

①[県立]長崎東中学校
佐世保北中学校
諫早高等学校附属中学校
②青雲中学校
③長崎南山中学校
④長崎日本大学中学校
⑤海星中学校

熊本県

①[県立]玉名高等学校附属中学校
宇土中学校
八代中学校
②真和中学校
③九州学院中学校
④ルーテル学院中学校
⑤熊本信愛女学院中学校
⑥熊本マリスト学園中学校
⑦熊本学園大学付属中学校

大分県

①[県立]大分豊府中学校
②岩田中学校

宮崎県

①[県立]五ヶ瀬中等教育学校
②[県立]宮崎西高等学校附属中学校
都城泉ヶ丘高等学校附属中学校
③宮崎日本大学中学校
④日向学院中学校
⑤宮崎第一中学校

鹿児島県

①[県立]楠隼中学校
②[市立]鹿児島玉龍中学校
③鹿児島修学館中学校
④ラ・サール中学校
⑤志學館中等部

沖縄県

①[県立]与勝緑が丘中学校
開邦中学校
球陽中学校
名護高等学校附属桜中学校

もっと過去問シリーズ

北海道

北嶺中学校
7年分（算数・理科・社会）

静岡県

静岡大学教育学部附属中学校
（静岡·島田·浜松）
10年分（算数）

愛知県

愛知淑徳中学校
7年分（算数・理科・社会）
東海中学校
7年分（算数・理科・社会）
南山中学校男子部
7年分（算数・理科・社会）
南山中学校女子部
7年分（算数・理科・社会）
滝中学校
7年分（算数・理科・社会）
名古屋中学校
7年分（算数・理科・社会）

岡山県

岡山白陵中学校
7年分（算数・理科）

広島県

広島大学附属中学校
7年分（算数・理科・社会）
広島大学附属福山中学校
7年分（算数・理科・社会）
広島学院中学校
7年分（算数・理科・社会）
広島女学院中学校
7年分（算数・理科・社会）
修道中学校
7年分（算数・理科・社会）
ノートルダム清心中学校
7年分（算数・理科・社会）

愛媛県

愛光中学校
7年分（算数・理科・社会）

福岡県

福岡教育大学附属中学校
（福岡·小倉·久留米）
7年分（算数・理科・社会）
西南学院中学校
7年分（算数・理科・社会）
久留米大学附設中学校
7年分（算数・理科・社会）
福岡大学附属大濠中学校
7年分（算数・理科・社会）

佐賀県

早稲田佐賀中学校
7年分（算数・理科・社会）

長崎県

青雲中学校
7年分（算数・理科・社会）

鹿児島県

ラ·サール中学校
7年分（算数・理科・社会）

※もっと過去問シリーズは
国語の収録はありません。

教英出版
〒422-8054
静岡県静岡市駿河区南安倍3丁目12－28
TEL 054-288-2131
FAX 054-288-2133
詳しくは教英出版で検索
教英出版 検索
URL https://kyoei-syuppan.net/

④[府立]富田林中学校
⑤[府立]咲くやこの花中学校
⑥[府立]水都国際中学校
⑦清風中学校
⑧高槻中学校（A日程）
⑨高槻中学校（B日程）
⑩明星中学校
⑪大阪女学院中学校
⑫大谷中学校
⑬四天王寺中学校
⑭帝塚山学院中学校
⑮大阪国際中学校
⑯大阪桐蔭中学校
⑰開明中学校
⑱関西大学第一中学校
⑲近畿大学附属中学校
⑳金蘭千里中学校
㉑金光八尾中学校
㉒清風南海中学校
㉓帝塚山学院泉ヶ丘中学校
㉔同志社香里中学校
㉕初芝立命館中学校
㉖関西大学中等部
㉗大阪星光学院中学校

兵庫県

①[国立]神戸大学附属中等教育学校
②[県立]兵庫県立大学附属中学校
③雲雀丘学園中学校
④関西学院中学部
⑤神戸女学院中学部
⑥甲陽学院中学校
⑦甲南中学校
⑧甲南女子中学校
⑨灘中学校
⑩親和中学校
⑪神戸海星女子学院中学校
⑫滝川中学校
⑬啓明学院中学校
⑭三田学園中学校
⑮淳心学院中学校
⑯仁川学院中学校
⑰六甲学院中学校
⑱須磨学園中学校（第1回入試）
⑲須磨学園中学校（第2回入試）
⑳須磨学園中学校（第3回入試）
㉑白陵中学校
㉒夙川中学校

奈良県

①[国立]奈良女子大学附属中等教育学校
②[国立]奈良教育大学附属中学校
③[県立] 国際中学校
　　　　青翔中学校
④[市立]一条高等学校附属中学校
⑤帝塚山中学校
⑥東大寺学園中学校
⑦奈良学園中学校
⑧西大和学園中学校

和歌山県

①[県立] 古佐田丘中学校
　　　　向陽中学校
　　　　桐蔭中学校
　　　　日高高等学校附属中学校
　　　　田辺中学校
②智辯学園和歌山中学校
③近畿大学附属和歌山中学校
④開智中学校

岡山県

①[県立]岡山操山中学校
②[県立]倉敷天城中学校
③[県立]岡山大安寺中等教育学校
④[県立]津山中学校
⑤岡山中学校
⑥清心中学校
⑦岡山白陵中学校
⑧金光学園中学校
⑨就実中学校
⑩岡山理科大学附属中学校
⑪山陽学園中学校

広島県

①[国立]広島大学附属中学校
②[国立]広島大学附属福山中学校
③[県立]広島中学校
④[県立]三次中学校
⑤[県立]広島叡智学園中学校
⑥[市立]広島中等教育学校
⑦[市立]福山中学校
⑧広島学院中学校
⑨広島女学院中学校
⑩修道中学校
⑪崇徳中学校
⑫比治山女子中学校
⑬福山暁の星女子中学校
⑭安田女子中学校
⑮広島なぎさ中学校
⑯広島城北中学校
⑰近畿大学附属広島中学校福山校
⑱盈進中学校
⑲如水館中学校
⑳ノートルダム清心中学校
㉑銀河学院中学校
㉒近畿大学附属広島中学校東広島校
㉓AICJ中学校
㉔広島国際学院中学校
㉕広島修道大学ひろしま協創中学校

山口県

①[県立] 下関中等教育学校
　　　　高森みどり中学校
②野田学園中学校

徳島県

①[県立] 富岡東中学校
　　　　川島中学校
　　　　城ノ内中等教育学校
②徳島文理中学校

香川県

①大手前丸亀中学校
②香川誠陵中学校

愛媛県

①[県立] 今治東中等教育学校
　　　　松山西中等教育学校
②愛光中学校
③済美平成中等教育学校
④新田青雲中等教育学校

高知県

①[県立] 安芸中学校
　　　　高知国際中学校
　　　　中村中学校

神奈川県

①[県立]相模原中等教育学校
　　　　平塚中等教育学校
②[市立]南高等学校附属中学校
③[市立]横浜サイエンスフロンティア高等学校附属中学校
④[市立]川崎高等学校附属中学校
✿⑤聖光学院中学校
✿⑥浅野中学校
⑦洗足学園中学校
⑧法政大学第二中学校
⑨逗子開成中学校(1次)
⑩逗子開成中学校(2・3次)
⑪神奈川大学附属中学校(第1回)
⑫神奈川大学附属中学校(第2・3回)
⑬栄光学園中学校
⑭フェリス女学院中学校

新潟県

①[県立]村上中等教育学校
　　　　柏崎翔洋中等教育学校
　　　　燕中等教育学校
　　　　津南中等教育学校
　　　　直江津中等教育学校
　　　　佐渡中等教育学校
②[市立]高志中等教育学校
③新潟第一中学校
④新潟明訓中学校

石川県

①[県立]金沢錦丘中学校
②星稜中学校

福井県

①[県立]高志中学校

山梨県

①山梨英和中学校
②山梨学院中学校
③駿台甲府中学校

長野県

①[県立]屋代高等学校附属中学校
　　　　諏訪清陵高等学校附属中学校
②[市立]長野中学校

岐阜県

①岐阜東中学校
②鶯谷中学校
③岐阜聖徳学園大学附属中学校

静岡県

①[国立]静岡大学教育学部附属中学校(静岡・島田・浜松)
②[県立]清水南高等学校中等部
　[県立]浜松西高等学校中等部
　[市立]沼津高等学校中等部
③不二聖心女子学院中学校
④日本大学三島中学校
⑤加藤学園暁秀中学校
⑥星陵中学校
⑦東海大学付属静岡翔洋高等学校中等部
⑧静岡サレジオ中学校
⑨静岡英和女学院中学校
⑩静岡雙葉中学校
⑪静岡聖光学院中学校
⑫静岡学園中学校
⑬静岡大成中学校
⑭城南静岡中学校
⑮静岡北中学校
⑯常葉大学附属常葉中学校
　常葉大学附属橘中学校
　常葉大学附属菊川中学校
⑰藤枝明誠中学校
⑱浜松開誠館中学校
⑲静岡県西遠女子学園中学校
⑳浜松日体中学校
㉑浜松学芸中学校

愛知県

①[国立]愛知教育大学附属名古屋中学校
②愛知淑徳中学校
③名古屋経済大学市邨中学校
　名古屋経済大学高蔵中学校
④金城学院中学校
⑤椙山女学園中学校
⑥東海中学校
⑦南山中学校男子部
⑧南山中学校女子部
⑨聖霊中学校
⑩滝中学校
⑪名古屋中学校
⑫大成中学校
⑬愛知中学校
⑭星城中学校
⑮名古屋葵大学中学校
(名古屋女子大学中学校)
⑯愛知工業大学名電中学校
⑰海陽中等教育学校(特別給費生)
⑱海陽中等教育学校(Ⅰ・Ⅱ)
⑲中部大学春日丘中学校
新刊⑳名古屋国際中学校

三重県

①[国立]三重大学教育学部附属中学校
②暁中学校
③海星中学校
④四日市メリノール学院中学校
⑤高田中学校
⑥セントヨゼフ女子学園中学校
⑦三重中学校
⑧皇學館中学校
⑨鈴鹿中等教育学校
⑩津田学園中学校

滋賀県

①[国立]滋賀大学教育学部附属中学校
②[県立]河瀬中学校
　　　　守山中学校
　　　　水口東中学校

京都府

①[国立]京都教育大学附属桃山中学校
②[府立]洛北高等学校附属中学校
③[府立]園部高等学校附属中学校
④[府立]福知山高等学校附属中学校
⑤[府立]南陽高等学校附属中学校
⑥[市立]西京高等学校附属中学校
⑦同志社中学校
⑧洛星中学校
⑨洛南高等学校附属中学校
⑩立命館中学校
⑪同志社国際中学校
⑫同志社女子中学校(前期日程)
⑬同志社女子中学校(後期日程)

大阪府

①[国立]大阪教育大学附属天王寺中学校
②[国立]大阪教育大学附属平野中学校
③[国立]大阪教育大学附属池田中学校

■ ご使用にあたってのお願い・ご注意

（１）問題文等の非掲載

著作権上の都合により，問題文や図表などの一部を掲載できない場合があります。

誠に申し訳ございませんが，ご了承くださいますようお願いいたします。

（２）過去問における時事性

過去問題集は，学習指導要領の改訂や社会状況の変化，新たな発見などにより，現在とは異なる表記や解説になっている場合があります。過去問の特性上，出題当時のままで出版していますので，あらかじめご了承ください。

（３）配点

学校等から配点が公表されている場合は，記載しています。公表されていない場合は，記載していません。

独自の予想配点は，出題者の意図と異なる場合があり，お客様が学習するうえで誤った判断をしてしまう恐れがあるため記載していません。

（４）無断複製等の禁止

購入された個人のお客様が，ご家庭でご自身またはご家族の学習のためにコピーをすることは可能ですが，それ以外の目的でコピー，スキャン，転載（ブログ，ＳＮＳなどでの公開を含みます）などをすることは法律により禁止されています。学校や学習塾などで，児童生徒のためにコピーをして使用することも法律により禁止されています。

ご不明な点や，違法な疑いのある行為を確認された場合は，弊社までご連絡ください。

（５）けがに注意

この問題集は針を外して使用します。針を外すときは，けがをしないように注意してください。また，表紙カバーや問題用紙の端で手指を傷つけないように十分注意してください。

（６）正誤

制作には万全を期しておりますが，万が一誤りなどがございましたら，弊社までご連絡ください。

なお，誤りが判明した場合は，弊社ウェブサイトの「ご購入者様のページ」に掲載しておりますので，そちらもご確認ください。

■ お問い合わせ

解答例，解説，印刷，製本など，問題集発行におけるすべての責任は弊社にあります。

ご不明な点がございましたら，弊社ウェブサイトの「お問い合わせ」フォームよりご連絡ください。迅速に対応いたしますが，営業日の都合で回答に数日を要する場合があります。

ご入力いただいたメールアドレス宛に自動返信メールをお送りしています。自動返信メールが届かない場合は，「よくある質問」の「メールの問い合わせに対し返信がありません。」の項目をご確認ください。

また弊社営業日（平日）は，午前９時から午後５時まで，電話でのお問い合わせも受け付けています。

2025 春

株式会社教英出版

〒422-8054　静岡県静岡市駿河区南安倍３丁目 12-28

TEL　054-288-2131　　FAX　054-288-2133

URL　https://kyoei-syuppan.net/

MAIL siteform@kyoei-syuppan.net

教英出版

〔注〕

拝読《はいどく》した ―― 読ませていただいた。

動的に ―― 変化するものとして。

論文《ろんぶん》 ―― 意見や研究の結果を、筋道《すじみち》を立ててのべた文章。

プレートテクトニクス論《ろん》 ―― 地球のつくりに関する理論《りろん》。

妥当《だとう》 ―― 実情によく当てはまっていること。

学会 ―― 学問研究のための学者の団体やその会合。

仰《おお》せつかって ―― 命じられて。

ことに ―― 中でも。特に。

技術のことをかじった端《はし》くれ ―― 技術のことを少しでも学んだ者。

原理原則 ―― 基本的な決まり。

匹敵《ひってき》する ―― 同じ程度の。

羅列《られつ》したり ―― ならべたり。

真っ当な ―― まともな。

喚起《かんき》すれば ―― よび起こせば。

ちゃちな ―― いいかげんで内容がない。

エンジン ―― 原動力。

琴線《きんせん》に触《ふ》れる ―― 心の奥底《おくそこ》を刺激《しげき》し感動させる。

文章2

とかく科学の本というと、肩《かた》がこる、知識が覚えられる、学校の成績に少しでも役立つ──というような意識が先にたちがちですが、私《わたくし》の場合、(1) おもしろくて、(2) 総合的で、(3) 発展的《はってんてき》な内容を、これからの科学の本の軸《じく》にしたいと心がけています。

おもしろいというのは、一冊《さつ》の本をよみ通し、よく理解してゆく原動力になるだけでなく、もっとよく調べたり、もっと違《ちが》うものをよんだりするというように、積極的な行動にかりたてるもっとも大事なエネルギーとなるものです。よい本だけれど一頁《ページ》よんだらねむくなったとかいうのでは*残念なきわみなので、私は内容がよければよいほど、おもしろさというものが必要だと考えています。しかし、おもしろさと一口にいっても、子どもだからとて、いや子どもだからこそ、いつも下品でゲラゲラ*くすぐりだけをよろこぶわけではありません。必ずしだいに内容の深い次元の高いものに興味を発展《はってん》させ*昇華《しょうか》してゆくものと、私は考えています。

二番目の総合性に関連していえば、個々の分野ではすばらしく深い*精緻《せいち》な本が多いのですが、それらは分化し細分化されたまま、その本質や全体像が明示されていない*うらみがありました。日本の科学技術の*泣き所の一つに、やはり総合力のなさや*学界の*断層《だんそう》の問題が多くの方から指摘《してき》されています。したがって、こまかな個々の分野は他の方におまかせして、私はあまり他の方がおやりにならない総合性をめざしてみたいと考えているものです。

第三の発展性《はってんせい》については、今日の科学技術の*様相を、ただ現状だけとか、いまいえる限りといったように*静的に提示するだけでは十分でありません。なぜそのようになってきたかという姿勢《しせい》の延長《えんちょう》としての未来、どう臨《のぞ》むのが好ましいのかという態度、そうした科学観や社会への視点《してん》、未来への*洞察《どうさつ》といった点が、これからの科学の本、しかも、㋐これからの将来《しょうらい》に生きる子どもたちのための本としては不可欠であると私は考えています。そのことは、好むと好まざるとにかかわらず、作者に態度を明確にすることを迫《せま》るでしょう。

(かこさとし『地球』解説　福音館書店による)

〔注〕

残念なきわみ──非常に残念。

くすぐり──笑わせようとすること。

昇華《しょうか》してゆく──高めてゆく。

精緻《せいち》な──くわしくて細かい。

うらみ──残念な点。

泣き所──弱点。

学界──学問の世界。

断層《だんそう》──意見などの食いちがい。

様相──ありさま。

静的に──変化のない、あるいは少ないものとして。

洞察《どうさつ》──見通し。

このページには問題は印刷されていません。

〈問題1〉 ㋐＊真っ当な面白《おもしろ》さにぶつかる とありますが、「真っ当な面白さにぶつかる」と、子どもはどうなるとかこさんは考えているでしょうか。**文章2** の中から探《さが》し、解答らんに合うように二十四字以上三十五字以内で答えなさい。（、や。も字数に数えます。）

〈問題2〉 ㋑これからの将来《しょうらい》に生きる子どもたちのための本 とありますが、そのためにかこさんはどのような態度で本を書いているのでしょうか。**文章1** のかこさんの発言の中から探《さが》し、解答らんに合うように二十四字以上三十五字以内で答えなさい。（、や。も字数に数えます。）

〈問題3〉 下に示すのは、**文章1** と **文章2** を読んだ後の、**ひかる**さんとある**友だち**とのやりとりです。このやりとりのあと、**ひかる**さんが示したと思われる考えを、四百字以上四百四十字以内で書きなさい。ただし、下の条件と次ページの〈**きまり**〉にしたがうこと。

ひかる――**文章1** と **文章2** を読んで、科学の本を読んでみたくなりました。

友だち――たしかに、かこさんが、むずかしそうな専門《せんもん》知識《ちしき》まで調べた上で本を作っていることはよくわかりました。でも、それだと、私《わたし》たち子ども向けの本としてはつまらない本になってしまうと思います。

ひかる――それは誤解《ごかい》のような気がします。それに、私はかこさんの考えを知って、本を読むときに心がけたいこともできました。

友だち――そうですか。**ひかる**さんの考えをくわしく教えてください。

条件　次の三段落構成《さんだんらくこうせい》にまとめて書くこと

① 第一段落では、**友だち**の発言の中で誤解《ごかい》をしていると思う点を指摘《してき》する。

② 第二段落では、①で示した点について、**文章1** と **文章2** にもとづいて説明する。

③ 第三段落には、①と②とをふまえ、**ひかる**さんがこれから本を読むときに心がけようと思っている点を書く。

〈きまり〉

○題名は書きません。

○最初の行から書き始めます。

○各段落《だんらく》の最初の字は一字下げて書きます。

○行をかえるのは、段落《だんらく》をかえるときだけとします。

○、や。や」などもそれぞれ字数に数えます。これらの記号が行の先頭に来るときには、前の行の最後の字と同じますめに書きます。（ますめの下に書いてもかまいません。）

○。と」が続く場合には、同じますめに書いてもかまいません。この場合、。」で一字と数えます。

○段落をかえたときの残りのますめは、字数として数えます。

○最後の段落の残りのますめは、字数として数えません。